Domingos Paschoal Cegalla

NOVA MINIGRAMÁTICA
DA LÍNGUA PORTUGUESA

3ª edição
Com a nova ortografia da língua portuguesa.
São Paulo – 2008

© Companhia Editora Nacional, 2008

Direção editorial	Antonio Nicolau Youssef
Coordenação editorial	Célia de Assis
Edição	Edgar Costa Silva
Produção editorial	José Antônio Ferraz
Revisão	Elisabete B. Pereira
Editoração eletrônica	Globaltec Artes Gráficas

Dados Internacionais de Catalogação na Publicação (CIP)
(Câmara Brasileira do Livro, SP, Brasil)

Cegalla, Domingos Paschoal
 Nova minigramática da língua portuguesa /
Domingos Paschoal Cegalla. — 3. ed. —
São Paulo : Companhia Editora Nacional, 2008.

ISBN 978-85-04-01410-5

1. Português - Gramática I. Título.

08-10328 CDD-469.5

Índices para catálogo sistemático:
1. Gramática : Português : Linguística 469.5

3ª edição – São Paulo – 2008
Todos os direitos reservados

editora
NACIONAL

Av. Alexandre Mackenzie, 619 – Jaguaré – SP – 05322-000
Tel.: (11) 2799-7799 – São Paulo – Brasil
www.editoranacional.com.br
editoras@editoranacional.com.br
Impresso pela gráfica leograf

As palavras

As palavras dormem seu sono profundo
como as pedras no seio das montanhas.
Desperta-as e constrói com elas
a tua torre, bela e inabalável,
que até os furacões respeitem,
quando ruge, em redor,
a tormenta implacável.

As palavras dormem nos jardins do sonho,
como sidéricas jazidas
no regaço dos morros.
Desperta-as e faze com elas
não armas mortíferas,
instrumentos de dor,
mas cordas de harpas
que o brando vento vibre
cantando canções de amor.

Domingos Paschoal Cegalla

SUMÁRIO

| INTRODUÇÃO | 1 |

| FONÉTICA | 4 |

| FONEMAS | 5 |

1. CONCEITO DE FONEMA 5

2. REPRESENTAÇÃO DOS FONEMAS. ALFABETO... 6

3. APARELHO FONADOR 7

4. CLASSIFICAÇÃO DOS FONEMAS 9
- Vogais
- Semivogais
- Consoantes

5. CLASSIFICAÇÃO DAS VOGAIS 9
- Zona de articulação
- Papel das cavidades bucal e nasal
- Intensidade
- Timbre

6. ENCONTROS VOCÁLICOS.. 11
- Ditongo
- Tritongo
- Hiato

7. CLASSIFICAÇÃO DAS CONSOANTES 14
- Modo de articulação
- Ponto de articulação
- Função das cordas vocais
- Função das cavidades bucal e nasal

8. ENCONTROS CONSONANTAIS 16

9. DÍGRAFOS 17

10. NOTAÇÕES LÉXICAS... 18

SUMÁRIO VII

SÍLABA 19

1. CLASSIFICAÇÃO DAS PALAVRAS QUANTO AO NÚMERO DE SÍLABAS 19
- Monossílabas
- Dissílabas
- Trissílabas
- Polissílabas

2. DIVISÃO SILÁBICA 20

3. ACENTO TÔNICO 21

4. CLASSIFICAÇÃO DAS PALAVRAS QUANTO AO ACENTO TÔNICO 22
- Oxítonas
- Paroxítonas
- Proparoxítonas

5. ANÁLISE FONÉTICA 23

6. A PRONÚNCIA CORRETA DAS PALAVRAS 23

ORTOGRAFIA 25

1. EMPREGO DAS LETRAS *K, W E Y* 25

2. EMPREGO DA LETRA *H* 25

3. EMPREGO DAS LETRAS *E, I, O E U* 26
- Parônimos

4. EMPREGO DAS LETRAS *G E J* 29

5. REPRESENTAÇÃO DO FONEMA /*S*/ 30

6. EMPREGO DE S COM VALOR DE *Z* 32

7. EMPREGO DA LETRA *Z* 33

8. *S* OU *Z* 34

9. EMPREGO DO *X* 35

10. EMPREGO DO DÍGRAFO *CH* 37

11. CONSOANTES DOBRADAS 37

12. EMPREGO DAS INICIAIS MAIÚSCULAS E MINÚSCULAS 37

ACENTUAÇÃO GRÁFICA 39

1. PRINCIPAIS REGRAS DE ACENTUAÇÃO GRÁFICA 39

2. OS GRUPOS *GUE, GUI, QUE, QUI* 41

SUMÁRIO

NOTAÇÕES LÉXICAS — 42

1. EMPREGO DO TIL — 42
2. EMPREGO DO TREMA — 42
3. EMPREGO DO APÓSTROFO — 43
4. EMPREGO DO HÍFEN — 44
5. EMPREGO DO HÍFEN EM PALAVRAS FORMADAS POR PREFIXAÇÃO — 45
6. PARTIÇÃO DE PALAVRAS EM FIM DE LINHA — 47

SINAIS DE PONTUAÇÃO — 47

1. EMPREGO DA VÍRGULA — 47
2. PONTO E VÍRGULA — 49
3. DOIS-PONTOS — 49
4. PONTO FINAL — 51
5. PONTO DE INTERROGAÇÃO — 51
6. PONTO DE EXCLAMAÇÃO — 51
7. RETICÊNCIAS — 52
8. PARÊNTESES — 52
9. TRAVESSÃO — 53
10. ASPAS — 53

ABREVIATURAS E SIGLAS — 54

MORFOLOGIA — 55

ESTRUTURA DAS PALAVRAS — 56

1. RADICAL — 56
2. TEMA — 57
3. AFIXOS — 57
4. VOGAIS E CONSOANTES DE LIGAÇÃO — 57
5. COGNATOS — 58
6. DESINÊNCIAS — 58
7. VOGAL TEMÁTICA — 58
8. PALAVRAS PRIMITIVAS E DERIVADAS — 59
9. PALAVRAS SIMPLES E COMPOSTAS — 59

SUMÁRIO IX

FORMAÇÃO DAS PALAVRAS 61

1. DERIVAÇÃO 61

2. COMPOSIÇÃO 62

3. REDUÇÃO 63

4. HIBRIDISMO 64

5. ONOMATOPEIAS 64

SUFIXOS 65

1. PRINCIPAIS SUFIXOS NOMINAIS 65

2. SUFIXOS VERBAIS 70

3. SUFIXO ADVERBIAL 71

PREFIXOS 72

1. PREFIXOS LATINOS 72

2. PREFIXOS GREGOS 76

3. CORRESPONDÊNCIA ENTRE PREFIXOS LATINOS E GREGOS 79

RADICAIS GREGOS 80

CLASSIFICAÇÃO E FLEXÃO DAS PALAVRAS 88

SUBSTANTIVO 89

1. SUBSTANTIVOS 89
- Comuns
- Próprios
- Concretos
- Abstratos
- Simples
- Compostos
- Primitivos
- Derivados
- Coletivos

2. SUBSTANTIVOS COLETIVOS 91

SUMÁRIO

3. PALAVRAS SUBSTANTIVADAS 95

4. FLEXÃO DOS SUBSTANTIVOS: GÊNERO 95

5. FORMAÇÃO DO FEMININO 96

6. SUBSTANTIVOS UNIFORMES EM GÊNERO 98
- Epicenos
- Sobrecomuns
- Comuns de dois gêneros

7. GÊNERO DOS NOMES DE CIDADES 100

8. GÊNERO E SIGNIFICAÇÃO 100

9. FLEXÃO DOS SUBSTANTIVOS: NÚMERO 101

10. PLURAL DOS SUBSTANTIVOS COMPOSTOS 103

11. PLURAL DAS PALAVRAS SUBSTANTIVADAS 106

12. PLURAL DOS DIMINUTIVOS EM -ZINHO 106

13. PLURAL COM MUDANÇA DE TIMBRE 106

14. FLEXÃO DOS SUBSTANTIVOS: GRAU 107
- Grau aumentativo
- Grau diminutivo

15. PLURAL DOS DIMINUTIVOS EM -*ZINHO* E -*ZITO* 109

ARTIGO   111

1. DEFINIDOS 111

2. INDEFINIDOS 111

ADJETIVO   113

1. ADJETIVOS 113

2. ADJETIVOS PÁTRIOS 113

3. FORMAÇÃO DO ADJETIVO 114
- Primitivo
- Derivado
- Simples
- Composto

4. LOCUÇÃO ADJETIVA 114

5. ADJETIVOS ERUDITOS 114

6. FLEXÃO DO ADJETIVO 118

7. FLEXÃO DO ADJETIVO: GÊNERO 118

SUMÁRIO XI

- Uniformes
- Biformes

8. FLEXÃO DO ADJETIVO: NÚMERO 119
9. PLURAL DOS ADJETIVOS COMPOSTOS 119
10. GRAU DO ADJETIVO 121
11. FLEXÃO DO ADJETIVO: GRAU COMPARATIVO 121
- Comparativo de igualdade
- Comparativo de superioridade
- Comparativo de inferioridade
12. FLEXÃO DO ADJETIVO: GRAU SUPERLATIVO 121
13. SUPERLATIVOS ABSOLUTOS SINTÉTICOS ERUDITOS 123
14. OUTRAS FORMAS DE SUPERLATIVO ABSOLUTO 124

NUMERAL 126

1. NUMERAL 126
2. FLEXÃO DOS NUMERAIS 127
3. LEITURA E ESCRITA DOS NÚMEROS 127
4. QUADRO DOS PRINCIPAIS NUMERAIS 128
5. FORMAS DUPLAS 130

PRONOME 131

1. PRONOMES 131
2. CLASSIFICAÇÃO DOS PRONOMES 131
3. PRONOMES PESSOAIS 132
- Pronomes retos
- Pronomes oblíquos
4. PRONOMES DE TRATAMENTO 134
5. PRONOMES POSSESSIVOS 135
6. PRONOMES DEMONSTRATIVOS 136
7. PRONOMES RELATIVOS 138
8. PRONOMES INDEFINIDOS 140
9. PRONOMES INTERROGATIVOS 142

VERBO 143

1. VERBO 143

SUMÁRIO

2. PESSOA E NÚMERO 143

3. TEMPOS VERBAIS 144

4. MODOS DO VERBO 144
- Indicativo
- Imperativo
- Subjuntivo

5. FORMAS NOMINAIS 145
- Infinitivo
- Gerúndio
- Particípio

6. VOZ 146
- Ativa
- Passiva
- Reflexiva

7. VERBOS AUXILIARES 146

8. CONJUGAÇÕES 147
- Primeira conjugação: verbos terminados em -ar
- Segunda conjugação: verbos terminados em -er
- Terceira conjugação: verbos terminados em -ir

9. ELEMENTOS ESTRUTURAIS DOS VERBOS 147

10. TEMPOS PRIMITIVOS E DERIVADOS 148

11. MODO IMPERATIVO 150
- Imperativo afirmativo
- Imperativo negativo

12. FORMAÇÃO DO IMPERATIVO 150

13. FORMAÇÃO DOS TEMPOS COMPOSTOS 151

14. VERBOS REGULARES, IRREGULARES E DEFECTIVOS 152

15. VERBOS AUXILIARES: SER, ESTAR, TER, HAVER 153

16. VOZES DO VERBO 168

17. VOZ ATIVA 168

18. VOZ PASSIVA 169

19. FORMAÇÃO DA VOZ PASSIVA 169

20. VOZ REFLEXIVA 170

21. CONVERSÃO DA VOZ ATIVA NA PASSIVA 171
- Conjugação de um verbo na voz passiva analítica

SUMÁRIO XIII

22. CONJUGAÇÃO DOS VERBOS PRONOMINAIS 176

23. VERBOS IRREGULARES 179

24. VERBOS DEFECTIVOS 195

25. VERBOS ABUNDANTES 196

26. PRONÚNCIA CORRETA DE ALGUNS VERBOS 199

ADVÉRBIO 201

1. ADVÉRBIO 201
- Advérbio de afirmação
- Advérbio de dúvida
- Advérbio de intensidade
- Advérbio de lugar
- Advérbio de modo
- Advérbio de negação
- Advérbio de tempo

2. ADVÉRBIOS INTERROGATIVOS 203

3. LOCUÇÕES ADVERBIAIS 203

4. GRAUS DOS ADVÉRBIOS 204
- Comparativo de igualdade
- Comparativo de superioridade
- Comparativo de inferioridade
- Superlativo absoluto analítico
- Superlativo absoluto sintético

5. PALAVRAS E LOCUÇÕES DENOTATIVAS 205

PREPOSIÇÃO 208

1. PREPOSIÇÃO 208
- Preposições essenciais
- Preposições acidentais

2. LOCUÇÕES PREPOSITIVAS 211

3. COMBINAÇÕES E CONTRAÇÕES 212

4. CRASE 213

5. CRASE DA PREPOSIÇÃO A COM OS ARTIGOS A, AS 213

6. CASOS EM QUE NÃO HÁ CRASE 215

7. CASOS ESPECIAIS 219

8. CRASE DA PREPOSIÇÃO A COM OS PRONOMES DEMONSTRATIVOS 220

SUMÁRIO

CONJUNÇÃO — 221

1. CONJUNÇÃO 221
2. CONJUNÇÕES COORDENATIVAS 222
   - Aditivas
   - Adversativas
   - Alternativas
   - Conclusivas
   - Explicativas
3. CONJUNÇÕES SUBORDINATIVAS 223
   - Causais
   - Comparativas
   - Concessivas
   - Condicionais
   - Conformativas
   - Consecutivas
   - Finais
   - Proporcionais
   - Temporais
   - Integrantes
4. LOCUÇÕES CONJUNTIVAS 227
5. A CONJUNÇÃO *QUE* 227

INTERJEIÇÃO — 229

1. INTERJEIÇÃO 229
2. LOCUÇÃO INTERJETIVA 231

FORMAS VARIANTES — 233

ANÁLISE MORFOLÓGICA — 234

SEMÂNTICA — 235

SIGNIFICAÇÃO DAS PALAVRAS — 236

1. SINÔNIMOS 236
2. ANTÔNIMOS 236

SUMÁRIO

3. HOMÔNIMOS 237

4. PARÔNIMOS 238

5. POLISSEMIA 239

6. SENTIDO PRÓPRIO E SENTIDO FIGURADO 239

7. DENOTAÇÃO E CONOTAÇÃO 239

SINTAXE 241

ANÁLISE SINTÁTICA 242

1. NOÇÕES PRELIMINARES 242

2. FRASE 242

3. ORAÇÃO 245

4. NÚCLEO DE UM TERMO 245

5. PERÍODO 246

TERMOS ESSENCIAIS DA ORAÇÃO 247

1. SUJEITO 247
- Simples
- Composto
- Expresso
- Oculto
- Agente
- Paciente
- Agente e paciente
- Indeterminado
- Orações sem sujeito

2. PREDICADO 251
- Predicado nominal
- Predicado verbal
- Predicado verbo-nominal

3. PREDICAÇÃO VERBAL 255

4. CLASSIFICAÇÃO DOS VERBOS QUANTO À PREDICAÇÃO 256
- Verbos intransitivos
- Verbos transitivos diretos
- Verbos transitivos indiretos
- Verbos transitivos diretos e indiretos
- Verbos de ligação

SUMÁRIO

5. PREDICATIVO 261
- Predicativo do sujeito
- Predicativo do objeto

TERMOS INTEGRANTES DA ORAÇÃO — 264

1. OBJETO DIRETO 264

2. OBJETO DIRETO PREPOSICIONADO 266

3. OBJETO DIRETO PLEONÁSTICO 267

4. OBJETO INDIRETO 268

5. OBJETO INDIRETO PLEONÁSTICO 271

6. COMPLEMENTO NOMINAL 271

7. AGENTE DA PASSIVA 273

TERMOS ACESSÓRIOS DA ORAÇÃO — 274

1. ADJUNTO ADNOMINAL 274

2. ADJUNTO ADVERBIAL 275

3. APOSTO 276

4. VOCATIVO 277

PERÍODO COMPOSTO — 279

ORAÇÕES COORDENADAS INDEPENDENTES — 281

1. ORAÇÕES COORDENADAS SINDÉTICAS 282
- Aditivas
- Adversativas
- Alternativas
- Conclusivas
- Explicativas

2. ORAÇÕES COORDENADAS ASSINDÉTICAS 283

ORAÇÕES PRINCIPAIS E SUBORDINADAS — 284

1. ORAÇÃO PRINCIPAL 284

2. ORAÇÃO SUBORDINADA 285

SUMÁRIO XVII

3. CLASSIFICAÇÃO DAS ORAÇÕES SUBORDINADAS 286

4. ORAÇÕES SUBORDINADAS COORDENADAS.. 287

ORAÇÕES SUBORDINADAS SUBSTANTIVAS 289

ORAÇÕES SUBORDINADAS SUBSTANTIVAS.. 289
- Subjetivas
- Objetivas diretas
- Objetivas indiretas
- Predicativas
- Completivas nominais
- Apositivas

ORAÇÕES SUBORDINADAS ADJETIVAS 293

TIPOS DE ORAÇÕES SUBORDINADAS ADJETIVAS 294
- Explicativas
- Restritivas

ORAÇÕES SUBORDINADAS ADVERBIAIS 296

1. ORAÇÕES SUBORDINADAS ADVERBIAIS.. 296
- Causais
- Comparativas
- Concessivas
- Condicionais
- Conformativas
- Consecutivas
- Finais
- Proporcionais
- Temporais
- Modais

2. ORAÇÕES ADVERBIAIS LOCATIVAS.. 302

ORAÇÕES REDUZIDAS 303

1. ORAÇÕES REDUZIDAS... 303

2. CLASSIFICAÇÃO DAS ORAÇÕES REDUZIDAS 304
- Reduzidas de infinitivo
- Reduzidas de gerúndio
- Reduzidas de particípio

SUMÁRIO

ESTUDO COMPLEMENTAR DO PERÍODO COMPOSTO — 312

1. ORAÇÕES INTERFERENTES 313
2. MODELOS DE ANÁLISE SINTÁTICA 314

SINTAXE DE CONCORDÂNCIA — 319

CONCORDÂNCIA NOMINAL — 319

1. CONCORDÂNCIA DO ADJETIVO ADJUNTO ADNOMINAL 319
2. CONCORDÂNCIA DO ADJETIVO PREDICATIVO COM O SUJEITO 321
3. CONCORDÂNCIA DO PREDICATIVO COM O OBJETO 323
4. CONCORDÂNCIA DO PARTICÍPIO PASSIVO 324
5. CONCORDÂNCIA DO PRONOME COM O NOME 325
6. OUTROS CASOS DE CONCORDÂNCIA NOMINAL 325

CONCORDÂNCIA VERBAL — 327

1. O SUJEITO É SIMPLES 327
2. O SUJEITO É COMPOSTO E DA 3ª PESSOA 328
3. O SUJEITO É COMPOSTO E DE PESSOAS DIFERENTES 329

CASOS ESPECIAIS DE CONCORDÂNCIA VERBAL — 329

1. SUJEITOS RESUMIDOS POR *TUDO, NADA, NINGUÉM* 329
2. SUJEITO ORACIONAL 329
3. SUJEITO COLETIVO 330
4. *A MAIOR PARTE DE, GRANDE NÚMERO DE,* ETC. 330
5. *UM E OUTRO, NEM UM NEM OUTRO* 331
6. *UM OU OUTRO* 331
7. *UM DOS QUE, UMA DAS QUE* 331
8. *MAIS DE UM* 332
9. *QUAIS DE VÓS? ALGUNS DE NÓS* 332
10. PRONOMES RELATIVOS *QUEM, QUE,* COMO SUJEITOS 333
11. CONCORDÂNCIA COM OS PRONOMES DE TRATAMENTO 334

12. CONCORDÂNCIA COM CERTOS SUBSTANTIVOS PRÓPRIOS 334
13. CONCORDÂNCIA DO VERBO PASSIVO 335
14. VERBOS IMPESSOAIS 336
15. CONCORDÂNCIA DO VERBO *SER* 336
16. VERBO *SER* NA INDICAÇÃO DE HORAS, DATAS E DISTÂNCIAS 338
17. A LOCUÇÃO DE REALCE *É QUE* 339
18. CONCORDÂNCIA DOS VERBOS *BATER*, *DAR* E *SOAR* 339
19. CONCORDÂNCIA DO VERBO *PARECER* 340

SINTAXE DE REGÊNCIA `341`

1. REGÊNCIA 341
2. OS PRONOMES OBJETIVOS *O*(S), *A*(S), *LHE*(S) 343

REGÊNCIA NOMINAL `345`

REGÊNCIA VERBAL `347`

1. REGÊNCIA E SIGNIFICAÇÃO DOS VERBOS 347
2. REGÊNCIA DE ALGUNS VERBOS 348

SINTAXE DE COLOCAÇÃO `359`

1. POSPOSIÇÃO DO SUJEITO 360
2. ANTECIPAÇÃO DE TERMOS DA ORAÇÃO 361
3. COLOCAÇÃO DOS PRONOMES OBLÍQUOS ÁTONOS 362
4. PRÓCLISE 363
5. MESÓCLISE 366
6. ÊNCLISE 366
7. COLOCAÇÃO DOS PRONOMES ÁTONOS NOS TEMPOS COMPOSTOS 368
8. COLOCAÇÃO DOS PRONOMES ÁTONOS NAS LOCUÇÕES VERBAIS 369

EMPREGO DE ALGUMAS CLASSES DE PALAVRAS `371`

1. NUMERAL 371

SUMÁRIO

2. PRONOMES PESSOAIS 372

3. *EU* OU *MIM*? 374

4. O PRONOME *SE* 376

5. PRONOMES DEMONSTRATIVOS 378

6. PRONOMES RELATIVOS 380

7. ADVÉRBIO 383

EMPREGO DOS MODOS E TEMPOS — 385

1. MODO INDICATIVO 385

2. MODO SUBJUNTIVO 389

3. MODO IMPERATIVO 392

4. PARTICÍPIO 392

5. GERÚNDIO 393

EMPREGO DO INFINITIVO — 395

1. INFINITIVO NÃO FLEXIONADO 395

2. INFINITO PESSOAL FLEXIONADO 398

EMPREGO DO VERBO HAVER — 401

ESTILÍSTICA — 404

FIGURAS DE LINGUAGEM — 405

1. FIGURAS DE PALAVRAS 405
- Metáfora
- Metonímia
- Perífrase

2. FIGURAS DE CONSTRUÇÃO 409
- Elipse
- Pleonasmo
- Polissíndeto
- Inversão
- Onomatopeia
- Repetição

3. FIGURAS DE PENSAMENTO 412
- Antítese
- Eufemismo
- Hipérbole

SUMÁRIO XXI

- Ironia
- Personificação
- Reticência
- Retificação

4. VÍCIOS DE LINGUAGEM... 414
- Ambiguidade
- Barbarismo
- Cacofonia
- Estrangeirismo
- Hiato
- Colisão
- Eco
- Obscuridade
- Pleonasmo
- Solecismo
- Preciosismo

5. QUALIDADES DA BOA LINGUAGEM 417
- Correção
- Concisão
- Clareza
- Precisão
- Naturalidade
- Originalidade
- Nobreza
- Harmonia
- Colorido

6. A LÍNGUA E SUAS MODALIDADES 418

7. PROSA E POESIA 420
- Prosa
- Poesia

8. VERSIFICAÇÃO 420
- Metro
- Ritmo
- Rima
- Versos brancos
- Estrofe
- Verso livre

ADJETIVOS PÁTRIOS 431

FORMAS DE TRATAMENTOS 433

LISTA DE ABREVIATURAS E SÍMBOLOS 436

EXERCÍCIOS **439**

RESPOSTAS.. 472

INTRODUÇÃO

Linguagem é a faculdade que o homem tem de se exprimir e se comunicar por meio da fala.

Cada povo exerce essa capacidade através de um determinado código linguístico, ou seja, utilizando um sistema de signos vocais distintos e significativos, a que se dá o nome *língua* ou *idioma*.

Criação social da mais alta importância, a língua é por excelência o veículo do conhecimento humano e a base do patrimônio cultural de um povo.

A utilização da língua pelo indivíduo denomina-se *fala*. A fala nasce da inelutável necessidade humana de comunicação.

A língua não é um sistema imutável; como toda criação humana, está sujeita à ação do tempo e do espaço geográfico, sofre constantes alterações e reflete forçosamente as diferenças individuais dos falantes. Daí a existência de vários *níveis de fala*: culta, popular, coloquial, etc.

A história, o registro e a sistematização dos fatos de uma língua constituem matéria da *Gramática*.

Este livro pretende ser uma Gramática Normativa elementar da Língua Portuguesa do Brasil, conforme a falam e escrevem as pessoas cultas na época atual.

INTRODUÇÃO

De acordo com os diferentes aspectos sob os quais se podem encarar os fatos linguísticos, divide-se a Gramática em cinco partes distintas:

1. Fonética

2. Morfologia

3. Sintaxe

4. Semântica

5. Estilística

1. A *fonética* é o estudo dos sons da fala. Considera a palavra sob o aspecto sonoro e trata:

- dos fonemas: como se produzem, classificam e agrupam;
- da pronúncia correta das palavras, ou seja, da correta emissão e articulação dos fonemas (ortoépia);
- da exata acentuação tônica das palavras (prosódia);
- da figuração gráfica dos fonemas ou da escrita correta das palavras (ortografia).

Observação:

A linguística moderna distingue *fonética* de *fonologia*. Ambas as disciplinas tratam dos sons da fala, porém de modo diverso: a fonética se ocupa dos sons da língua sob o aspecto material, físico, acústico; ao passo que a fonologia os estuda do ponto de vista prático, funcional, no contexto fônico da comunicação humana. Nesta obra, não fazemos tal distinção. Seguindo a Nomenclatura Gramatical Brasileira, empregamos o termo *fonética* no seu sentido amplo, tradicional.

INTRODUÇÃO 3

2. A *morfologia* ocupa-se das diversas classes de palavras, isoladamente, analisando-lhes a estrutura, a formação, as flexões e propriedades.

3. É objeto da *sintaxe* o estudo das palavras associadas na frase. Examina:

- a função das palavras e das orações no período (análise sintática);

- as relações de dependência das palavras na oração, sob o aspecto da subordinação (sintaxe de regência);

- as relações de dependência das palavras sob o ângulo da flexão (sintaxe de concordância);

- a disposição ou ordem das palavras e das orações no período (sintaxe de colocação).

4. A *semântica* tem como objetivo o estudo da significação das palavras. Pode ser *descritiva* ou *histórica*.

A semântica descritiva estuda a significação atual das palavras; a histórica se ocupa com a evolução do sentido das palavras através do tempo.

À Gramática Normativa só interessa a semântica descritiva.

5. A *estilística* trata, essencialmente, do *estilo*, ou seja, dos diversos processos expressivos próprios para sugestionar, despertar o sentimento estético e a emoção. Esses processos resumem-se no que chamamos de *figuras de linguagem*. A estilística, em outras palavras, visa o lado estético e emocional da atividade linguística, em oposição ao aspecto intelectivo, científico.

FONÉTICA

estuda os sons da fala

FONEMAS

1 CONCEITO DE FONEMA

Observe as palavras **fruta** e **bicho**:

f-r-u-t-a → tem cinco letras e cinco fonemas;

b-i-ch-o → tem cinco letras e quatro fonemas.

Fonemas *são as menores unidades sonoras da fala.*

Articulados e combinados, os fonemas formam as sílabas e as palavras, na comunicação oral.

Funcionam como elementos distintivos das palavras, porque são capazes de diferenciar umas de outras, conforme se observa, por exemplo, nas sequências:

m*a*la, m*o*la, m*u*la; *g*ato, *m*ato, *p*ato, *r*ato; ma*l*, ma*r*, ma*s*.

Numa sílaba pode haver um ou mais fonemas.

Exemplos: *a-lu-nos; ca-bres-to.*

No sistema fonético do português do Brasil há, aproximadamente, 33 fonemas, que adiante estudaremos.

2 REPRESENTAÇÃO DOS FONEMAS. ALFABETO

Na língua escrita os fonemas são representados por sinais gráficos, chamados *letras*. O conjunto das letras denomina-se *alfabeto*.

O alfabeto da língua portuguesa compõe-se de 26 letras:

a, b, c, d, e, f, g, h, i, j, k, l, m, n, o, p, q, r, s, t, u, v, w, x, y, z.

Ora sozinhos, ora combinados com outras letras ou auxiliados por certos sinais gráficos (acentos, til, cedilha, etc.), esses signos representam os trinta e tantos fonemas de nossa fala.

As letras *K* (cá), *W* (dáblio) e *Y* (ípsilon) são utilizadas em abreviaturas e em palavras estrangeiras. Exemplos:

km (quilômetro), *Washington, hobby*, etc.

Quanto à forma, as letras podem ser maiúsculas ou minúsculas, de imprensa (ou de fôrma) ou manuscritas.

É importante não confundir letra com fonema. Fonema é som; letra é o sinal gráfico que representa o som.

O ideal seria que a cada fonema correspondesse uma só letra, e vice-versa, mas infelizmente isso não acontece, como comprovam os seguintes fatos:

- A mesma letra pode representar fonemas diferentes:

  eXame, Xale, próXimo, seXo; Cola, Cera.

- O mesmo fonema pode ser figurado por letras diferentes:

  caSa, eXílio, coZinha; tiGela, laJe.

- Um fonema pode ser representado por um grupo de duas letras (dígrafos):

  maCHado, muLHer, uNHa, miSSa, caRRo.

- A letra *X* pode representar, ao mesmo tempo, dois fonemas diferentes:

  táXi (táCSi), *fiXo* (fiCSo), *tóraX* (tóraCS).

- Há letras que, às vezes, não representam fonemas; funcionam apenas como notações léxicas:

  caMpo (cãpo), *reNda* (rẽda), *regUe* (*U* insonoro, para não se proferir *reje*).

- Usam-se letras simplesmente decorativas: não representam fonemas nem funcionam como notações léxicas:

  Hotel (otel), *diScípulo* (dicípulo), *eXceção* (eceção), *qUina* (kina).

- Há fonemas que, em certos casos, não se representam graficamente:

  bem (bẽ**i**), *batem* (bátẽ**i**), *falam* (fálã**u**).

3 APARELHO FONADOR

Os sons da fala são produzidos pelo aparelho fonador. Fazem parte do aparelho fonador:

- **Os pulmões**. Funcionam como dois foles, produzindo a corrente de ar.

- **A laringe**. Nela se localizam a *glote*, a *epiglote* (válvula elástica que tapa a glote durante a deglutição) e as *cordas vocais*.

FONÉTICA

APARELHO FONADOR

1 Fossas nasais
2 Palato duro
3 Véu palatino
4 Lábios
5 Dentes
6 Língua
7 Faringe
8 Epiglote
9 Cordas vocais
10 Laringe
11 Traqueia
12 Esôfago
13 Alvéolo
14 Úvula

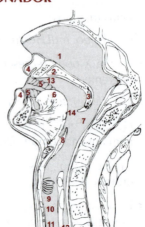

- **A glote**. Pequena abertura de forma triangular situada na laringe, na altura do *pomo de adão*.
- **As cordas vocais**. São duas pregas musculares, elásticas, distendidas horizontalmente diante da glote. Vibradas, produzem fonemas sonoros.
- **A úvula**. Vulgarmente chamada *campainha*, a úvula é um apêndice flexível do véu palatino. Tem a função de fiscalizar a passagem do ar: levantando-se contra a parede posterior da faringe, intercepta a passagem do ar para as fossas nasais; o ar escoa-se pela boca e o fonema se diz *oral*; abaixando-se a úvula, permite que a corrente de ar se escape em parte pelas fossas nasais, produzindo-se então um fonema *nasal*.
- **A boca e os órgãos anexos**: língua, dentes, lábios, alvéolos, palato duro (ou céu da boca) e palato mole (ou véu palatino). A cavidade bucal atua também como caixa de ressonância dos fonemas sonoros.

- **As fossas nasais**. Cavidades situadas no maxilar superior, funcionam como caixa de ressonância dos fonemas nasais.

4 CLASSIFICAÇÃO DOS FONEMAS

Os **fonemas** da língua portuguesa classificam-se em *vogais*, *semivogais* e *consoantes*.

- **Vogais** são fonemas sonoros que chegam livremente ao exterior sem fazer ruído: **a**, **é**, **ê**, **i**, **ó**, **ô**, **u**.

- **Semivogais** são os fonemas /i/ e /u/ átonos que se unem a uma vogal, formando com esta uma só sílaba: pa*i*, ande*i*, ou*r*o, ág*u*a.

- **Consoantes** são ruídos provenientes da resistência que os órgãos bucais opõem à corrente de ar: bola, copo, depósito.

  Como o nome diz, consoante é o fonema que **soa com** a vogal.

Na língua portuguesa a vogal é o elemento básico e indispensável para a formação da sílaba. As consoantes só podem formar sílaba com o auxílio das vogais.

5 CLASSIFICAÇÃO DAS VOGAIS

Classificam-se as vogais conforme:

- **a zona de articulação**
  - a) média: *a* (*a*ve)
  - b) anteriores: *é, ê, i* (f*é*, v*ê*, r*i*)
  - c) posteriores: *ó, ô, u* (n*ó*, av*ô*, tat*u*)

A zona de articulação é o ponto ou a parte em que se dá o contato ou a aproximação dos órgãos que cooperam para a produção dos fonemas, no caso das vogais, a língua e o palato.

Produzimos a vogal média *a* mantendo a língua baixa, quase em posição de descanso, e a boca entreaberta. Para passar da vogal *a* para as anteriores (*é, ê, i*), levantamos gradualmente a parte anterior da língua em direção ao palato duro, ao mesmo tempo que diminuímos a abertura da boca. Para emitir as vogais posteriores (*ó, ô, u*), elevamos mais e mais a parte posterior da língua em direção ao véu palatino, arredondando progressivamente os lábios.

- **o papel das cavidades bucal e nasal**

    a) orais: *a, é, ê, i, ó, ô, u* (*a*to, s*é*, v*ê*, v*i*, s*ó*, f*o*go, *u*va)

    b) nasais: *ã, ẽ, ĩ, õ, ũ* (l*ã*, v*en*to, s*im*, s*om*, m*un*do)

Na emissão das vogais orais, a corrente sonora, impedida pela úvula, levantada, de chegar às cavidades nasais, ressoa apenas na boca. Na produção das vogais nasais dá-se o abaixamento da úvula, e a corrente sonora chega, em parte, às fossas nasais, onde ressoa.

- **a intensidade**

    a) tônicas: p*á*, at*é*, g*e*lo, tup*i*, d*ó*, g*lo*bo, l*u*z

    b) subtônicas: *a*rvorezinha, *ca*fezinho, *es*plendidamente, *so*mente, *co*modamente

    c) átonas: el*a*, mol*e*, liç*ão*, lad*o*, l*u*gar, órf*ã*, lenç*ol*

As vogais tônicas são as que proferimos com maior intensidade: constituem a base das sílabas tônicas. As subtônicas proferem-se com intensidade secundária, sendo a base das sílabas subtônicas. As vogais átonas, de intensidade mínima, são a base das sílabas átonas.

▪ o timbre

a) abertas: *a, é, ó* (lá, pé, cipó)

b) fechadas: *ê, ô, i, u* e todas as nasais: vê, am*o*r, v*i*, cr*u*, s*ã*, lenda

c) reduzidas: as vogais átonas orais ou nasais (vel*a*, vale, v*i*tal, sap*o*, *u*nido, *a*ndei, então)

O timbre das vogais resulta da maior ou menor abertura da boca. Essa abertura é máxima na produção das vogais abertas (*a, é, ó*), mínima na emissão das vogais fechadas (*ê, ô, i, u*) e média na formação das reduzidas.

Observações:

✔ No fim das palavras, as vogais átonas *e* e *o* são, em geral, proferidas como *i* e *u*, respectivamente: *vale* (váli), *tribo* (tríbu).

✔ De três maneiras se grafam as vogais nasais: a) sobrepondo-lhes til (irmã); b) pospondo-lhes *m* (tampa); c) pospondo-lhes *n* (ganso).

6 ENCONTROS VOCÁLICOS

Os encontros vocálicos são três: *ditongo, tritongo* e *hiato*.

▪ Ditongo

É a combinação de uma *vogal* + uma *semivogal*, ou vice-versa, na mesma sílaba. Exemplos:

p*ai*, r*ei*, s*ou*, pão, f*ui*, her*ói*, sér*io*, q*ua*ndo.

FONÉTICA

Dividem-se os ditongos em:

a) **orais:** p*ai*, p*ou*co, j*ei*to, etc.

b) **nasais:** mãe, pão, põe, m*ui*to (mũito), etc.

c) **decrescentes** (vogal + semivogal): p*au*ta, m*eu*, d*ói*, etc.

d) **crescentes** (semivogal + vogal): gên*io*, pátr*ia*, sér*ie*, q*ua*tro, etc.

Existem 17 ditongos decrescentes e 13 crescentes:

▪ **Ditongos decrescentes**	▪ **Ditongos crescentes**
ãe: m**ãe**, p**ãe**s	**ea:** ár**ea**, orquíd**ea**
ai: p**ai**, v**ai**dade	**eo:** rós**eo**, nív**eo**
ãi: c**ãi**bra, p**ai**na	**ia:** vár**ia**s, constânc**ia**
ão: p**ão**, m**ão**s	**ie:** sér**ie**, espéc**ie**
au: m**au**, degr**au**	**io:** lír**io**, curi**o**so
éi: fi**éi**s, pap**éi**s	**oa:** nód**oa**, mág**oa**
ei: r**ei**, l**ei**te	**ua:** ág**ua**, q**ua**dra
ẽi: b**em**, viv**em**	**uã:** q**ua**ndo, araq**uã**
éu: v**éu**, c**éu**	**ue:** tên**ue**, eq**ue**stre
eu: m**eu**, beb**eu**	**uẽ:** ag**ue**nto, freq**ue**nte
iu: v**iu**, part**iu**	**ui:** sang**ui**nário, tranq**ui**lo
õe: p**õe**, lim**õe**s	**uĩ:** ping**ui**m
ói: d**ói**, her**ói**	**uo:** ingên**uo**, aq**uo**so
oi: c**oi**tado, f**oi**	
ou: d**ou**, l**ou**co	
ui: f**ui**, grat**ui**to	
ũi: m**ui**to (mũito)	

FONÉTICA 13

Observações:

✔ Os ditongos crescentes aparecem, mais frequentemente, em sílabas átonas.

✔ Por terem o valor fonético aproximado de *i* e *u*, respectivamente, /e/ e /o/ átonos são, em certos casos, semivogais: m**ã**e, p**õ**e, Ca**e**tano, sangu**í**neo, mág**o**a, g**o**ela, a**o**, etc.

✔ Não aparece escrita a semivogal nos ditongos nasais *em* (ẽi) e *am* (ãu): bem (bẽi), *contém* (contẽi), *vivem* (vívẽi), *eram* (érãu), *falam* (fálãu), *lutaram* (lutárãu), etc.

✔ "Os encontros – *ia, ie, io, ua, ue, uo* finais átonos, seguidos ou não de *s*, classificam-se quer como ditongos, quer como hiatos, uma vez que ambas as emissões existem no domínio da Língua Portuguesa: *his-tó-ri-a* e *his-tó-ria; sé-ri-e* e *sé-rie; pá-ti-o* e *pá-tio; ár-du-a* e *ár-dua; tê-nu-e* e *tê-nue; vá-cu-o* e *vá-cuo*." – NGB. Não obstante, é preferível considerar tais grupos ditongos crescentes e, consequentemente, paroxítonos os vocábulos onde ocorrem.

▪ Tritongo

É o conjunto *semivogal + vogal + semivogal*, formando uma só sílaba. O tritongo pode ser:

a) **oral:** ig**uai**s, averig**uei**, averig**uou**, delinq**uiu**, etc.

b) **nasal:** q**uão**, sag**uão**, sag**uõe**s, etc.

FONÉTICA

▪ Hiato

É o encontro de duas vogais pronunciadas em dois impulsos distintos, formando sílabas diferentes:

faísca (fa-ís-ca)   aorta (a-or-ta)
saúde (sa-ú-de)   doer (do-er)
preencher (pre-en-cher)   voo (vo-o)
cruel (cru-el)   lagoa (la-go-a)
juízo (ju-í-zo)   friíssimo (fri-ís-si-mo)

7 CLASSIFICAÇÃO DAS CONSOANTES

As consoantes são classificadas de acordo com quatro critérios:

- **modo de articulação**
- **ponto de articulação**
- **função das cordas vocais**
- **função das cavidades bucal e nasal**

Modo de articulação é a maneira pela qual os fonemas consonantais são articulados.

Vindo da laringe, a corrente de ar chega à boca, onde encontra obstáculo total ou parcial da parte dos órgãos bucais. Se o fechamento dos lábios ou a interrupção da corrente de ar é total, dá-se a oclusão; se parcial, a constrição: daí a divisão em consoantes *oclusivas* e *constritivas*.

No segundo caso, conforme o modo por que a corrente expiratória escapa, podem as consoantes ser:

a) *fricativas* – quando o ar sai roçando ruidosamente as paredes da boca estreitada: *f, v, x, ç, s, z, j;*

b) *vibrantes* – quando o ar produz um movimento vibratório áspero: *r* brando e *r* forte;

c) *laterais* – quando o ar, encontrando a língua apoiada no palato, é forçado a sair pelas fendas laterais da boca: *l*, *lh*.

Ponto de articulação é o lugar onde os órgãos entram em contato para a emissão do som.

Quando entram em ação ou contato:

- os lábios, as consoantes são *bilabiais*: **p**, **b**, **m**;
- os lábios e os dentes, as consoantes são *labiodentais*: **f**, **v**;
- a língua e os dentes, as consoantes são *linguodentais*: **t**, **d**;
- a língua e os alvéolos, temos consoantes *alveolares*: **s**, **z**, **l**, **r** (brando), **r** (forte ou múltiplo), **n**;
- o dorso da língua e o palato duro (céu da boca), as consoantes se chamam *palatais*: **j**, **g** (= j), **x**, **lh**, **nh**;
- a parte posterior da língua e o véu palatino (palato mole), as consoantes denominam-se *velares*: **c** (k), **q**, **g** (guê).

Função das cordas vocais. Se a corrente de ar põe as cordas vocais em vibração, temos uma consoante *sonora*; no caso contrário, a consoante será *surda*.

Função das cavidades bucal e nasal. Quando o ar sai exclusivamente pela boca, as consoantes são *orais*; se, pelo abaixamento da úvula, o ar penetra nas fossas nasais, as consoantes são *nasais*: **m**, **n**, **nh**.

Observação:

✔ Os signos *m* e *n* são consoantes apenas em início de sílaba: *mato, remo, nado, sino*, etc.; em final de sílaba, como nas palavras *campo, tempo, fundo, anta, lindo*, são simples sinais de nasalização da vogal ou do ditongo anterior.

FONÉTICA

FUNÇÃO DAS CAVIDADES BUCAL E NASAL	ORAIS						NASAIS
MODO DE ARTICULAÇÃO	OCLUSIVAS		CONSTRITIVAS				
			Fricativas		Vibrantes	laterais	
FUNÇÃO DAS CORDAS VOCAIS	surdas	sonoras	surdas	sonoras	sonoras	sonoras	sonoras
bilabiais	*p*	*b*					*m*
labiodentais			*f*	*v*			
linguodentais	*t*	*d*					
alveolares			*s* *c* *ç*	*s* *z*	*r* *rr*	*l*	*n*
palatais			*x* *ch*	*g* *j*		*lh*	*nh*
velares	*c(k)* *q*	*g(guê)*					

(PONTO DE ARTICULAÇÃO)

8 ENCONTROS CONSONANTAIS

Encontro consonantal é a sequência de dois ou mais fonemas consonânticos numa palavra. Exemplos:

brado, **cr**eme, **pl**ano, re**gr**a, ci**cl**o, a**tl**eta, a**tr**ás, **tr**anstor-no, **ps**íquico, **pn**eumático, o**bt**urar, di**gn**o, eni**gm**a, o**bstr**uir, su**bd**elegado, infe**cç**ão, i**stm**o, etc.

O encontro consonantal pode ocorrer:

a) na mesma sílaba (inseparáveis):
cli-ma, **fl**o-res, du-**pl**o, **br**a-do, re-**pr**e-sa, le-**tr**a, etc.

b) em sílabas diferentes (separáveis):
a**d-v**en-to, o**b-t**u-so, a**p-t**o, fú**c-s**ia, pa**c-t**o, su**c-ç**ão, na**f-t**a, in-có**g-n**i-ta, é**t-n**i-co, cor-ru**p-ç**ão, o**bs-t**á-cu-lo, etc.

FONÉTICA 17

9 DÍGRAFOS

Dígrafo é o grupo de duas letras representando um só fonema.

a) Dígrafos que representam consoantes:

ch: chapéu, cheio

lh: pilha, galho

nh: banho, ganhar

rr: barro, erro

ss: asseio, passo

gu (antes de *e* ou *i*): guerra, seguinte

qu (antes de *e* ou *i*): leque, aquilo

sc (antes de *e* ou *i*): descer, piscina

sç (antes de *a* ou *o*): desça, cresço

xc (antes de *e* ou *i*): exceção, excitar

Observações:

✔ Em palavras em que as duas letras se pronunciam, os grupos *gu, qu, sc* e *xc* não são dígrafos, como nos exemplos: *aguado, aguentar, aquático, frequente, escada, exclamar.*

✔ Dígrafo não é encontro consonantal, pois representa um só fonema.

b) Dígrafos que representam vogais nasais:

am: tampa (tãpa)	**an:** santa (sãta)
em: tempo (tẽpu)	**en:** venda (vẽda)
im: limpo (lĩpu)	**in:** linda (lĩda)
om: ombro (õbru)	**on:** sonda (sõda)
um: jejum (jejũ)	**un:** mundo (mũdu)

FONÉTICA

> **Observação:**
>
> ✔ No fim das palavras, como *falam* (fálãu), *batem* (bátẽi), *alguém* (alguẽi), *am* e *em* não são dígrafos, porque representam um ditongo nasal, portanto, dois fonemas.

10 NOTAÇÕES LÉXICAS

Notações léxicas são certos sinais gráficos que se juntam às letras, geralmente para lhes dar um valor fonético especial e permitir a correta pronúncia das palavras.

São as seguintes:

- o **acento agudo** – indica vogal tônica aberta: *pé, avó.*

- o **acento circunflexo** – indica vogal tônica fechada: *avô, mês, âncora.*

- o **acento grave** – sinal indicador de crase: ir *à* cidade.

- o **til** – indica vogal nasal: *lã, põe, ímã, romãzeira.*

- a **cedilha** – dá ao **c** o som de **ss**: *moça, laço, açude.*

- o **apóstrofo** – indica supressão de vogal: *mãe-d'água, pau-d'alho.*

- o **hífen** – une palavras, prefixos, etc.: *arco-íris, peço-lhe, ex-aluno.*

- o **trema** – foi abolido na escrita de palavras portuguesas. Não se coloca mais, portanto, este sinal sobre o **u** dos grupos **gue**, **gui**, **que**, **qui**, quando pronunciado e átono: aguentar, sagui, cinquenta, tranquilo, etc.

O emprego das notações léxicas, também chamadas *sinais diacríticos*, será estudado em *Ortografia*.

SÍLABA

Sílaba é um fonema ou grupo de fonemas emitidos num só impulso da voz (impulso expiratório).

Na palavra ou vocábulo *azeite*, por exemplo, há três sílabas: *a-zei-te*.

Na língua portuguesa a sílaba se forma necessariamente com uma vogal, a que se juntam, ou não, semivogais ou consoantes.

1 CLASSIFICAÇÃO DAS PALAVRAS QUANTO AO NÚMERO DE SÍLABAS

Quanto ao número de sílabas, classificam-se as palavras em:

- **monossílabas** – as que têm uma só sílaba:

  pó, luz, é, pão, pães, mau, reis, boi, véus, etc.

- **dissílabas** – as que têm duas sílabas:

  café, livro, leite, caixas, noites, caí, roer, etc.

- **trissílabas** – as constituídas de três sílabas:

  jogador, cabeça, ouvido, saúde, circuitos, etc.

- **polissílabas** – as que têm mais de três sílabas:

  casamento, americano, responsabilidade, jesuíta, etc.

2 DIVISÃO SILÁBICA

A divisão silábica faz-se pela silabação, isto é, pronunciando as palavras por sílabas. Na escrita, separam-se as sílabas com o hífen:

te-sou-ro, di-nhei-ro, con-te-ú-do, ad-mi-tir, guai-ta-cá.

Regra geral:

Na escrita não se separam letras representativas da mesma sílaba.

Regras práticas:

✔ Não se separam letras que representam:

a) ditongos: s**au**-dar, tr**ei**-no, ân-s**ia**, ré-g**ua**s, etc.

b) tritongos: Pa-ra-g**uai**, q**uai**s-quer, sa-g**uão**, etc.

c) os dígrafos *ch*, *lh*, *nh*, *gu* e *qu*: fa-**ch**a-da, fro-**nh**a, co-**lh**ei-ta, pe-**gu**ei, **qu**ei-jo, etc.

d) encontros consonantais inseparáveis: re-**cl**a-mar, re-**pl**e-to, **pn**eu-mo-ni-a, etc.

✔ Separam-se as letras que representam hiatos:

sa-**ú**-de, sa-**í**-da, ca-**o**-lho, fe-**é**-ri-co, te-**a**-tro, co-**e**-lho, zo-**o**-ló-gi-co, du-**e**-lo, ví-**a**-mos, etc.

✔ Contrariamente à regra geral, separam-se, por tradição, as letras dos dígrafos *rr*, *ss*, *sc*, *sç* e *xc*:

guer-**r**a, sos-**s**e-go, pis-**c**i-na, cres-**ç**o, ex-**c**e-ção, etc.

✔ Separam-se, obviamente, os encontros consonantais separáveis, obedecendo-se ao princípio da silabação:

a**b-d**o-me	a**d-j**e-ti-vo	de-ce**p-ç**ão
su**b-m**a-ri-no	a**d-m**i-rar	a**p-t**i-dão
a**b-s**o-lu-to	a**f-t**a	e-cli**p-s**e
in-fe**c-ç**ão	e-ni**g-m**a	ré**p-t**il
té**c-n**i-co	di**g-n**o	su**bs-t**ân-cia

✔ O *x* com valor fonético de /*cs*/ junta-se à vogal seguinte (quando houver):

fi-**x**ar, com-ple-**x**o, tó-**x**i-co, re-fle-**x**ão, o-**x**i-gê-nio, etc.

✔ Na divisão silábica, não se levam em conta os elementos mórficos das palavras (prefixos, radicais, sufixos):

de-sa-ten-to, **di-s**en-te-ri-a, **tran-s**a-tlân-ti-co, **su-b**en-ten-di-do, **in-te-r**ur-ba-no, etc.

3 ACENTO TÔNICO

Num vocábulo de duas ou mais sílabas, há, em geral, uma que se destaca por ser proferida com mais intensidade que as outras: é a *sílaba tônica*. Nela é que está o *acento tônico* da palavra. Exemplos:

ca**fé** – ja**ne**la – **mé**dico – es**tô**mago – coleciona**dor**

Observação:

✔ A sílaba tônica nem sempre leva acento gráfico (agudo ou circunflexo): *cedo, flores, bote, pessoa, favor*, etc.

Certas palavras derivadas, além da sílaba tônica, possuem uma sílaba *subtônica*. Nos exemplos seguintes as sílabas subtônicas estão em destaque:

caFEzinho – INdiazinha – RApidamente

As sílabas que não são tônicas nem subtônicas chamam-se *átonas* (= fracas) e podem ser *pretônicas* ou *postônicas*, conforme estejam antes ou depois da sílaba tônica. Exemplos:

MON	→ átona		FA	→ subtônica
TA	→ tônica		CIL	→ pretônica
NHA	→ átona		MEN	→ tônica
			TE	→ postônica

4 CLASSIFICAÇÃO DAS PALAVRAS QUANTO AO ACENTO TÔNICO

De acordo com a posição da sílaba tônica, as palavras com mais de uma sílaba classificam-se em:

- **oxítonas** – quando a sílaba tônica é a última:

  caFÉ – raPAZ – escriTOR – maracuJÁ

- **paroxítonas** – quando a sílaba tônica é a penúltima:

  MEsa – LÁpis – monTAnha – imensiDAde

- **proparoxítonas** – se a sílaba tônica é a antepenúltima:

  ÁRvore – quiLÔmetro – MÉxico

As palavras monossílabas, conforme a intensidade com que se proferem, podem ser *tônicas* ou *átonas*:

- **tônicas** – as que são proferidas fortemente:

  é, má, si, dó, nó, eu, tu, nós, ré, pôr, etc.

- **átonas** – as que são proferidas fracamente. No exemplo seguinte os monossílabos em destaque são átonos:

  O menino divertia-**se** olhando **os** peixinhos **do** aquário.

5 ANÁLISE FONÉTICA

Fazer a análise fonética de um vocábulo é classificá-lo quanto ao número de sílabas e o acento tônico, decompor-lhe as sílabas e classificar os fonemas que as constituem. Exemplo:

BAILE: palavra dissílaba paroxítona.

1ª sílaba: *bai*, tônica, constituída pela consoante bilabial oclusiva sonora *b* e pelo ditongo oral decrescente *ai* (*a*: vogal + *i*: semivogal).

2ª sílaba: *le*, átona postônica, formada pela consoante constritiva lateral alveolar sonora *l* e a vogal anterior reduzida oral átona *e*.

6 A PRONÚNCIA CORRETA DAS PALAVRAS

Quando se fala, deve-se pronunciar as palavras corretamente. A boa pronunciação das palavras, no ato da fala, é fonética prática e merece especial atenção no estudo da língua.

A pronúncia correta das palavras exige:

- a perfeita emissão das vogais e grupos vocálicos, enunciando-os com nitidez, sem acrescentar nem omitir ou alterar fonemas, respeitando o timbre (aberto ou fechado) das vogais tônicas. Exemplos:

moleque, chover, colégio (e não: muleque, chuver, culégio);

aleija (e não aléja);

roubo, rouba, afrouxo, afrouxa (e não: róbo, róba, afróxo, afróxa);

estoura (e não estóra);

caranguejo, bandeja (e não carangueijo, bandeija);

fornos (ó), postos (ó) (e não: fôrnos, pôstos);

infligir, mendigo (e não: inflingir, mendingo).

- a articulação correta e nítida dos fonemas consonantais. Exemplos:

  mal (e não: mau nem mar);

  vigésimo (zi), companhia (e não: vigéssimo, compania);

  obter, admirar, digno, decepção, ritmo (e não: obiter, adimirar, díguino, decepição, rítimo);

  adivinhar (e não: advinhar);

  absoluto, advogado (e não: abissoluto, adevogado);

  tóxico (cs) (e não: tóchico).

- a correta acentuação tônica das palavras. Exemplos:

  condor (e não: côndor);

  ruim (ím) (e não rúim)

  gratuito (úi) (e não: gratuíto);

  rubrica (e não: rúbrica).

ORTOGRAFIA

Ortografia é a parte da Gramática que trata do emprego correto das letras e dos sinais gráficos, na língua escrita. Vamos estudar o emprego de determinadas letras.

1 EMPREGO DAS LETRAS *K*, *W* E *Y*

Usam-se apenas:

a) em abreviaturas e como símbolos de termos científicos de uso internacional:

km (quilômetro), *kg* (quilograma), *K* (potássio), *w* (watt);

b) na transcrição de palavras estrangeiras não aportuguesadas:

kart, *show*, *hobby*, etc.;

c) em nomes próprios estrangeiros não aportuguesados e seus derivados:

Franklin, Mickey, Newton, Hollywood, Washington, Walt Disney, Disneylândia, etc.

2 EMPREGO DA LETRA *H*

Esta letra, em início ou fim de palavras, não tem valor fonético; conservou-se apenas por força da tradição escrita.

Emprega-se o *h*:

a) inicial, quando justificado pela origem da palavra:

hábito, hélice, herói, hérnia, hesitar, Horácio, hortênsia, hábil, honra, etc.;

b) medial, como integrante dos dígrafos *ch*, *lh*, *nh*:

chave, boliche, cachimbo, chimarrão, cochilar, fachada, flecha, machucar, mochila, telha, companhia, etc.;

c) final, em certas interjeições:

ah!, ih!, puh!;

d) em compostos unidos por hífen, no início do segundo elemento:

sobre-humano, anti-higiênico, super-homem, etc.

Não havendo hífen, elimina-se o *h*:

desumano, desonra, reaver, inábil, etc.

e) no substantivo próprio *Bahia* (estado), por tradição.

3 EMPREGO DAS LETRAS *E, I, O E U*

Na língua falada, a distinção entre as vogais átonas / **e** / e / **i** /, / **o** / e / **u** / nem sempre é nítida. É principalmente desse fato que nascem as dúvidas quando se escrevem palavras como *quase, intitular, mágoa, bulir*, etc., em que ocorrem aquelas vogais.

▪ **Escrevem-se com a letra e:**

a) A sílaba final de formas dos verbos terminados em *-uar*:

continu**e**, habitu**e**, pontu**e**, etc.

b) a sílaba final de formas dos verbos terminados em *-oar*:

abenço**e**, mago**e**, perdo**e**, etc.

c) As palavras formadas com o prefixo *ante-* (antes, anterior):
antebraço, antecipar, antedatar, antevéspera, etc.

d) Os seguintes vocábulos:

arrepiar	creolina	irrequieto	quepe
cadeado	desperdiçar	lacrimogêneo	senão
candeeiro	desperdício	mexerico	sequer
cemitério	empecilho	orquídea	seriema
confete	indígena	quase	seringa

- **Escrevem-se com a letra *i*:**
  a) A sílaba final de formas dos verbos terminados em *-uir*:
  diminui, influi, possui, etc.

  b) As palavras formadas com o prefixo *anti-* (contra):
  antiaéreo, Anticristo, antitetânico, antiestético, etc.

  c) Os seguintes vocábulos:

aborígine	displicência	inclinação	penicilina
cimento	displicente	inclinar	privilégio
crânio	erisipela	inigualável	requisito
criação	escárnio	lampião	silvícola
criador	Filipe	pátio	Virgílio
criar	incinerar		

- **Grafam-se com a letra *o*:**

abolir	cobiça	goela	moleque
bolacha	cobiçar	mágoa	nódoa
boletim	concorrência	magoar	óbolo
botequim	costume	mocambo	ocorrência
bússola	engolir	moela	tribo
chover			

FONÉTICA

▪ Grafam-se com a letra *u*:

bulir	cumbuca	jabuticaba	tábua
burburinho	cúpula	Manuel	tabuada
camundongo	entupir	mutuca	trégua
chuviscar	íngua	rebuliço	urtiga
chuvisco	jabuti		

▪ Parônimos

Registramos alguns parônimos que se diferenciam pela oposição das vogais /e/ e /i/, /o/ e /u/. Fixemos a grafia e o significado dos seguintes:

- **comprido** = longo

  cumprido = particípio de *cumprir*
- **comprimento** = extensão

  cumprimento = saudação, ato de cumprir
- **delatar** = denunciar

  dilatar = distender, aumentar
- **descrição** = ato de descrever

  discrição = qualidade de quem é discreto
- **emergir** = vir à tona

  imergir = mergulhar
- **emigrar** = sair do país

  imigrar = entrar num país estranho
- **emigrante** = que ou quem emigra

  imigrante = que ou quem imigra
- **eminente** = elevado, ilustre

  iminente = que ameaça acontecer
- **soar** = emitir som, ecoar, repercutir

  suar = expelir suor pelos poros, transpirar

4 EMPREGO DAS LETRAS *G* E *J*

Para representar o fonema /j/ existem duas letras: *g* e *j*. Grafa-se este ou aquele signo não de modo arbitrário, mas de acordo com a origem da palavra. Exemplos:

gesso (do grego *gypsos*) – **jeito** (do latim *jactu*) – **jipe** (do inglês *jeep*).

■ Escrevem-se com *g*:

a) Os substantivos terminados em *-agem*, *-igem*, *-ugem*:

garagem, massagem, viagem, origem, vertigem, ferrugem, etc.

Exceção: pajem.

b) As palavras terminadas em *-ágio*, *-égio*, *-ígio*, *-ógio*, *-úgio*:

contágio, estágio, egrégio, prodígio, relógio, refúgio, etc.

c) Palavras derivadas de outras que se grafam com *g*:

massagista (de *massagem*), vertiginoso (de *vertigem*), ferruginoso (de *ferrugem*), engessar (de *gesso*), faringite (de *faringe*), selvageria (de *selvagem*), etc.

d) Os seguintes vocábulos:

algema	gesto	herege	rabugice
apogeu	gibi	megera	sugestão
auge	gilete	monge	tangerina
estrangeiro	gíria	rabugento	tigela
gengiva	giz		

■ Escrevem-se com *j*:

a) Palavras derivadas de outras terminadas em *-ja*:

laranja: laranjeira, laranjinha
loja: lojinha, lojeca, lojista
granja: granjeiro, granjear
gorja (garganta): gorjeta, gorjeio, gorjear
cereja: cerejeira

b) Todas as formas de conjugação dos verbos terminados em *-jar* ou *-jear*:

arranjar: arranjei, arranje, arranjemos, arranjem, etc.
viajar: viajei, viaje, viajemos, viajem (*viagem* é substantivo), etc.
despejar: despejei, despeje, despejem, despejemos, etc.

c) Vocábulos derivados de outros que têm *j*:

laje: lajedo, Lajes, lajiano
nojo: nojeira, nojento, nojenta
jeito: jeitoso, ajeitar, desajeitado, injetar, injeção, rejeitar, sujeitar, sujeição, trajeto

d) Palavras de origem ameríndia (principalmente tupi-guarani) ou africana:

canjerê, canjica, jenipapo, jequitibá, jerimum, jia, jiboia, jiló, jirau, Moji, mojiano, pajé, pajeú, tijipió, etc.

e) As seguintes palavras:

berinjela	Jerônimo	ojeriza
cafajeste	majestade	projeto
jeca	majestoso	sujeira
jegue	manjedoura	traje
Jeremias	manjericão	varejista

5 REPRESENTAÇÃO DO FONEMA /S/

▪ **O fonema /s/, conforme o caso, representa-se por:**

a) C, Ç:

acetinado	endereço	paçoca
almaço	exceção	pança
cimento	Iguaçu	pinça
dança	maciço	Suíça
dançar	maço	suíço

FONÉTICA

b) S:

ânsia	descansar	ganso
ansiar	descanso	hortênsia
ansioso	diversão	pretensão
cansado	excursão	pretensioso
cansar	farsa	

c) SS:

acesso	escassez	missão	profissão
acessório	escasso	necessário	profissional
assar	essencial	obsessão	ressurreição
asseio	expressão	opressão	sessenta
assinar	impressão	pêssego	sossegar
concessão	massa	procissão	sossego
discussão	massagista		

d) SC, SÇ:

acréscimo	cresça	disciplina	piscina
adolescente	cresço	fascinante	ressuscitar
ascensão	descer	fascinar	seiscentos
consciência	desça	florescer	suscitar
consciente	desço	oscilar	víscera
crescer			

e) X:

aproximar	próximo
auxiliar	proximidade
auxílio	trouxe
máximo	trouxer

f) XC:

exceção	excelente	excessivo
excedente	excelso	excesso
exceder	excêntrico	exceto
excelência	excepcional	excitar

FONÉTICA

■ Homônimos

- **acento** = inflexão da voz
  assento = lugar para sentar-se
- **censo** = recenseamento
  senso = juízo, sentimento
- **cesta** = utensílio de vime, etc.
  sexta = ordinal referente a *seis*
- **cismo** = penso
  sismo = terremoto
- **empoçar** = formar poça
  empossar = dar posse a
- **intercessão** = ato de interceder
  interseção = ponto onde duas linhas se cruzam
- **ruço** = pardacento
  russo = natural da Rússia

Veja outros casos de homônimos no capítulo Significação das palavras (p. 236).

6 EMPREGO DE S COM VALOR DE Z

Escrevem-se com **s** com som de **z**:

- Adjetivos com os sufixos *-oso, -osa*:

  gostoso, gostosa; gracioso, graciosa; teimoso, teimosa

- Adjetivos pátrios com os sufixos *-ês, -esa*:

  português, portuguesa; inglês, inglesa; etc.

- Substantivos e adjetivos terminados em *-ês*, feminino *-esa*:

  burguês, burguesa; camponês, camponesa, camponeses; freguês, freguesa, fregueses; marquês, marquesa, etc.

FONÉTICA 33

- Verbos derivados de palavras cujo radical termina em *-s*:

  analisar (de *análise*), apresar (de *presa*), atrasar (de *atrás*), abrasar (de *brasa*), etc.

- Formas dos verbos *pôr* e *querer*:

  pus, pôs, pusemos, puseram, puser, etc.

  quis, quisemos, quiseram, quiser, quisera, quiséssemos, etc.

- Os seguintes nomes próprios personativos:

  Heloísa, Inês, Isabel, Isaura, Luís, Luísa, Queirós, Resende, Sousa, Teresa, Teresinha, Tomás.

- Os seguintes vocábulos e seus derivados:

aliás	colisão	espontâneo	mesada
análise	cortesia	frase	obséquio
atrás	defesa	freguesia	país
através	despesa	gás	paisagem
avisar	empresa	Goiás	paraíso
aviso	esplêndido	manganês	pesquisa
besouro	esplendor	mês	presa
querosene	rês, reses	tesouro	vigésimo
raposa	surpresa	três	visita
represa	tesoura	usina	visitar

7 EMPREGO DA LETRA *Z*

Grafam-se com *z*:

- Os derivados em *-zal*, *-zeiro*, *-zinho*, *-zinha*, *-zito*, *-zita*:

  cafezal, cafezeiro, cafezinho, avezinha, cãozito, avezita, etc.

- Os derivados de palavras cujo radical termina em *-z*:

  cruzeiro (de *cruz*), enraizar (de *raiz*), esvaziar (de *vazio*), etc.

FONÉTICA

- Os verbos formados com o sufixo *-izar* e palavras derivadas: fertilizar, fertilizantes; civilizar, civilização, etc.

- Os substantivos abstratos em *-eza*, derivados de adjetivos: pobreza (de *pobre*), limpeza (de *limpo*), frieza (de *frio*), etc.

- As seguintes palavras:

azar, azeite, azáfama, azedo, amizade, aprazível, baliza, buzina, buzinar, bazar, chafariz, cicatriz, ojeriza, prezar, prezado, proeza, vazar, vazamento, vazão, vizinho, xadrez.

8 S OU Z?

- **Sufixos -ês e -ez:**

   a) O sufixo *-ês* forma adjetivos derivados de substantivos concretos:

montês (de *monte*)	montanhês (de *montanha*)
cortês (de *corte*)	francês (de *França*)
burguês (de *burgo*)	chinês (de *China*)

   b) O sufixo *-ez* forma substantivos abstratos femininos, derivados de adjetivos:

aridez (de *árido*)	mudez (de *mudo*)
acidez (de *ácido*)	avidez (de *ávido*)
rapidez (de *rápido*)	palidez (de *pálido*)
cupidez (de *cúpido*)	lucidez (de *lúcido*)
estupidez (de *estúpido*)	sensatez (de *sensato*)

- **Sufixos -esa e -eza:**

   Escreve-se *-esa* (com *s*):

   a) nos seguintes substantivos cognatos de verbos em *-ender*:

   defesa (defender), presa (prender), despesa (despender), represa (prender), empresa (empreender), surpresa (surpreender).

FONÉTICA 35

b) nos substantivos femininos designativos de títulos de nobreza:

baronesa, duquesa, marquesa, princesa, consulesa.

c) nas formas femininas dos adjetivos em *-ês*: *burguesa* (de *burguês*), *camponesa* (de *camponês*), *milanesa* (de *milanês*), *holandesa* (de *holandês*), etc.

d) nas seguintes palavras femininas:

framboesa, indefesa, mesa, sobremesa, obesa, Teresa e *turquesa.*

Escreve-se *-eza* (com *z*) nos substantivos femininos abstratos derivados de adjetivos e denotando qualidades, estado, condição:

beleza (de *belo*), franqueza (de *franco*), pobreza (de *pobre*), leveza (de *leve*).

▪ Verbos em *-isar* e *-izar*:

Escreve-se *-isar* (com *s*) quando o radical dos nomes correspondentes termina em *-s*. Se o radical não termina em *-s*, grafa-se *-izar* (com *z*):

avisar (aviso + -ar)	*civilizar* (civil + -izar)
analisar (análise + -ar)	*canalizar* (canal + -izar)
alisar (a + liso + -ar)	*colonizar* (colono + -izar)
paralisar (paralisia + -ar)	*pulverizar* (pulver + -izar)
pesquisar (pesquisa + -ar)	*cicatrizar* (cicatriz + -ar)

9 EMPREGO DO *X*

▪ Esta letra representa os seguintes fonemas:

/**ch**/: xarope, enxofre, vexame, etc.;

/**cs**/: sexo, látex, léxico, tóxico, etc.;

/**z**/: exame, exílio, êxodo, etc.;

/**ss**/: auxílio, máximo, próximo, etc.;

/**s**/: sexto, texto, expectativa, extensão, etc.

■ Não soa nos grupos internos *-xce-* e *-xci-*:

exceção, exceder, excelente, excêntrico, excessivo, excitar, etc.

■ Grafam-se com *x* e não *s*:

expectativa, experiente, expiar (remir, pagar), expirar (morrer), expoente, êxtase, extasiado, extrair, fênix, têxtil, texto, etc.

■ Escreve-se *x* e não *ch*:

a) em geral, depois de ditongo:

caixa, baixo, faixa, feixe, frouxo, ameixa, rouxinol, seixo, etc.;

b) geralmente, depois da sílaba inicial *en-*:

enxada, enxame, enxamear, enxaguar, enxaqueca, enxárcia, enxerga, enxergar, enxerido, enxerto, enxertar, enxó, enxofre, enxotar, enxoval, enxovalhar, enxovia, enxugar, enxúndia, enxurrada, enxuto, etc.;

Exceções:

encharcar (de charco), encher, enchente, enchimento, preencher, enchova.

c) em vocábulos de origem indígena ou africana:

abacaxi, xavante, caxinguelê, orixá, xará, etc.

d) nas palavras seguintes:

bexiga, bruxa, coaxar, faxina, graxa, lagartixa, lixa, lixo, mexer, mexerico, puxar, rixa, praxe, vexame, xadrez, xarope, xaxim, xícara, xale, xingar, xampu.

FONÉTICA 37

10 EMPREGO DO DÍGRAFO *CH*

Escrevem-se com *ch*, entre outros, os seguintes vocábulos:

bucha, charque, charrua, chávena, chimarrão, chuchu, cochi-lo, cochilar, fachada, ficha, flecha, mecha, mochila, pechin-cha, tocha.

11 CONSOANTES DOBRADAS

- Nas palavras portuguesas só se duplicam as consoantes *c*, *r*, *s*.
- Escreve-se *cc* ou *cç* quando as duas consoantes soam distin-tamente:

  convicção, occipital, cocção, fricção, friccionar, facção, suc-ção, etc.
- Duplicam-se o *r* e o *s* em dois casos:

  a) quando, intervocálicos, representam os fonemas /r/ forte e /s/ sibilante, respectivamente:

  carro, ferro, pêssego, missão, etc.

  b) quando a um elemento de composição terminado em vo-gal, seguir palavra começada por *r* ou *s*:

  arroxeado, pressupor, bissemanal, girassol, minissaia, etc.

12 EMPREGO DAS INICIAIS MAIÚSCULAS E MINÚSCULAS

- **Escrevem-se com letra inicial maiúscula:**

  a) a primeira palavra de período ou citação:

  Diz um provérbio árabe: "**A** agulha veste os outros e vive nua".

b) substantivos próprios (nomes de pessoas, de lugares, países, nomes sagrados, mitológicos, astronômicos, etc.):

José, Tiradentes, Brasil, Amazônia, Campinas, Deus, Jesus Cristo, Maria Santíssima, Tupã, Minerva, Via Láctea, Marte, Cruzeiro do Sul, etc.

c) nomes de épocas históricas, datas e fatos importantes, festas religiosas:

Idade Média, a Páscoa, o Natal, o Dia das Mães, etc.

d) nomes de ruas, praças e edifícios, estabelecimentos, agremiações, órgãos públicos:

Rua do Ouvidor, Praça da Paz, Academia Brasileira de Letras, Banco do Brasil, Teatro Municipal, Colégio Santista, Ministério do Trabalho, etc.

e) títulos de jornais e revistas: Correio da Manhã, Manchete, etc.

f) expressões de tratamento:

Sr. Presidente, Excelentíssimo Senhor Ministro, etc.

Os títulos de livros podem ser escritos de dois modos. Exemplos:

1. O sítio de tio João; Minhas férias em Petrópolis

2. O Sítio de Tio João; Minhas Férias em Petrópolis

■ Escrevem-se com letra inicial minúscula:

a) nomes de meses, nomes de povos, nomes próprios tornados comuns:

maio, julho, ingleses, ave-maria, etc.

b) a primeira palavra, depois de dois-pontos, não se tratando de citação direta:

"Chegam os magos do Oriente, com suas dádivas: ouro, incenso, mirra." (MANUEL BANDEIRA)

FONÉTICA 39

ACENTUAÇÃO GRÁFICA

1 PRINCIPAIS REGRAS DE ACENTUAÇÃO GRÁFICA

▪ Regra 1

Põe-se acento agudo na base dos ditongos abertos e tônicos **éi**, **éu**, **ói** de palavras oxítonas: *papéis, chapéu, herói, anzóis, destrói,* etc.

Obs. – Esses ditongos não se acentuam em palavras paroxítonas: *ideia, jiboia, chapeuzinho, heroico,* etc.

▪ Regra 2

Acentuam-se, via de regra, o **i** e o **u** tônicos dos hiatos: *saída, saúde, caía, egoísta, ruína, juízes, país, baú, baús, construí,* etc.

Obs. – Não se acentuam as ditas vogais antes de *nh* e também quando formam sílaba com **l**, **m**, **n**, **r**, **z**, **i** ou **u**: *rainha, paul, amendoim, ainda, sair, juiz, pauis, saiu, contribuiu,* etc. Também não se acentuam quando precedidas de ditongo, em palavras paroxítonas: *baiuca, feiura, cheiinha, saiinha,* etc.

▪ Regra 3

Não se acentua a primeira vogal dos hiatos **oo, oa** e **ee**: *voo, voos, abençoo, lagoa, canoa, pessoa, voa, deem, creem, leem, veem* (verbo *ver*).

▪ Regra 4

Acentuam-se todas as palavras proparoxítonas com acento agudo ou circunflexo, conforme o timbre da vogal tônica for aberto ou fechado: *lágrima, médico, déssemos, péssimo, católico, único, seríamos, lâmpada, lêssemos, pêssego, fôssemos, estômago,* etc.

FONÉTICA

▪ Regra 5

Acentuam-se com o competente acento as palavras paroxí-tonas terminadas em ditongo crescente: *sábio, planície, Gávea, nódoa, régua, ânsia, espontâneo, ciência, colônia, ingênuo, tênue, amêndoas*, etc.

▪ Regra 6

Acentuam-se com o devido acento as palavras paroxítonas terminadas em:

1) **i, is, us, um, uns**: *júri, lápis, vírus, álbum, álbuns*.
2) **l, n, r, x**: *fácil, amável, imóvel, hífen, mártir, fênix*.
3) **ei, eis**: *jóquei, incríveis, úteis, fósseis, lêsseis*.
4) **ã, ãs, ão, ãos**: *imã, imãs, órfão, órfãos, bênção, bênçãos*, etc.

▪ Regra 7

Acentuam-se com o devido acento as palavras oxítonas terminadas em:

1) **a, e, o**, seguidos ou não de **s**: *gambá, gambás, será, atrás, pajé, avô, avó, compôs*, etc.

   Obs. – Seguem esta regra os verbos infinitivos terminados em **a, e, o**, seguidos de pronome: *tratá-lo, vendê-los, compô-lo*.

2) **em, ens** (nas palavras de duas ou mais sílabas): *refém, re-féns, contém, entreténs, retém, reténs*, etc.

3) **éis, éu, éus, ói, óis**: *fiéis, chapéu, chapéus, herói, heróis, Niterói, corrói*, etc.

▪ Regra 8

Acentuam-se os monossílabos tônicos terminados **em a(s), e(s), o(s), éis, éu(s), ói(s)**: *pá, pás, pé, pés, dê, dês, pó, pós, réis, véu, véus, rói, róis*, etc.

Regra 9

Usa-se o acento grave exclusivamente para indicar a crase:

Cheguei *à* estação *às* 8 horas.

Assistimos *às* aulas.

Você já foi *àquela* ilha?

Entregue o livro *àquele* professor.

Regra 10

Acentua-se o verbo *pôde* (pretérito perfeito) para se distinguir de *pode* (presente). Exemplos:

Ontem a professora não *pôde* dar aula.

Agora você *pode* ir brincar, disse minha mãe.

Leva acento circunflexo também o verbo *pôr* para se distinguir de *por,* preposição. Exemplos:

Fui *pôr* meus brinquedos na caixa.(verbo)

Vendi meus selos *por* mil reais.(preposição)

Obs. – Fora desses casos, não se usa o acento diferencial: *o começo, o almoço, a torre, o governo, seco, medo, polo, pelo* (cabelo), *pera*, etc.

2 OS GRUPOS *GUE, GUI, QUE, QUI*

- Não se coloca acento agudo sobre o **u** desses grupos, quando é proferido e tônico. Exemplos:
averigue, averigues, averiguem, apazigue, apazigues, apazi-guem, argui, arguis, arguem, etc.

- Quando átono, o referido **u** não recebe trema, abolido no novo sistema ortográfico. Exemplo:

aguentar, arguir, frequente, tranquilo, cinquenta, enxaguei, pinguim, sequestro, etc.

NOTAÇÕES LÉXICAS

As notações léxicas estão definidas e relacionadas na página 18 deste livro. Neste capítulo estudaremos o til, o trema, o apóstrofo e o hífen.

1 EMPREGO DO TIL

O til sobrepõe-se às letras *a* e *o* para indicar vogal nasal.

Pode figurar em sílaba:

– tônica: ma**çã**, **cãi**bra, per**dão**, ba**rões**, **põe**, etc.

– pretônica: ro**mã**zeira, ba**lõe**zinhos, cris**tã**mente.

– átona: órf**ãs**, órg**ãos**, bên**ços**, etc.

2 EMPREGO DO TREMA

a) Não se usa mais o trema em palavras da língua portuguesa.

Escreve-se, portanto:

aguentar, arguir, cinquenta, equino, tranquilo, etc.

b) Usa-se apenas em nomes estrangeitos e palavras deles de–rivadas. Exemplo:

Müller, mülleriano.

Observação:

✔ O trema e o til não são acentos.

3 EMPREGO DO APÓSTROFO

■ **Emprega-se este sinal gráfico:**

a) para indicar a supressão da vogal da preposição *de* em certas palavras compostas:

caixa-d'água, pau-d'arco, estrela-d'alva, etc.

b) para reproduzir certas pronúncias populares:

"**Olh'ele** aí…" (GUIMARÃES ROSA)

"Não **s'enxerga**, enxerido!" (PEREGRINO JR.)

c) nos títulos de livros, jornais, etc.:

a leitura d'*O Guarani*, a campanha d'*O Globo*, a reportagem d'*A Noite*.

Obs. – Pode-se grafar também: *de O Guarani, de O Globo*, etc. sem apóstrofo.

■ **Não se usa apóstrofo:**

a) na palavra *pra*, forma reduzida da preposição *para*:

"Puxa! Você não presta nem **pra** tirar gelo, Simão."
(ORÍGENES LESSA)

b) em certas contrações das preposições com artigos, pronomes e advérbios:

num (em um), *daquele* (de aquele), *nalgum* (em algum), *doutrora* (de outrora), etc.

4 EMPREGO DO HÍFEN

- **O hífen deve ser usado:**
  - a) em palavras compostas cujos elementos perderam sua significação individual para constituir um conceito único:

    amor-perfeito, beija-flor, quinta-feira, corre-corre, sempre-viva, bem-te-vi, conta-gotas, vitória-régia, guarda-chuva, arco-íris, etc

  ### Observação:

  ✔ Note a diferença de significação: *pão duro* (= pão endurecido), *pão-duro* (= sovina); *copo de leite* (= copo com leite), *copo-de-leite* (= nome de uma flor).

  - b) para ligar pronomes átonos a verbos e à palavra *eis*:

    deixa-o, obedecer-lhe, chamar-se-á, ei-lo, etc.

  - c) em adjetivos compostos:

    mato-grossense, rio-grandense, latino-americano, greco-latino, verde-amarelo, cor-de-rosa, sem-vergonha, etc.

  - d) em palavras formadas pelos seguintes elementos acentuados:

    além-: além-túmulo, além-mar
    aquém: aquém-mar
    pós-: pós-escolar
    pré-: pré-nupcial
    pró-: pró-alfabetização
    recém-: recém-nascido

e) para ligar os elementos *circum-*, *mal-* e *pan-* a palavras que começam por *vogal*, *h* ou *n*:

pan-americano, pan-helênico, mal-educado, mal-humorado, circum-navegação.

Antes de outras letras, esses prefixos não requerem o hífen:

malcriado, malferido, malfeito, panteísmo, circumpolar, etc.

f) *bem-* (como prefixo e não como advérbio), antes de palavras que têm vida autônoma e quando a pronúncia o exigir:

bem-amado, bem-aventurado (para não se ler *be-maven-turado*), bem-aventuranças, bem-estar, bem-me-quer, bem--nascido, bem-vindo, etc.

▪Não se usa hífen:

a) sempre que se perdeu a consciência da composição da palavra:

aguardente, girassol, madrepérola, malmequer, passatempo, pontapé, rodapé, sobremesa, vaivém, etc.

b) nas locuções:

um a um, de vez em quando, à toa, a fim de, de repente, por isso, etc.

Mas, por serem consideradas palavras compostas e não locuções, escrever-se-á:

vice-versa, de meia-tigela, sem-par, sem-sal, sem-terra, etc.

c) em expressões do tipo:

estrada de ferro, doce de leite, anjo da guarda, farinha de trigo, dona de casa, etc.

5 EMPREGO DO HÍFEN EM PALAVRAS FORMADAS POR PREFIXAÇÃO

1. Emprega-se o hífen nas palavras formadas com prefixos:

a) quando o segundo elemento começa por *h:*

anti-higiênico, super-homem, co-herdeiro, etc.

b) quando o prefixo termina com a mesma vogal com que começa o segundo elemento:

micro-onda, semi-interno, supra-auricular, etc.

Exceção – Excetua-se o prefixo *co-*, que se une sem hífen: coordenar, coopernar, cooperação, etc.

c) **hiper-**, **inter-** e **super-,** quando o segundo elemento começa por *r*: hiper-realismo, inter-racial, super-requintado, etc.

d) **ex-** (denotando estado anterior) e **vice-**:

ex-diretor, ex-alunos, vice-presidente, vice-rei, etc.

e) **sub-,** antes de *b, h* ou *r*: sub-bibliotecário, sub-humano, sub-raça.

Antes de outras letras, sem hífen: subdiretor, subsolo, etc.

2. Não se usa hífen:

a) quando o prefixo termina em vogal e o segundo elemento começa por *r* ou *s*, caso em que essas consoantes se duplicam:

antirreligioso, antissemita, minissaia, etc.

b) quando o prefixo termina em vogal e o segundo elemento começa com vogal diferente:

antiaéreo, autoestrada, socioeconômico, radioatividade, eletroímã, termoelétrico, etc.

c) quando o prefixo pode ser unido sem promover pronúncia errônea: aeroporto, audiovisual, biocombustível, fotocópia, semibárbaro, etc.

FONÉTICA

6 PARTIÇÃO DE PALAVRAS EM FIM DE LINHA

Ao passar de uma linha para a seguinte, na escrita, além das normas estabelecidas para a divisão silábica, observe estas duas regras:

- Dissílabos como *aí, saí, ato, rua, ódio, unha*, etc. não devem ser partidos, para que uma letra não fique isolada no fim ou no início da linha.

- Na partição de palavras de mais de duas sílabas, não se isola sílaba de uma só vogal:

  agos-to (e não *a-gosto*), *la-goa* (e não *lago-a*), *ida-de* (e não *i-dade*)

SINAIS DE PONTUAÇÃO

Tríplice é a finalidade dos sinais de pontuação:

I. assinalar as pausas e as inflexões da voz (a entoação) na leitura;

II. separar palavras, expressões e orações que devem ser destacadas;

III. esclarecer o sentido da frase, afastando qualquer ambiguidade, isto é, duplo sentido.

1 EMPREGO DA VÍRGULA

- **Emprega-se a vírgula:**

  a) para separar palavras, ou orações justapostas assindéticas:

A terra, o mar, o céu, tudo proclama a glória de Deus.

Os passantes chegam, olham, perguntam e prosseguem.

b) para separar vocativos:

Vem, *Humberto*, nós te esperamos.

c) para separar apostos e certos predicativos:

André, *menino pobre*, estuda à noite.

Lentos e tristes, os retirantes iam passando.

d) para separar orações intercaladas e outras de caráter explicativo:

A História, *diz Cícero*, é a mestra da vida.

Segundo afirmam, há no mundo 396.000 espécies vivas de animais.

e) para separar certas expressões explicativas, ou retificativas, como *isto é, a saber, por exemplo, ou melhor, ou antes*, etc.

O amor, *isto é*, o mais forte e sublime dos sentimentos humanos, tem seu princípio em Deus.

f) para separar orações adjetivas explicativas:

Pelas 11h do dia, *que foi de sol ardente*, alcançamos a margem do rio Paraná.

g) de modo geral, para separar orações adverbiais:

As aves, *quando anoitece*, buscam seus ninhos.

Enquanto o marido pescava, Rosa ficava pintando a paisagem.

h) para separar adjuntos adverbiais:

Após duas horas de espera, fui afinal atendido.

i) para indicar a elipse de um termo:

Uns diziam que se matou, outros, que fora para o Acre.

j) para separar os elementos paralelos de um provérbio:

Mocidade ociosa, velhice vergonhosa.

- **Não se empregará vírgula:**

  a) entre o sujeito e o verbo da oração, quando juntos:

  Atletas de várias nacionalidades participarão da grande maratona.

  b) entre o verbo e seus complementos, quando juntos:

  Dona Elza pediu ao diretor do colégio que colocasse o filho em outra turma.

  c) antes de oração adverbial consecutiva do tipo:

  O vento soprou tão forte *que arrancou mais de uma árvore.*

2 PONTO E VÍRGULA

O ponto e vírgula denota uma pausa mais sensível que a vírgula e emprega-se principalmente:

- para separar orações coordenadas de certa extensão:

  Astrônomos já tentaram estabelecer contato com seres extraterrestres; suas tentativas, porém, foram infrutíferas.

- para separar os considerandos de um decreto, sentença, petição, etc.

3 DOIS-PONTOS

Emprega-se este sinal de pontuação:

- para anunciar a fala dos personagens nas histórias de ficção:

  "O Baixinho retomou o leme, dizendo:

  – Olha, menino, veja a Bahia." (Adonias Filho)

  "Ouvindo passos no corredor, abaixei a voz:

  – Podemos avisar sua tia, não?" (Graciliano Ramos)

- antes de uma citação:

  Bem diz o ditado: *Vento ou ventura, pouco dura.*

  "O pessoal do extremo norte tem um *slogan: Amazônia também é Brasil!*" (Raquel de Queirós)

- antes de certos apostos, principalmente nas enumerações:

  Tudo ameaça as plantações: vento, enchentes, geadas, insetos daninhos, bichos, etc.

  Duas coisas lhe davam superioridade: o saber e o prestígio.

- antes de orações apositivas:

  A verdadeira causa das guerras é esta: os homens se esquecem do Decálogo.

  "Só ponho uma condição: vai almoçar comigo."
  (Carlos de Laet)

- para indicar um esclarecimento, um resultado ou resumo do que se disse:

  "Resultado: no fim de algum tempo tinha o que se chama 'dinheiro no Banco'."(C. Drummond de Andrade)

  Em resumo: os dois se embriagaram e foram parar na delegacia.

4 PONTO FINAL

- Emprega-se, principalmente, para fechar o período:

  "Mestre Vitorino morava no mar." (ADONIAS FILHO)

- Usa-se também nas abreviaturas:

  Sr. (senhor), a.C. (antes de Cristo), pág. (página).

5 PONTO DE INTERROGAÇÃO

- Usa-se no fim de uma palavra, ou frase, para indicar pergunta direta:

  Onde? Perguntou o policial.

  Quem está livre de perigos?

- Aparece, às vezes, no fim de uma pergunta intercalada:

  "A imprensa (quem o contesta?) é o mais poderoso meio que se tem inventado para a divulgação do pensamento." (CARLOS DE LAET)

Observação:

✔ Não se usa o ponto interrogativo nas perguntas indiretas: *Dize-me o que tens. Desejo saber quem vai. Perguntei quem era.*

6 PONTO DE EXCLAMAÇÃO

Usa-se depois de interjeições, locuções ou frases exclamativas, exprimindo surpresa, espanto, susto, indignação, piedade, ordem, súplica, etc.:

Epa! Algo está se mexendo no armário!

Oh! Como você é ingênuo!

Chamem os bombeiros! Depressa!

7 RETICÊNCIAS

As reticências (...) são usadas:

- para indicar interrupção do pensamento:

  Quem semeia ventos...

  "Mas essa cruz, observei eu, não me disseste que era teu pai que..." (MACHADO DE ASSIS)

- para sugerir movimento ou a continuação de um fato:

  "E o pingo d'água continua..." (OLEGÁRIO MARIANO)

  "E a Vida passa... efêmera e vazia." (RAUL DE LEONI)

8 PARÊNTESES

Usam-se para isolar palavras, locuções ou frases intercaladas no período, com caráter explicativo:

"O Cristianismo (escreveu Chateaubriand) inventou o órgão e fez suspirar o bronze." (CARLOS DE LAET)

Às vezes substituem a vírgula ou o travessão:

"Ora (direis) ouvir estrelas! Certo

Perdeste o senso!..." (OLAVO BILAC)

9 TRAVESSÃO

O travessão (–) é um traço maior que o hífen e usa-se:

- nos diálogos, para indicar mudança de interlocutor, ou, simplesmente, início da fala de um personagem:

  "– Você é daqui mesmo? perguntei.

  – Sou, sim, senhor, respondeu o garoto." (ANÍBAL MACHADO)

- para separar expressões ou frases explicativas:

  "E logo me apresentou à mulher, – uma estimável senhora – e à filha." (MACHADO DE ASSIS)

- para ligar palavras em cadeia de um itinerário:

  A via férrea São Paulo–Sorocaba.

  A linha aérea Brasil–Estados Unidos.

  A estrada Belém–Brasília.

10 ASPAS

- Usam-se antes e depois de uma citação textual (palavra, expressão, frase ou trecho):

  Disse Apeles ao sapateiro que o criticara: "Sapateiro, não passes além da sandália."

- Põem-se entre aspas ou, então, grifam-se palavras estrangeiras e termos da gíria:

  O "iceberg" flutuava nas águas geladas do mar.

  Assim me contou o "tira"... (ANÍBAL MACHADO)

ABREVIATURAS E SIGLAS

Abreviatura é a representação abreviada de uma palavra ou expressão. Exemplos:

Av. (Avenida), *ed.* (edição), *loc. adv.* (locução adverbial)

Em geral, a abreviatura termina por consoante seguida de ponto final. As abreviaturas de símbolos científicos, porém, se grafam sem ponto e, no plural, sem *s*:

m (metro ou metros), *h* (hora ou horas), *10h30m* (dez horas e trinta minutos).

Há palavras que são abreviadas de modo diverso:
C.^{ia} ou *Cia.* (Companhia), *Sr.^{a}* ou *Sra.* (Senhora), etc.

> **Observação:**
>
> ✔ Os designativos de nomes geográficos devem ser escritos por extenso:
> *São Paulo* (e não: *S. Paulo*), *Santo Amaro* (e não: *S. Amaro*), *Dom Joaquim* (e não *D. Joaquim*), etc.

Sigla é a abreviatura formada com as letras iniciais das palavras de um nome ou título. Exemplo:

FAB (Força Aérea Brasileira)

Veja no final desta obra, página 487 a 489, a relação das principais abreviaturas, siglas e símbolos.

MORFOLOGIA

**ocupa-se da estrutura e
da classificação das palavras**

ESTRUTURA DAS PALAVRAS

Observe a estrutura das palavras:

dent-ista, in-quiet-o, cant-a-mos, cha-l-eira

A análise destes exemplos mostra que as palavras são formadas de unidades ou elementos mórficos.

São elementos mórficos ou estruturais das palavras:

- radical, tema: elementos básicos e significativos;
- afixos (prefixos, sufixos), desinência, vogal temática: elementos modificadores da significação do radical;
- vogal de ligação, consoante de ligação: elementos de ligação.

1 RADICAL

É o elemento básico e significativo das palavras, consideradas sob
o aspecto gramatical e prático, dentro da língua portuguesa atual.

Acha-se o radical despojando-se a palavra de seus elementos
secundários (quando houver):

CERT-eza, *in*-CERT-*eza*, CAFE-*teira*, *a*-JEIT-*ar*,

RECEB-*er*, *ex*-PORT-*ação*, *a*-PEDR-*ejar*, etc.

2 TEMA

É o radical acrescido de uma vogal (chamada *vogal temática*).

Nos verbos o tema se obtém destacando-se o *-r* do infinitivo:
CANTA-*r*, BATE-*r*, PARTI-*r*, etc.

Nos nomes o tema é mais evidente em derivados de verbos:
CAÇA-*dor*, DEVE-*dor*, FINGI-*mento*, PERDOÁ-*vel*, etc.

3 AFIXOS

São elementos secundários que se agregam a um radical ou tema para formar palavras derivadas. Chamam-se *prefixos* quando antepostos ao radical, e *sufixos*, quando pospostos. Assim, nas palavras *inativo* e *empobrecer,* temos:

in (prefixo), **at** (radical), **ivo** (sufixo).

em (prefixo), **pobr** (radical), **ecer** (sufixo).

4 VOGAIS E CONSOANTES DE LIGAÇÃO

São fonemas que, em certas palavras derivadas, inserem-se entre os elementos mórficos, em geral, por motivos de eufonia, isto é, para facilitar a pronúncia de tais palavras. Exemplos:

cafe-*t*-eira, pe-*z*-inho, cha-*l*-eira, cafe-*i*-cultura,

rod-*o*-via, pobre-*t*-ão, pau-*l*-ada, capin-*z*-al,

inset-*i*-cida, gas-*o*-duto, etc.

5 COGNATOS

Dizem-se cognatos os vocábulos que derivam de um radical comum. Tais palavras constituem uma *família etimológica*.

À palavra latina *anima* [= espírito], por exemplo, prendem-se os seguintes cognatos:

alma, animal, alimária, animar, animador, desanimar, animação, almejar, ânimo, desalmado, etc.

6 DESINÊNCIAS

São os elementos terminais indicativos das flexões das palavras.

As desinências nominais indicam as flexões de gênero (masculino e feminino) e de número (singular e plural) dos nomes. Exemplos:

menin-*o*, menin-*a*, menino-*s*, menina-*s*.

As desinências verbais indicam as flexões de número e pessoa e de modo e tempo dos verbos. Exemplos:

am-*o*, ama-*s*, ama-*mos*, ama-*is*, ama-*m*; ama-*va*, ama-*vas*, ama-*va*, etc.

A desinência -*o*, de am-*o*, é uma desinência *número-pessoal*, porque indica que o verbo está na 1ª pessoa do singular; -*va*, de ama-*va*, é desinência *modo-temporal*: caracteriza uma forma verbal do pretérito imperfeito do indicativo, na 1ª conjugação.

7 VOGAL TEMÁTICA

É o elemento que, acrescido ao radical, forma o tema de nomes e verbos.

Nos verbos distinguem-se três vogais temáticas:

a – que caracteriza os verbos da 1ª conjugação: and**a**r, and**a**-vas, etc.

e – que caracteriza os verbos da 2ª conjugação: bat**e**r, bat**e**mos, etc.

i – que caracteriza os verbos da 3ª conjugação: part**i**r, part**i**rá, etc.

Observação:

✔ Chama-se *terminação* a parte da palavra subsequente ao radical; às vezes confunde-se com o sufixo: pass-*ear*, vend-*erão*, glori-*oso*, grit-*ando*.

8 PALAVRAS PRIMITIVAS E DERIVADAS

Quanto à formação, as palavras podem ser *primitivas* ou *derivadas*.

▪ Palavras primitivas são as que não derivam de outras, dentro da língua portuguesa.

Exemplos: pedra, terra, dente, pobre, etc.

▪ Palavras derivadas são as que provêm de outras.

Exemplos: pedreiro, enterrar, dentista, pobrezinho, etc.

9 PALAVRAS SIMPLES E COMPOSTAS

Com relação ao radical, dividem-se as palavras em *simples* e *compostas*.

- **Palavras simples são as que têm um só radical:**

  Exemplos: livre, beleza, recomeçar, etc.

- **Palavras compostas são as que apresentam mais de um radical:**

  Exemplos: passatempo, ferrovia, peixe-elétrico, etc.

FORMAÇÃO DAS PALAVRAS

Em nossa língua há dois processos gerais para a formação de palavras: a derivação e a composição.

1 DERIVAÇÃO

A derivação consiste em derivar uma palavra nova de outra já existente (primitiva). Realiza-se de quatro maneiras:

- **Por sufixação – acrescentando-se um sufixo a um radical:**

dentISTA	jogaDOR	boiADA
sapatARIA	realIZAR	felizMENTE

- **Por prefixação – antepondo-se um prefixo a um radical:**

INcapaz	DESligar	REfresco
SUPERsônico	PRÉ-história	

- **Por derivação parassintética (ou parassíntese) – anexando-se, ao mesmo tempo, um prefixo e um sufixo a um nome:**

alistar (a + lista + ar)

envergonhar (em + vergonha + ar)

emudecer (e + mudo + ecer)

esfarelar (es + farelo + ar)

desalmado (des + alma + ado)

subterrâneo (sub + terra + aneo)

Os vocábulos parassintéticos são quase sempre verbos e têm como base um substantivo ou um adjetivo:

empalhar, despedaçar, amanhecer, etc. (base substantiva);

amolecer, esfriar, endoidecer, etc. (base adjetiva).

É importante fazer distinção:

descarregar	(des + carregar)	→	prefixação
achatamento	(achatar + mento)	→	sufixação
amaciar	(a + macio + ar)	→	parassíntese

(Não existe o verbo *maciar* nem o substantivo ou adjetivo *amacio*.)

■ **Por derivação regressiva – substituindo-se a terminação de um verbo pelas desinências *-a, -o* ou *-e*:**

mudar → muda	atacar → ataque
pescar → pesca	rematar → remate
ajudar → ajuda	chorar → choro
combater → combate	cortar → corte

2 COMPOSIÇÃO

Pelo processo de *composição* associam-se duas ou mais palavras ou dois ou mais radicais para formar uma palavra nova.

A composição pode efetuar-se:

MORFOLOGIA 63

- **Por justaposição, unindo-se duas ou mais palavras (ou radicais), sem lhes alterar a estrutura:**

passatempo, vaivém, girassol, biólogo, televisão, mata-borrão, sempre-viva, greco-latino, cor-de-rosa.

- **Por aglutinação, unindo-se duas ou mais palavras (ou radicais), com perda de um ou mais fonemas:**

aguardente (água ardente), *embora* (em boa hora), *pernalta* (perna alta), *planalto* (plano alto), *hidrelétrico* (hidro + elétrico).

3 REDUÇÃO

Algumas palavras apresentam, ao lado de sua forma plena, uma forma reduzida:

auto (por *automóvel*)

cinema (por *cinematografia*)

cine (por *cinema*)

foto (por *fotografia*)

moto (por *motocicleta*)

pneu (por *pneumático*)

quilo (por *quilograma*)

extra (por *extraordinário* ou *extrafino*)

Quim (por *Joaquim*)

Zé (por *José*)

zoo (por *zoológico*)

4 HIBRIDISMO

Hibridismos são palavras em cuja formação entram elementos de línguas diferentes. São exemplos de palavras híbridas:

monocultura (mono + cultura, *grego* e *latim*)

alcoômetro (álcool + metro, *árabe* e *grego*)

televisão (tele + visão, *grego* e *latim*)

automóvel (auto + móvel, *grego* e *latim*)

5 ONOMATOPEIAS

São palavras que reproduzem aproximadamente os sons e as vozes dos seres. Exemplos:

arrulhar (pombo, rola)

chiar (carro de bois, insetos)

chirriar (coruja)

ciciar (brisa, vozes)

grugulejar, grugulhar (peru)

miar, miau (gato)

rataplã (tambor, etc.)

rufar (tambor, caixa)

ruflar (asas, saias, etc.)

sibilar (balas)

tilintar (moedas, campainha)

tique-taque (relógio)

trilar (apito, inhambu)

uivar, ulular (cão, lobo)

zumbir, chiar (insetos)

zunzum, zunzunar (motor, etc.)

SUFIXOS

Sufixos são elementos (isoladamente, insignificativos) que, acrescentados a um radical, formam nova palavra.

A maioria dos sufixos provém do latim ou do grego. Classificam-se em:

- nominais: os que formam substantivos e adjetivos;
- verbais: os que formam verbos;
- adverbial: o sufixo *-mente*, formador de advérbios.

1 PRINCIPAIS SUFIXOS NOMINAIS

Eis os mais importantes sufixos nominais com algumas de suas múltiplas significações:

- **-ada, -agem, -al, -edo, -io**

    Formam substantivos com ideia de coleção, agrupamento:
    boiada, ramagem, laranjal, arvoredo, mulherio, gentio.

- **-aço, -aça, -arra, -orra, -aréu, -ázio, -ão (este com numerosas variantes)**

    São sufixos aumentativos:
    balaço, barcaça, bocarra, cabeçorra, povaréu, copázio, portão, vagalhão, casarão, narigão, homenzarrão, vozeirão.

MORFOLOGIA

■ **-acho, -ejo, -ela, -eta, -ete, -eto, -ico, -isco, -(z)inho, -im, -ola, -ote, -(c)ulo, -(c)ula**

São sufixos diminutivos:

riacho, lugarejo, ruela, saleta, artiguete, poemeto, burrico, chuvisco, dedinho, animalzinho, espadim, fazendola, velhote, glóbulo, montículo, flâmula, gotícula.

■ **-ada, -dade, -dão, -ança, -ância, -ção, -ença, -ência, -ez, -eza, -ice, -ície, -mento, -(t)ude, -ume, -ura**

Formam substantivos significando ação, resultado de ação, qualidade, estado:

paulada, maldade, escuridão, esperança, relutância, traição, detença, imponência, altivez, surdez, beleza, velhice, calvície, ferimento, quietude, atitude, negrume, brancura, pintura.

■ **-aria, -eria**

Exprimem coleção, estabelecimento comercial ou industrial, repartição, ação:

maquinaria, vozeria, gritaria, sapataria, leiteria, loteria, secretaria, pirataria, zombaria.

■ **-ário, -eiro, -dor, -sor, -tor, -nte**

Denotam profissão, ofício, agente:

bibliotecário, pedreiro, vendedor, agrimensor, professor, inspetor, ajudante, escrevente, ouvinte.

Formam também adjetivos: rodoviário, lisonjeiro, consolador, produtor, confiante, recente, seguinte.

■ **-douro**

Forma substantivos que exprimem lugar:

ancoradouro, bebedouro.

Forma também alguns adjetivos: duradouro, vindouro, etc.

▪ -ório

Forma substantivos que indicam, às vezes, lugar e, outras vezes, conjunto:

papelório, palavrório, dormitório, laboratório.

Forma também adjetivos: finório, provisório, etc.

▪ -cida, -cídio

(= o que mata e o crime de matar, respectivamente):

homicida, homicídio, suicida, suicídio.

▪ -al, -ar, -eo

Formam adjetivos que denotam referência, relação:

imperial, escolar, vítreo, férreo, corpóreo.

▪ -ano, -ão, -eiro, -ense, -eu, -ino, -ês, -esa

Formam adjetivos que exprimem naturalidade, origem:

curitibano, alemão, brasileiro, paraense, europeu, florentino, chinês, montanhês, chinesa, montanhesa.

O sufixo -ino indica também referência: *bovino, ovino, caprino, leonino, taurino, suíno.*

▪ -oso, -udo

Formam adjetivos denotadores de abundância, qualificação acentuada:

gorduroso, arenoso, corajoso, barrigudo, beiçudo, cabeludo, pontudo.

MORFOLOGIA

- **-imo, -érrimo e -íssimo**

  Exprimem o grau superlativo dos adjetivos:

  facílimo, paupérrimo, belíssimo.

- **-ia, -ismo**

  Formam substantivos que traduzem ciência, escola, sistema político, ou religioso:

  astronomia, romantismo, modernismo, socialismo, catolicismo.

  Observação:

  ✔ O sufixo *-ia* exprime também qualidade: *valentia, ufania, melancolia.*

- **-ista (= naturalidade, adepto, profissão):**

  campista, comunista, maquinista.

- **-ite (= inflamação):**

  apendicite, bronquite, nefrite, gastrite.

- **-esa, -essa, -isa (= título ou dignidade de pessoa do sexo feminino):**

  baronesa, marquesa, condessa, abadessa, sacerdotisa, pitonisa.

- **-ico forma adjetivos:**

  físico, helênico, histórico, olímpico, histérico, mecânico, cíclico, sulfúrico, telúrico, bíblico, faraônico.

- **-ose (= estado mórbido, doença):**

  neurose, psicose, tuberculose, esclerose.

- **-oide (= semelhança):**

  antropoide, esferoide, metaloide, negroide, ovoide.

MORFOLOGIA

- **-tério (= lugar):**

batistério, cemitério, necrotério.

Outros sufixos nominais

-ado: bispado, consulado, desalmado, barbado;

-aico: judaico, arcaico, prosaico;

-ando: doutorando, bacharelando, examinando;

-âneo: instantâneo, conterrâneo;

-ardo: felizardo, galhardo;

-ático: lunático, aromático, aquático, asiático;

-ato: sindicato, cardinalato, timorato;

-engo: realengo, mulherengo, verdolengo;

-ento: sedento, poeirento, cruento, areento;

-esco: dantesco, gigantesco, grotesco;

-ício: desperdício, alimentício, patrício;

-iço: movediço, enfermiço;

-il: gentil, febril, varonil, Brasil;

-ivo: corrosivo, impulsivo, explosivo;

-onho: medonho, tristonho, enfadonho;

-ugem: penugem, lanugem, ferrugem;

-usco: velhusco, patusco, chamusco, pardusco;

-vel: inflamável, adorável, solúvel, imóvel.

Alguns sufixos da terminologia científica

-ato, **-eno**, **-eto**, **-ina**, **-ol** (em Química): *sulfato, carbonato, acetileno, cloreto, anilina, cocaína, fenol, metanol;*

-áceo, -ácea (em Botânica): *rubiáceo, rubiácea, liliáceo, liliácea.* Tem outras aplicações: *cetáceo, coriáceo, galináceo, farináceo;*

-ite, -ose (em Medicina): *apendicite, neurose;*

-oide (em várias ciências): *antropoide, geoide, metaloide, alcaloide, mongoloide.*

2 SUFIXOS VERBAIS

Eis os sufixos que maior vitalidade tiveram na formação de verbos portugueses:

■ **Formam verbos que exprimem, entre outras ideias, prática de ação:**

-ar: cruzar, fonfonar, analisar, limpar, telefonar;

-ear: pratear, guerrear, golear, cabecear;

-entar: afugentar, amamentar, amolentar;

-ficar: dignificar, gaseificar, liquidificar, petrificar, ossificar;

-izar: civilizar, finalizar, organizar, comercializar.

■ **Formam verbos *incoativos*, isto é, que exprimem início de ação, fenômeno progressivo, passagem a novo estado:**

-ecer: amadurecer, amanhecer, endurecer, enriquecer, enlouquecer, envelhecer, escurecer, fortalecer, reverdecer, alvorecer, etc.

Observação:

✔ A variante *-escer* aparece em formas eruditas, provenientes diretamente do latim literário: *convalescer, florescer, incandescer, intumescer, recrudescer, rejuvenescer*, etc.

MORFOLOGIA 71

- **Formam verbos *frequentativos*, isto é, que traduzem ação repetida muitas vezes:**

  -açar: esvoaçar, espicaçar;

  -ear: espernear, escoicear, chicotear, balancear;

  -ejar: gotejar, bracejar, grugulejar, doidejar, voejar;

  -ilhar: fervilhar, dedilhar, pontilhar.

- **Formam verbos *diminutivos*, isto é, que exprimem ação pouco intensa *(dormitar = dormir levemente)*, ou com sentido depreciativo *(escrevinhar = escrever mal)*:**

  -icar: adoçicar, bebericar, depenicar, namoricar, saltaricar;

  -inhar: cuspinhar, escrevinhar;

  -iscar: lambiscar, mordiscar, namoriscar, petiscar;

  -itar: dormitar, saltitar.

3 SUFIXO ADVERBIAL

O único sufixo adverbial, em português, é **-mente** (da palavra latina *mentem* = mente, espírito, intenção), que se acrescenta aos adjetivos na flexão feminina (quando houver), para exprimir circunstâncias de modo, quantidade, tempo:

comodamente, bondosamente, copiosamente, atualmente

PREFIXOS

1 PREFIXOS LATINOS

Eis os principais prefixos de origem latina que figuram em palavras portuguesas:

- **ab-, abs-, a- – indicam afastamento, separação, privação:**

    abjurar, abdicar, abster-se, abstêmio, afastar.

- **a-, ad- – indicam aproximação, passagem a um estado, tendência:**

    ajuntar, avizinhar, apodrecer, admirar, adjacência.

- **ambi- – exprime duplicidade:**

    ambíguo, ambiguidade, ambivalente.

- **ante- – antes, anterioridade, antecedência:**

    antepor, antevéspera, antebraço, antedatar.

- **bene-, bem-, ben- – bem, excelência:**

    beneficente, benevolência, bem-falante, bem-amada, benfazejo.

- **bis-, bi- – duas vezes, repetição:**

    bimensal, bisavô, bipartir.

MORFOLOGIA

- **circum-, cirun-, circu- – em redor, em torno:**

  circumpolar, circunlóquio, circungirar, circum-navegação.

- **cis- – do lado de cá, aquém:**

  cisandino, cisatlântico, cisplatino.

- **com-, con-, co- – companhia, concomitância:**

  compadre, concidadão, condomínio, colaborar, cooperar, co-herdeiro, corredentora, coautor.

- **contra- – direção contrária, oposição:**

  contramão, contraveneno, contramarcha.

- **de- – para baixo, separação:**

  declínio, deposição, decrescer, demover, decompor.

- **des-, dis- – negação, ação contrária, separação, afastamento:**

  desarmonia, desonesto, descascar, desfazer, desterrar, dissentir, dissociar.

- **ex-, es-, e- – para fora, antigo, separação, conversão em:**

  expulsar, expatriar, ex-ministro, esmigalhar, esgotar, emigrar, evaporar, ejetor, ejetável.

- **extra- – fora de:**

  extraordinário, extraviar, extraoficial.

- **in-, i-, en-, em-, e- – para dentro, conversão em, tornar:**

  ingerir, imerso, engarrafar, engordar, empalidecer, embarcar, emudecer.

MORFOLOGIA

- **infra- – abaixo, na parte inferior:**

  infravermelho, infraestrutura, infrarrenal.

- **in-, im-, i- – negação, carência:**

  indelével, infelicidade, impune, imberbe, ilegível, ilegal, irreal, irracional.

- **inter-, entre- – posição ou ação intermediária, ação recíproca ou incompleta:**

  interstício, intercomunicação, entreter, entrelinha, entreamar-se, entreabrir.

- **intra-, intro- – dentro, movimento para dentro:**

  intramuscular, introduzir, introvertido.

- **justa- – proximidade, posição ao lado:**

  justafluvial, justapor.

- **male-, mal- – opõem-se a *bene*:**

  malevolência, mal-educado, mal-estar, maldizer.

- **multi- – ideia de "muitos":**

  multinacional, multissecular.

- **o-, ob- – posição fronteira, oposição:**

  objetivo, objeção, obstáculo, obstar, opor.

- **pene- – quase:**

  penumbra, penúltimo, península.

MORFOLOGIA

- **pluri- – ideia de multiplicidade, como *multi*:**

  pluricelular, pluripartidário.

- **pos-, pós- – atrás, depois:**

  póstumo, pospor, pós-guerra, postônica, pós-operatório.

- **pre-, pré- – antes, acima:**

  prefixo, predizer, pretônica, predominar, pré-escolar, pré-estreia, pré-moldado.

- **pro-, pró- – para frente, diante, em lugar de, em favor de:**

  progresso, prosseguir, propor, pronome, propugnar, pró-paz.

- **re- – repetição:**

  reaver, recomeçar, revigorar.

- **retro- – para trás:**

  retrocesso, retroativo, retropropulsão.

- **semi- – metade, meio:**

  semimorto, semicírculo, se(mi)mínima.

- **sesqui- – um e meio:**

  sesquicentenário (= 150 anos, um século e meio).

- **sub-, sob-, so- – inferior, debaixo, deficiência, ação incompleta:**

  subdelegado, subscrição, subestimar, subalimentado, sobpor, sobraçar, soterrar, soerguer.

MORFOLOGIA

- **super-, sobre- – posição superior, em cima, excesso:**

  superpor, super-homem, superlotado, sobrecarga, sobreloja, sobreviver.

- **supra- – o mesmo que *super*:**

  supracitado, suprarrenal.

- **trans-, tras-, tra-, tres- – além, através de:**

  transoceânico, transatlântico, transandino, trasladar, tradição, tresnoitar.

- **ultra- – além de:**

  ultramarino, ultrapassar.

- **vice-, vis- – substituição, no lugar de, imediatamente inferior a:**

  vice-rei, vice-presidente, visconde, vice-almirante.

2 PREFIXOS GREGOS

Os prefixos de origem grega aparecem, geralmente, anexados a radicais gregos. Eis os mais comuns:

- **a-, an- – negação, carência:**

  ateu, afônico, acéfalo, anemia, anarquia, analgésico, anestesia.

- **ana- – inversão, afastamento, decomposição:**

  anagrama, anacronismo, analisar, anatomia.

- **anfi- – em torno de, duplicidade:**

  anfiteatro, anfíbio.

MORFOLOGIA

- **anti- – oposição, contra:**
  antibiótico, anticristo, antididático, antipatia, antiaéreo.

- **apo- – separação, afastamento:**
  apostasia, apogeu.

- **arqui-, arque- (arce-) – superioridade, excesso:**
  arquipélago, arquidiocese, arquimilionário, arcebispo.

- **cata- – posição superior, movimento de cima para baixo:**
  catadupa, catarata, catástrofe, cataclismo.

- **di- – dois:**
  dípode, díptero, dissílabo.

- **dia- – através, por meio de:**
  diâmetro, diálogo, diagnóstico, diáfano.

- **dis- – dificuldade, afecção:**
  disenteria, dispneia, dispepsia.

- **en-, em- – dentro, posição interna:**
  encéfalo, empíreo.

- **endo- – dentro, para dentro:**
  endocarpo, endovenoso, endosmose.

- **epi- – sobre, posição superior:**
  epígrafe, epigrafia, epiderme, epitáfio.

MORFOLOGIA

- **eu-, ev- – bem, bondade, excelência:**
  eugenia, euforia, eufemismo, eucaristia, evangelho.

- **ex-, exo- – fora, movimento para fora:**
  exorcismo, exosmose, êxodo.

- **hemi- – meio, metade:**
  hemiciclo, hemisfério, hemiplegia.

- **hiper- – sobre, superioridade, demais, excesso:**
  hipérbole, hipertensão, hipertrofia.

- **hipo- – sob, posição inferior, deficiência:**
  hipogeu, hipoglosso, hipótese, hipotenusa, hipotensão.

- **meta- – mudança, atrás, além, depois de, no meio:**
  metamorfose, metáfora, metafísica, metacarpo, metatarso.

- **para- – junto de, proximidade, semelhança:**
  parasita, parônimo, parapsicologia.

- **peri- – em torno de:**
  periferia, perímetro, perífrase, periscópio.

- **pro- – antes, anterioridade:**
  programa, prólogo, prognosticar, prognóstico, próclise, profilaxia.

- **sin, sim, si- – reunião, conjunto, simultaneidade:**
  sintonizar, sintaxe, síntese, sinfonia, simpatia, sistema, simetria.

3 CORRESPONDÊNCIA ENTRE PREFIXOS LATINOS E GREGOS

Latinos	Gregos
ab-: abjurar	**apo-**: apostasia
ad-: adjunto	**para-**: parasita
ambi-: ambidestro	**anfi-**: anfíbio
bene-: benevolente	**eu-**: euforia
bi(s)-: bípede	**di-**: dípode
circum-: circumpolar	**peri-**: perímetro
contra-: contraveneno	**anti-**: antídoto
com-, con-: compartilhar	**sin-**: sincronizar
ex-: exportar	**ex-**: êxodo
i-, in-, des-: ilegal, infeliz, desonesto	**a-, an-**: ateu, anônimo
in-: ingerir	**en-**: encéfalo
intra-: intramuscular	**endo-**: endocarpo
semi-: semicírculo	**hemi-**: hemiciclo
sub-: subterrâneo	**hipo-**: hipogeu
super-, supra-: superlotar, supracitado	**epi-, hiper-**: epitáfio, hipertrofia
trans-: transparente	**dia-**: diáfano

RADICAIS GREGOS

O conhecimento dos radicais gregos é de indiscutível importância para a exata compreensão e fácil memorização de inúmeras palavras criadas e vulgarizadas pela linguagem científica. Registraremos aqui apenas os de uso mais frequente.

Observe-se que esses radicais se unem, via de regra, a outros elementos de origem grega e que, para formarem palavras compostas, sofrem, geralmente, adaptações ou acomodações fonéticas e gráficas[1].

acros, alto:	acrópole, acrobacia
aér, aéros, ar:	aeródromo, aeronáutica
agogós, o que conduz:	demagogo, pedagogo
agón, luta:	agonia, antagonista
agrós, campo:	agronomia, agrônomo

---

[1] Quanto à pronúncia das palavras gregas, tenha em mente as normas seguintes:

ou = u: odóus (odús); **ch = k**: arché (arké), brach□s (brakís); **ph = f**: phílos (filos); **ge = gue**: gê (guê); **gi** ou **gy = gui**: gyné (guiné); **x = ks**: dóxa (dóksa).

MORFOLOGIA 81

álgos, dor: algofilia, nevralgia

álos, outro: alopatia, alopata

ánemos, vento: anemômetro

ánthos, flor: antografia, antologia

ánthropos, homem: antropologia, antropófago

archáios, antigo: arcaico, arqueologia

arché, comando, governo: anarquia, monarca

áristos, o melhor: aristocracia, aristocrata

astér, astéros, astro: asteroide, astronomia

autós, próprio, mesmo: automóvel, autonomia

báros, peso, pressão: barômetro, barostato

barýs, pesado, grave: barimetria, barítono

bathýs, profundo: batímetro, batiscafo

biblíon, livro: biblioteca, bibliófilo

bíos, vida: biologia, anfíbio

brachýs, curto, breve: braquicéfalo, braquidátilo

bróma, brómatos, alimento: bromatologia, teobroma

cir-, quiro- (de **chéir,
    cheirós**, mão): cirurgia, cirurgião, quiromante

chróma, chrómatos, cor: cromático, policromia

chrónos, tempo: cronômetro, anacrônico

chrýsos, ouro: crisóstomo, crisântemo

dáktylos, dedo: datilografia, datilografar

MORFOLOGIA

déka, dez:	decálogo, decâmetro
démos, povo:	democracia, demografia
dérma, **dérmatos**, pele:	dermatologia, epiderme
dóxa, opinião, doutrina:	ortodoxo, paradoxo
drómos, corrida:	autódromo, hipódromo
dýnamis, força, potência:	dínamo, dinamite
élektron, âmbar, eletricidade:	elétrico, eletrônica
énteron, intestino:	enterite, enterologia
éthnos, povo, raça:	étnico, etnografia
étymos, verdadeiro:	etimologia, etimológico
gámos, casamento:	poligamia, monogamia
gastér, **gastrós**, estômago:	gastrite, gastrônomo
géo- (de **gê**, terra):	geografia, geologia
glótta, glóssa, língua:	poliglota, glossário
gonía, ângulo:	goniômetro, polígono
grámma, letra, escrito:	gramática, telegrama
grápho, escrevo:	grafia, ortografia
gymnós, nu:	ginástica, gimnofobia
gyné, gynaikós, mulher:	gineceu, ginecologia
hema- (de **háima**, **háimatos**, sangue):	hematófago, anemia
hédra, base, face, lado:	poliedro, hexaedro
hélios, sol:	heliocêntrico, heliotropismo

MORFOLOGIA 83

heméra, dia: hemeroteca, efêmero

hépar, hépatos, fígado: hepático, hepatite

héteros, outro, diferente: heterogêneo, heterônimo

hexa- (de **hex**, seis):   hexacampeão, hexágono

hierós, sagrado: hierarquia, hierático

híppos, cavalo: hipódromo, hipismo

hodós, caminho: hodômetro, êxodo

hómoios, semelhante, igual: homeopatia, homeopata

hómos, semelhante, igual: homônimo, homogêneo

hýdro- (de **hýdor**,
    hýdatos, água):   hidratar, hidrografia

hygrós, úmido: higrômetro, higrófito

hýpnos, sono: hipnose, hipnotizar

iatréia, tratamento médico: pediatria, psiquiatria

ichthýs (ictís), **ichthýos**, peixe: ictiófago, ictiografia

icon- (de **eikón, eikónos**,
    imagem):   iconoclasta, iconografia

ídios, próprio: idioma, idiotismo

ísos, semelhante, igual: isósceles, isotérmico

kakós, mau: cacofonia, cacografia

kalli- (de **kalós**, belo):   caligrafia, calidoscópio

kardía, coração: cardíaco, cardiologia

karpós, fruto: endocarpo, mesocarpo

MORFOLOGIA

kephalé, cabeça:	cefalalgia, acéfalo
kínema, **kinématos**, movimento:	cinema, cinematógrafo
kósmos, mundo:	cosmografia, cosmopolita
krátos, poder, força, domínio:	aristocrata, democracia
kýon, **kynós**, cão:	cínico, cinegética
kýstis, bexiga:	cistite, cistoscopia
latréia, culto, adoração:	idolatria, idólatra
leukós, branco:	leucócitos, leucemia
líthos, pedra:	aerólito, litografia
lógos, palavra, colóquio, estudo:	diálogo, biologia
lýsis, dissolução, ato de desatar:	análise, eletrólise
makrós, longo, grande:	macróbio, macrobiótica
manía, loucura, inclinação:	cleptomania, manicômio
mancia- (de **mantéia**, adivinhação):	cartomancia, quiromancia
mégas, **megálo-**, grande:	megalomania, megaton
méter, **metrós**, mãe:	metrópole, metropolitano
métron, medida:	métrico, quilômetro
mikrós, pequeno:	micróbio, microscópio
mísos, ódio:	misógamo, misógino

MORFOLOGIA

mnéme, memória, lembrança: mnemônico, amnésia
mónos, um só, sozinho: monólogo, monoteísta
morphé, forma: morfologia, metamorfose
nekrós, morto, cadáver: necrotério, necropsia
néos, novo: neologismo, neolatino
néuron, nervo: neurologia, nevralgia
nómos, lei, norma, costume: autônomo, anomalia
nósos, doença, moléstia: nosofobia, zoonose
odóus, **odóntos**, dente: odontologia, odontologista
olígos, pouco: oligarquia, oliguria
óneiros, sonho: oniromancia, onírico
ónoma, **ónyma**, nome: pseudônimo, antônimo
óphis, **ophídion**, cobra: ofídio, ofídico, ofidismo
ophthalmós, olho: oftalmologia, oftalmologista
óps, **opós**, vista: óptica, miopia, míope
órnis, **órnithos**, ave: ornitologia, ornitólogo
orthós, reto, correto: ortografia, ortopedista
ous, **otós**, ouvido: otite, otorrino
páis, **paidós**, criança: pedagogia, pediatria
paidéia, educação, correção: ortopedia, enciclopédia
pan, **pantós**, tudo, todo: panorama, panteísmo
páthos, doença, sentimento: patologia, simpatia

MORFOLOGIA

penta- (de **pente**, cinco):	pentacampeão, pentágono
phagô, eu como:	fagocitose, antropófago
phílos, amigo:	filosofia, filantropia
phóbos, medo, aversão:	hidrofobia, xenofobia
phoné, voz, som:	telefone, cacofonia, afônico
phós, **photós**, luz:	fotografia, fósforo
phytón, vegetal:	fitotecnia, xerófito
plóutos, riqueza:	plutocracia, plutocrata
pnéuma, **pnéumatos**, respiração, ar, sopro:	pneumática, pneumático (pneu)
pnéumon, pulmão:	pneumonia, pneumologia
pólis, cidade:	política, metrópole
polýs, muito, numeroso:	poliglota, polígono
pótamos, rio:	potamografia, hipopótamo
pséudos, mentira, falsidade:	pseudônimo, pseudotopázio
psyché, alma:	psicologia, psicose
pterón, asa:	coleóptero, helicóptero
pyr, **pyrós**, fogo:	pirosfera, pirotécnico
rhéo, fluir, correr:	reumatismo, diarreia
seismós, abalo, tremor:	sismógrafo, sísmico
skopéo, ver, olhar:	telescópio, microscópio
sóma, **sómatos**, corpo:	somatologia, somático
sophós, sábio:	filósofo, filosofia

stóma, **stómatos**, boca:	estomatite, estomático
táxis, arranjo, classificação:	sintaxe, taxidermista
téchne, arte, ofício:	tecnologia, politécnica
téle, longe:	televisão, telefone
théke, caixa:	biblioteca, discoteca
theós, deus:	teologia, teólogo
therapéia, tratamento:	hidroterapia, fisioterapia
thermós, quente:	térmico, termômetro
tópos, lugar:	topônimo, topografia
tráuma, **tráumatos**, ferimento:	trauma, traumatismo
týpos, marca, modelo, tipo:	tipografia, protótipo
xýlon, madeira:	xilogravura, xiloteca
zóon, animal:	zoologia, zoológico

CLASSIFICAÇÃO E FLEXÃO DAS PALAVRAS

Na língua portuguesa há dez classes de palavras:

1. **substantivo**
2. **artigo**
3. **adjetivo**
4. **numeral**
5. **pronome**
6. **verbo**
7. **advérbio**
8. **preposição**
9. **conjunção**
10. **interjeição**

As seis primeiras classes são variáveis, isto é, flexionam-se em gênero, número, etc.; as quatro outras são invariáveis.

SUBSTANTIVO

Consideremos estes exemplos:

Aquele **homem** comprou um **livro** e ganhou uma **flor**.

Na **praia**, a **alegria** era geral.

As palavras em negrito são substantivos.

1 SUBSTANTIVOS

Substantivos são palavras que designam os seres.

Dividem-se os substantivos em:

▪ comuns

Os que designam seres da mesma espécie:

menino, galo, palmeira.

▪ próprios

Os que se aplicam a um ser em particular:

Deus, Brasil, Roma, São Paulo, Tiradentes.

▪ concretos

Os que designam seres de existência real ou que a imaginação apresenta como tais:

avô, mulher, pedra, leão, alma, fada, lobisomem.

MORFOLOGIA

- **abstratos**

    Os que designam qualidades, sentimentos, ações e estados dos seres, dos quais se podem abstrair (= separar) e sem os quais não poderiam existir:

    beleza, coragem, brancura, rapidez (*qualidades*);
    amor, saudade, alegria, dor, fome, frio (*sentimentos, sensações*);
    viagem, estudo, doação, esforço, fuga, afronta (*ações*);
    vida, morte, cegueira, doença (*estados*).

- **simples**

    Os que são formados de um só radical:
    chuva, pão, lobo.

- **compostos**

    Os que são formados por mais de um radical:
    guarda-chuva, passatempo, pão de ló.

- **primitivos**

    Os que não derivam de outra palavra da língua portuguesa:
    pedra, ferro, dente, trovão.

- **derivados**

    Os que derivam de outra palavra:
    pedreira, ferreiro, dentista, trovoada.

- **coletivos**

    Os que exprimem uma coleção de seres da mesma espécie:
    exército, rebanho, constelação.

2 SUBSTANTIVOS COLETIVOS

Eis os principais substantivos coletivos:

acervo – objetos, bens, obras de arte

álbum – de fotografias, selos

alcateia – de lobos, feras

antologia – de trechos de leitura

armada – de navios de guerra

arquipélago – de ilhas

assembleia – de parlamentares, membros de associações

atilho – de espigas

atlas – de mapas reunidos em livro

bagagem – objetos de viagem

baixela – utensílios de mesa

banca – de examinadores

bando – de aves, crianças, etc.

batalhão – de soldados

biblioteca – de livros

boiada – de bois

cacho – de uvas, bananas, cabelos

cáfila – de camelos, de patifes

cainçalha – de cães

cambada – de vadios, malvados

cancioneiro – de canções

caravana – de peregrinos, excursionistas

cardume – de peixes, piranhas

caterva – de animais, vadios, gente à-toa

chusma – de criados, populares

clientela – de clientes de médicos, advogados, etc.

código – de leis

colmeia – de cortiços de abelhas

concílio – de bispos em assembleia

conclave – de cardeais, de cientistas em assembleia

confraria – de pessoas religiosas

congregação – de religiosos, de professores

constelação – de estrelas

corja – de vadios, canalhas, malfeitores

década – período de dez anos

discoteca – de discos

elenco – de atores, artistas

enxame – de abelhas, insetos

enxoval – de roupas e adornos

fauna – de animais de uma região

feixe – de espigas, varas, canas, etc.

filmoteca – de filmes

flora – as plantas de uma região

MORFOLOGIA 93

fornada – de pães, tijolos, etc.

frota – de navios, ônibus

galeria – de quadros, estátuas

hemeroteca – de jornais, revistas

horda – de invasores, salteadores

hoste – de inimigos, soldados

irmandade – de membros de associações religiosas

junta – de dois bois, de médicos (**junta** médica)

júri – de jurados

legião – de soldados, anjos, demônios

leva – de recrutas, prisioneiros

malta – de ladrões, desordeiros, bandidos, capoeiras

manada – de bois, porcos, etc.

mapoteca – de mapas

maquinaria – de máquinas

matilha – de cães de caça

milênio – período de mil anos

miríade – infinidade de estrelas, insetos, etc.

molho – de chaves, capim, etc.

nuvem – de gafanhotos, mosquitos, etc.

panapaná – de borboletas em bando migratório

penca – de frutos

pente – de balas de armas automáticas

pinacoteca – de quadros, telas

piquete – de soldados montados, grevistas

pomar – de árvores frutíferas

prole – os filhos de um casal

quadrilha – de ladrões, assaltantes

raizame – conjunto das raízes de uma árvore

ramalhete – de flores

rancho – de pessoas em passeio ou jornada

rebanho – de bois, ovelhas, carneiros, cabras, gado, reses

récua – de cavalgaduras

renque – de árvores, pessoas ou coisas enfileiradas

repertório – de peças teatrais ou músicas interpretadas por artistas

resma – quinhentas folhas de papel

réstia – de alhos, cebolas

revoada – de aves voando

século – período de cem anos

súcia – de velhacos, patifes, malandros

tertúlia – de amigos, intelectuais, em reunião

tríduo – período de três dias

triênio – período de três anos

tropilha – de cavalos

turma – de trabalhadores, alunos

vara – de porcos

xiloteca – de amostras de espécies de madeiras (para estudos e pesquisas florestais)

Aos coletivos indeterminados acrescenta-se, em regra, o nome do ser a que se referem. Assim, dizemos:

Um *bando de crianças*. Um *bando de aves*.

3 PALAVRAS SUBSTANTIVADAS

Palavras de outras classes gramaticais podem passar a substantivos. Para isso, antepõe-se-lhes o artigo:

Quem não ama *o verde*?

Fugimos para *o alto* do morro.

Apavorava-me *o rugir* das feras.

4 FLEXÃO DOS SUBSTANTIVOS: GÊNERO

Os substantivos flexionam-se para indicar o gênero, o número e o grau.

- Gênero é a propriedade que as palavras têm de indicar o sexo real ou fictício dos seres.

Na língua portuguesa são dois os gêneros: o *masculino* e o *feminino*.

Para os nomes dos seres vivos, o gênero, em geral, corresponde ao sexo do indivíduo; o mesmo, porém, não acontece com os nomes dos seres inanimados, em que o gênero é puramente convencional.

São masculinos os substantivos a que antepomos os artigos *o*, *os*, e femininos aqueles a que antepomos os artigos *a*, *as*.

5 FORMAÇÃO DO FEMININO

Diversos são os processos de formação do feminino. Sem levar em conta alguns casos especiais, podemos afirmar que o feminino se realiza, mais frequentemente, de três modos diferentes:

- flexionando-se o substantivo masculino;

  filho, *filha*, mestre, *mestra*, leão, *leoa*, etc.

- acrescentando-se ao masculino a desinência – *a* ou um sufixo feminino:

  autor, *autora*, deus, *deusa*, cônsul, *consulesa*, etc.

- utilizando-se uma palavra feminina com radical diferente:

  pai, *mãe*, homem, *mulher*, boi, *vaca*, etc.

Observe como se formam os femininos dos seguintes substantivos:

Masculino	Feminino	Masculino	Feminino
menino	menina	pavão	pavoa
parente	parenta ou parente	sabichão	sabichona
		mocetão	mocetona
monge	monja	comilão	comilona
mestre	mestra	solteirão	solteirona
senhor	senhora	sultão	sultana
cantor	cantora	galo	galinha
prior	priora	ator	atriz
doutor	doutora	imperador	imperatriz
peru	perua	embaixador	embaixatriz ou embaixadora
avô	avó		
irmão	irmã	juiz	juíza

MORFOLOGIA

Masculino	Feminino	Masculino	Feminino
cidadão	cidadã	deus	deusa, deia
anão	anã	poeta	poetisa
ancião	anciã	sacerdote	sacerdotisa
pagão	pagã	profeta	profetisa
alemão	alemã	príncipe	princesa
campeão	campeã	barão	baronesa
anfitrião	anfitriã	duque	duquesa
capitão	capitã	cônsul	consulesa
leão	leoa	freguês	freguesa
patrão	patroa	camponês	camponesa
leitão	leitoa	marquês	marquesa
abade	abadessa	padrasto	madrasta
conde	condessa	macho	fêmea
rei	rainha	pai	mãe
ladrão	ladra	marido	mulher
perdigão	perdiz	padrinho	madrinha
cão	cadela	genro	nora
ateu	ateia	dom	dona
plebeu	plebeia	cavaleiro	amazona
hebreu	hebreia	cavalheiro	dama
réu	ré	varão	matrona
judeu	judia	zangão	abelha
tigre	tigresa	bode	cabra
cerzidor	cerzideira	cavalo	égua
frade	freira	carneiro	ovelha
compadre	comadre	touro, boi	vaca

MORFOLOGIA

> **Observação:**
>
> ✔ Nos casos como *pai — mãe; boi — vaca; bode — cabra*, etc., o femi-
> nino se realiza não pela flexão do masculino, mas por heteronímia,
> isto é, por meio de outra palavra, de radical diferente.

6 SUBSTANTIVOS UNIFORMES EM GÊNERO

▪ epicenos

Designam certos animais e têm um só gênero, quer se refiram ao macho ou à fêmea. Exemplos:

> o *jacaré* (macho ou fêmea)
>
> a *cobra* (macho ou fêmea)

Quando se quer indicar precisamente o sexo, usam-se as palavras *macho* ou *fêmea*.

> a onça *macho* → a onça *fêmea*
>
> o *macho* da cobra → *a fêmea* da cobra

▪ sobrecomuns

Designam pessoas e têm um só gênero, quer se refiram a homem ou a mulher. Exemplos:

> a *criança* (menino ou menina)
>
> a *testemunha* (homem ou mulher)

▪ comuns de dois gêneros

Sob uma só forma, designam os indivíduos dos dois sexos.

São masculinos quando referentes a homens, e femininos se designam mulheres. Exemplos:

o colega → *a colega*
o estudante → *a estudante*
o mártir → *a mártir*
o artista → *a artista*

Note-se o gênero dos substantivos seguintes:

Masculinos

o tapa	o champanha	o pijama
o eclipse	o sósia	o suéter
o lança-perfume	o clã	o soprano
o dó (*pena*)	o hosana	o telefonema
o sanduíche	o herpes	o pernoite

Femininos

a dinamite	a omoplata	a entorse
a derme	a cataplasma	a faringe
a hélice	a pane	a cólera (*doença*)
a alcíone	a mascote	a ubá (*canoa*)
a cal	a gênese	

São geralmente masculinos os substantivos de origem grega, terminados em *-ma*:

o grama (*peso*)	o estratagema	o trema
o diagrama	o dilema	o edema
o apostema	o teorema	o magma
o telefonema	o plasma	

MORFOLOGIA

> **Observações:**
>
> ✔ A palavra *personagem* é usada indistintamente nos dois gêneros. Entre os escritores modernos nota-se acentuada preferência pelo masculino.
>
> ✔ *Ordenança, praça* (soldado) e *sentinela* (soldado, atalaia) são sentidos e usados, na língua atual, como masculinos, por se referirem, ordinariamente, a homens.
>
> ✔ Diz-se: *o* (ou *a*) *manequim* Simone, *o* (ou *a*) *modelo* fotográfico Rosângela Belmonte.

7 GÊNERO DOS NOMES DE CIDADES

Salvo raras exceções, nomes de cidades são femininos:

a histórica *Ouro Preto*; a dinâmica *São Paulo*; a acolhedora *Porto Alegre*; uma *Londres* imensa e triste.

Exceções: o Rio de Janeiro, o Cairo, o Porto, o Recife.

8 GÊNERO E SIGNIFICAÇÃO

Muitos substantivos têm uma significação no masculino e outra no feminino. Exemplos:

o cabeça (chefe) → *a cabeça* (parte do corpo)

o cisma (separação, dissidência) → *a cisma* (ato de cismar)

o cinza (a cor cinzenta) → *a cinza* (resíduos de combustão)

o capital (dinheiro) → *a capital* (cidade)

o coma (perda dos sentidos) → *a coma* (cabeleira)

o coral (pólipo, canto em coro) → _a coral_ (cobra venenosa)

o cura (pároco, vigário) → _a cura_ (ato de curar)

o estepe (pneu sobressalente) → _a estepe_ (vasta planície de vegetação herbácea)

o grama (unidade de peso) → _a grama_ (relva)

o lente (professor) → _a lente_ (vidro de aumento)

o moral (ânimo) → _a moral_ (honestidade, bons costumes, ética)

o nascente (lado onde nasce o Sol) → _a nascente_ (fonte)

o rádio (aparelho receptor) → _a rádio_ (estação emissora)

9 FLEXÃO DOS SUBSTANTIVOS: NÚMERO

Em português há dois números gramaticais: singular e plural.

■ singular

Indica um ser ou um grupo de seres: ave, bando.

■ plural

Indica mais de um ser ou grupo de seres: _aves_, _bandos_.

A característica do plural, em português, é o _s_ final.

Os substantivos flexionam-se no plural de diferentes maneiras, conforme a terminação do singular.

a) Substantivos terminados em vogal ou em ditongo oral.

Flexionam-se no plural acrescentando-se **-s** ao singular:

asa, _asas_, táxi, _táxis_, tribo, _tribos_, pá, _pás_, irmã, _irmãs_, pé, _pés_, sapoti, _sapotis_, nó, _nós_, robô, _robôs_, caju, _cajus_, baú, _baús_, herói, _heróis_, véu, _véus_.

b) Substantivos terminados em -*r* ou -*z*.

Forma-se o plural acrescentando-se -*es* ao singular:

colher, *colheres*, dólar, *dólares*, faquir, *faquires*, abajur, *abajures*, clamor, *clamores*, cruz, *cruzes*, raiz, *raízes*, noz, *nozes*.

Caráter faz *caracteres*, júnior, *juniores*, com deslocamento do acento tônico.

c) Substantivos terminados em -*al, -el, -ol, -ul*.

Pluralizam-se trocando o -l final por -is:

pombal, *pombais*, real, *reais*, papel, *papéis*, mel, *méis*, túnel, *túneis*, anzol, *anzóis*, sol, *sóis*, paul, *pauis*, álcool, *álcoois*.

Exceções:

mal → *males*	cônsul → *cônsules*
real (moeda antiga) → *réis*	gol → *gols*

d) Substantivos terminados em -*il*.

Flexionam-se no plural de duas maneiras:

- os oxítonos mudam -*il* em -*is*:

  funil, *funis*, fuzil, *fuzis*.

- os paroxítonos mudam -*il* em -*eis*:

  fóssil, *fósseis*, réptil, *répteis*, projétil, *projéteis*.

e) Substantivos terminados em -*m*.

Trocam esta letra por -*ns*:

nuvem, *nuvens*, fim, *fins*, som, *sons*, refém, *reféns*, pajem, *pajens*, álbum, *álbuns*, atum, *atuns*, item, *itens*.

f) Substantivos terminados em -*s*:

- Os monossílabos e os oxítonos formam o plural mediante o acréscimo da desinência -*es*:

  gás, *gases*, mês, *meses*, rês, *reses*, país, *países*, deus, *deu-*

ses, ás, ases, obus, *obuses,* português, *portugueses,* freguês, *fregueses,* revés, *reveses.*

Exceções: *cais* e *xis* são invariáveis: *os cais, os xis.*

- Os paroxítonos e proparoxítonos são invariáveis:

o pires, *os pires,* o atlas, *os atlas,* o oásis, *os oásis,* o ourives, *os ourives,* o alferes, *os alferes,* o miosótis, *os miosótis,* o vírus, *os vírus,* o ônibus, *os ônibus.*

g) Substantivos terminados em *-x.*

São invariáveis (entre parênteses o valor fonético do *x*):

o tórax (cs), *os tórax,* a fênix (s), *as fênix.*

h) Substantivos terminados em *-ão.*

- Uns formam o plural com o acréscimo de **-s**:

mão, *mãos,* irmão, *irmãos,* cidadão, *cidadãos,* cortesão, *cortesãos,* ancião, *anciãos,* grão, *grãos,* pagão, *pagãos,* corrimão, *corrimãos,* e todos os paroxítonos: órgão, *órgãos,* bênção, *bênçãos,* órfão, *órfãos,* sótão, *sótãos.*

- Outros, mais numerosos, mudam **-ão** em **-ões**:

limão, *limões,* botão, *botões,* anão, *anões,* vulcão, *vulcões,* espião, *espiões,* balão, *balões,* mamão, *mamões,* melão, *melões,* caixão, *caixões,* tecelão, *tecelões,* folião, *foliões,* falcão, *falcões,* zangão, *zangões,* nação, *nações.*

- Outros, enfim, trocam **-ão** por **-ães**:

pão, *pães,* cão, *cães,* capitão, *capitães,* charlatão, *charlatães,* escrivão, *escrivães,* alemão, *alemães,* sacristão, *sacristães,* tabelião, *tabeliães,* capelão, *capelães.*

10 PLURAL DOS SUBSTANTIVOS COMPOSTOS

Formam o plural de acordo com as seguintes normas:

MORFOLOGIA

- Pluralizam-se os dois elementos, quando houver:

a) substantivo + substantivo:
abelha-mestra, *abelhas-mestras*
couve-flor, *couves-flores*

b) substantivo + adjetivo:
amor-perfeito, *amores-perfeitos*
cachorro-quente, *cachorros-quentes*
guarda-noturno, *guardas-noturnos*
obra-prima, *obras-primas*

c) adjetivo + substantivo:
boa-vida, *boas-vidas*
curta-metragem, *curtas-metragens*
má-língua, *más-línguas*

d) numeral + substantivo:
terça-feira, *terças-feiras*
quinta-feira, *quintas-feiras*

Exceções:

o grão-mestre, *os grão-mestres*, o terra-nova, *os terra-novas*

- Varia apenas o segundo elemento, quando houver:

a) elementos unidos sem hífen:
o girassol, *os girassóis.*

b) verbo + substantivo:
o guarda-roupa, os *guarda-roupas*, o guarda-louça, os *guarda-louças*, o beija-flor, os *beija-flores*.

MORFOLOGIA

c) elemento invariável + palavra variável:

a sempre-viva, as *sempre-vivas*, a ave-maria, as *ave-ma-rias*, o vice-rei, os *vice-reis*, o alto-falante, os *alto-falantes*, o abaixo-assinado, os *abaixo-assinados*.

d) palavras repetidas:

o quero-quero, os *quero-queros*, o tico-tico, os *tico-ticos*, o reco-reco, os *reco-recos*.

- Varia apenas o primeiro elemento:

a) quando houver substantivo + de + substantivo:

o pé de moleque, os *pés* de moleque, o pão de ló, os *pães* de ló, a queda-d'água, as *quedas*-d'água, o pau--d'arco, os *paus*-d'arco, o sinal da cruz, os *sinais* da cruz.

b) quando o segundo elemento limita ou determina o primeiro:

o pombo-correio, os *pombos*-correio, o navio-escola, os *navios*-escola, o peixe-boi, os *peixes*-boi, o pau-brasil, os *paus*-brasil, o guarda-marinha, os *guardas*-marinha.

Observações:

✔ A tendência moderna, porém, é a de pluralizar, no item *b*, os dois elementos: *pombos-correios, peixes-bois, frutas-pães, homens-rãs, porcos-espinhos, navios-tanques, bananas-maças, mangas-rosas*.

✔ O *arco-íris*, os *arco-íris*, invariável.

- Os dois elementos ficam invariáveis quando houver:

a) verbo + advérbio:

o bota-fora, os *bota-fora*.

MORFOLOGIA

b) verbo + substantivo plural:

o saca-rolhas, os *saca-rolhas*, o guarda-vidas, os *guarda-vidas*.

■ Casos especiais:

o *louva-a-deus*, os *louva-a-deus*, o *bem-te-vi*, os *bem-te-vis*, o *bem-me-quer*, os *bem-me-queres*, o *joão-ninguém*, os *joões-ninguém*.

11 PLURAL DAS PALAVRAS SUBSTANTIVADAS

As palavras substantivadas, isto é, palavras de outras classes gramaticais usadas como substantivos, apresentam, no plural, as flexões próprias desses últimos.

Ouviam-se *vivas* e *morras*.

Pese bem os *prós* e os *contras*.

Ouça com a mesma serenidade os *sins* e os *nãos*.

12 PLURAL DOS DIMINUTIVOS EM -ZINHO

Flexiona-se o substantivo no plural, elimina-se o **s** final e acrescenta-se o sufixo:

animai(s) + -zinhos → animaizinhos

13 PLURAL COM MUDANÇA DE TIMBRE

Certos substantivos formam o plural com mudança de timbre da vogal tônica (*o* fechado → *o* aberto). É um fato fonético chamado *metafonia*.

Eis alguns exemplos:

corpo *(ô)*	*corpos (ó)*	osso	*ossos*
esforço	*esforços*	ovo	*ovos*
fogo	*fogos*	poço	*poços*
forno	*fornos*	porto	*portos*
fosso	*fossos*	posto	*postos*
olho	*olhos*	tijolo	*tijolos*

14 FLEXÃO DOS SUBSTANTIVOS: GRAU

Grau dos substantivos é a propriedade que essas palavras têm de exprimir as variações de tamanho dos seres.

São dois os graus dos substantivos: o *aumentativo* e o *diminutivo*.

forma normal	**aumentativo**	**diminutivo**
↓	↓	↓
gato	gatão	gatinho
casa	casarão	casinha

▪ Grau aumentativo

O grau aumentativo exprime um aumento do ser relativamente ao seu tamanho normal. Pode ser formado sintética ou analiticamente.

a) Aumentativo sintético: forma-se com sufixos aumentativos, sendo os mais comuns:

-aça: barcaça, barbaça, caraça

-aço: balaço, calhamaço, volumaço

-alha: muralha, gentalha, fornalha

-ão (com as variantes **-alhão**, **-arão**, **-zarrão**, **-arrão**, **-eirão**, **-zão**): cavalão, garrafão, vagalhão, casarão, homenzarrão, gatarrão, vozeirão, pezão.

-arra: bocarra, naviarra
-ázio: copázio, balázio
-ona: mulherona, criançona, pernona
-orra: cabeçorra, beiçorra, patorra
-aréu: povaréu, fogaréu

b) Aumentativo analítico: forma-se com o auxílio do adjetivo *grande*, ou outros de mesmo sentido:

letra grande, pedra enorme, estátua colossal, obra gigantesca, planície imensa.

■ Grau diminutivo

O grau diminutivo exprime um ser com seu tamanho normal diminuído. Pode ser formado sintética ou analiticamente.

a) Diminutivo sintético: forma-se com sufixos diminutivos. Eis os mais comuns:

-ejo: lugarejo, animalejo, vilarejo

-eto, -eta: poemeto, saleta, maleta

-ico: burrico, namorico

-im: espadim, flautim, selim

-inho: livrinho, dedinho

-inha: casinha, janelinha

-zinho, -zinha: irmãozinho, irmãzinha

-ito, -ita: mosquito, cabrito, senhorita

-ola: sacola, casinhola, arteríola

-ote: velhote, serrote, caixote, morrote

-(c)ulo, -(c)ula: glóbulo, homúnculo, radícula

b) Diminutivo analítico: forma-se com o adjetivo *pequeno*, ou outros de igual sentido. Exemplos:

chave pequena, casa pequenina, semente minúscula.

Observações:

✔ Em geral, os aumentativos e diminutivos, juntamente com a ideia de grandeza ou pequenez, exprimem também deformidade, desprezo ou troça. Dizemos, por isso, que têm *sentido pejorativo* ou *depreciativo*. Exemplos:

gentalha, narigão, beiçorra, livreco, musiqueta, gentinha.

✔ As formas diminutivas exprimem, frequentemente, carinho, afetividade:

filhinho, avozinha, mãezinha

✔ Há aumentativos e diminutivos formados por prefixação:

maxissaia, supermercado, megaevento, minissaia, minicalculadora, etc.

15 PLURAL DOS DIMINUTIVOS EM *-ZINHO* E *-ZITO*

Observe bem os exemplos seguintes:

animai(s) + -zinhos → animaizinhos
botõe(s) + -zinhos → botõezinhos
chapéu(s) + -zinhos → chapeuzinhos
farói(s) + -zinhos → faroizinhos
flore(s) + -zinhas → florezinhas
mão(s) + -zinhas → mãozinhas
nuven(s) + -zinhas → nuvenzinhas
pãe(s) + -zinhos → pãezinhos
papéi(s) + -zinhos → papeizinhos
pé(s) + -zinhos → pezinhos
pé(s) + -zitos → pezitos
tren(s) + -zinhos → trenzinhos
túnei(s) + -zinhos → tuneizinhos

Regra:

Flexiona-se o substantivo no plural, elimina-se o **s** final e acrescenta-se o sufixo.

ARTIGO

Considere o exemplo seguinte:

Certa vez, passando por <u>uma</u> praça, encontrei <u>um</u> menino chorando. <u>A</u> praça estava deserta e <u>o</u> menino, sozinho, <u>as</u> mãos e <u>os</u> cabelos sujos de terra.

As palavras sublinhadas são artigos.

Artigo é uma palavra que antepomos aos substantivos para determiná-los. Indica-lhes, ao mesmo tempo, o gênero e o número.

Dividem-se os artigos em:

1 DEFINIDOS

o, a, os, as:
o pai, *a* mãe, *os* pais, *as* mães;

2 INDEFINIDOS

um, uma, uns, umas:
um tio, *uma* tia, *uns* tios, *umas* tias.

MORFOLOGIA

Os definidos determinam os substantivos de modo preciso, particular:

Viajei com **o** médico (um médico referido, conhecido, determinado).

Os indefinidos determinam os substantivos de modo vago, impreciso, geral:

Viajei com **um** médico (um médico não referido, desconhecido, indeterminado).

Certas preposições unem-se aos artigos formando combinações e contrações: *ao, à, aos, às, do, da*, etc. Exemplos:

Dei uma bola *ao* menino.

Dei uma rosa *à* menina.

Oferecemos um jantar *aos* pobres *do* bairro.

As editoras doaram livros *às* bibliotecas públicas *dos* municípios.

ADJETIVO

Observe este exemplo:

Um homem **forte** conduzia um carro **azul**.

As palavras em negrito são *adjetivos*.

1 ADJETIVOS

Adjetivos são palavras que expressam as qualidades ou características dos seres.

2 ADJETIVOS PÁTRIOS

Entre os adjetivos existem os que designam a nacionalidade, o lugar de origem de alguém ou de alguma coisa: são os *adjetivos pátrios*. Citemos alguns:

Brasília – *brasiliense*

Campos – *campista*

Goiás – *goiano*

Egito – *egípcio*

Lisboa – *lisboeta*

Buenos Aires – *portenho*

Grécia – *grego*

Londres – *londrino*

Moscou – *moscovita*

Japão – *japonês, nipônico*

Argélia – *argelino*

Judéia – *judeu, judaico*

Cartago – *cartaginês*

Florença – *florentino*

MORFOLOGIA

3 FORMAÇÃO DO ADJETIVO

Quanto à formação, o adjetivo pode ser:

- **primitivo**

    O que não deriva de outra palavra:

    bom, forte, feliz, etc.

- **derivado**

    O que deriva de substantivos ou verbos:

    famoso, carnavalesco, amado, etc.

- **simples**

    brasileiro, escuro, etc.

- **composto**

    luso-brasileiro, castanho-escuro, etc.

4 LOCUÇÃO ADJETIVA

Locução adjetiva é uma expressão que equivale a um adjetivo:

presente *de rei* = presente *régio*

amor *de filho* = amor *filial*

paixões *sem freio* = paixões *desenfreadas*

confiança *sem limites* = confiança *ilimitada*

pescoço *de touro* = pescoço *taurino*

aves *da noite* = aves *noturnas*

MORFOLOGIA 115

Outros exemplos de locuções adjetivas:

o andar *de cima*; as patas *de trás*; gente *de fora*; floresta *a perder de vista*; rapaz *sem-vergonha*; produto *de primeira*; olhar *de espanto*; homem *à-toa*; estar *com fome*.

5 ADJETIVOS ERUDITOS

Numerosos adjetivos eruditos, que significam "relativo a", "próprio de", "semelhante a", "da cor de", equivalem a locuções adjetivas: *torácico* = do tórax, relativo ao tórax; *sulfurino* = da cor do enxofre; *férreo* = de ferro, como ferro.

Eis os mais frequentes desses adjetivos, ao lado dos nomes dos seres a que se referem:

açúcar: *sacarino*	brejo: *palustre*
águia: *aquilino*	cabeça: *cefálico*
aluno: *discente*	cabelo: *capilar*
anel: *anular*	cabra: *caprino*
aranha: *aracnídeo*	campo: *rural*
asno: *asinino*	cavalo: *equídeo, equino, hípico*
astro: *sideral*	cela, célula: *celular*
baço: *esplênico*	chumbo: *plúmbeo*
bálsamo: *balsâmico*	chuva: *pluvial*
bexiga: *vesical*	cinza: *cinéreo*
bílis: *biliar*	circo: *circense*
bispo: *episcopal*	cobra: *colubrino, ofídico*
boca: *bucal, oral*	coração: *cardíaco*

MORFOLOGIA

correio: *postal*

costas: *dorsal*

criança: *pueril, infantil*

dança: *coreográfico*

dedo: *digital*

dinheiro: *pecuniário*

direito: *jurídico*

eixo: *axial*

embriaguez: *ébrio*

enxofre: *sulfúrico, sulfúreo, sulfuroso*

erva: *herbáceo*

estômago: *gástrico*

estrela: *estelar*

fábrica: *fabril*

faraó: *faraônico*

fígado: *hepático*

fogo: *ígneo*

gado: *pecuário*

garganta: *gutural*

gato: *felino, felídeo*

gelo: *glacial*

guerra: *bélico*

homem: *viril*

Igreja: *eclesiástico*

ilha: *insular*

inverno: *hibernal*

junho: *junino*

lago: *lacustre*

lágrima: *lacrimal*

laranja: *cítrico*

leão: *leonino*

lebre: *leporino*

leite: *lácteo*

limão: *cítrico*

lobo: *lupino*

Lua: *lunar*

macaco, símio: *simiesco*

madeira, lenho: *lígneo*

mar: *marinho, marítimo*

manhã: *matutino, matinal*

marfim: *ebúrneo*

memória: *mnemônico*

mestre: *magistral*

moeda: *monetário, numismático*

Moisés: *mosaico*

MORFOLOGIA

monge: *monástico*

morte: *letal, mortífero*

nariz: *nasal*

navio, navegação: *naval*

neve: *níveo*

norte: *setentrional, boreal*

óleo: *oleaginoso*

olhos: *ocular, óptico, oftálmico*

opala: *opalino, opalescente*

outono: *outonal*

ouvido: *auricular, ótico*

ovelha: *ovino*

paraíso: *paradisíaco*

pedra: *pétreo*

pele: *cutâneo, epidérmico*

pescoço: *cervical*

pombo: *columbino*

porco: *suíno*

prata: *argênteo, argentino*

professor: *docente*

pulmão: *pulmonar*

raposa: *vulpino*

rato: *murino*

rim: *renal*

rio: *fluvial, potâmico*

rocha: *rupestre*

romance: *romanesco*

sabão: *saponáceo*

selos: *filatélico*

sonho: *onírico*

sul: *meridional, austral*

tarde: *vespertino*

tecido: *têxtil*

Terra: *terrestre, terreno, telúrico*

terremoto: *sísmico*

tórax: *torácico*

touro: *taurino*

túmulo: *tumular*

umbigo: *umbilical*

vasos sanguíneos: *vascular*

veia: *venoso*

velho, velhice: *senil*

vento: *eóleo, eólico*

verão, estio: *estival*

MORFOLOGIA

víbora: *viperino*
vidro: *vítreo, hialino*
vinagre: *acético*

violeta: *violáceo*
virilha: *inguinal*
voz: *fônico, vocal*

6 FLEXÃO DO ADJETIVO

O adjetivo varia em gênero, número e grau. Flexiona-se para concordar em gênero e número com o substantivo caracterizado. Exemplos:

moço *bonito*, moça *bonita*, moços *bonitos*, moças *bonitas*

7 FLEXÃO DO ADJETIVO: GÊNERO

Quanto ao gênero, dividem-se os adjetivos em:

▪ uniformes

Os que têm a mesma forma em ambos os gêneros:

céu *azul*, fita *azul*
cavalo *veloz*, égua *veloz*

homem *jovem*, mulher *jovem*
líquido *incolor*, água *incolor*

▪ biformes

Os que possuem duas formas, uma para o masculino e outra para o feminino:

ativo*, ativa*
cru*, crua*
mau, *má*
ateu, *ateia*

plebeu, *plebeia*
judeu, *judia*
hebreu, *hebreia*
europeu, *europeia*

alemão, *alemã*	são, *sã*
chorão, *chorona*	vão, *vã*
espanhol, *espanhola*	inglês, *inglesa*
bom, *boa*	roedor, *roedora*

Guarde estas duas regras:

- Os adjetivos biformes simples flexionam-se em gênero pelas mesmas regras dos substantivos.

- Os adjetivos compostos recebem a flexão feminina apenas no segundo elemento:

sociedade *luso-brasileira*, festa *cívico-religiosa*, saia *verde--escura*

8 FLEXÃO DO ADJETIVO: NÚMERO

Os adjetivos simples seguem as mesmas regras da flexão numérica dos substantivos:

cru – *crus*	feroz – *ferozes*
gentil – *gentis*	útil – *úteis*
igual – *iguais*	são – *sãos*
azul – *azuis*	vã – *vãs*

9 PLURAL DOS ADJETIVOS COMPOSTOS

Para formar o plural dos adjetivos compostos observem-se os seguintes princípios:

MORFOLOGIA

- Os componentes sendo adjetivos, somente o último toma a flexão do plural:

  cabelos *castanho-escuros*, saudades *doce-amargas*, ciências *político-sociais*, conflitos *russo-americanos*, lenços *verde-claros*

  Exceções: surdo-mudo, *surdos-mudos*, surda-muda, *surdas-mudas*. *Azul-marinho* e *azul-celeste* são invariáveis: ternos *azul-marinho*, mantos *azul-celeste*

- Os componentes sendo *palavra* (ou *elemento*) *invariável* + *adjetivo*, somente esse último se flexionará:

  meninos *mal-educados*, povos *semisselvagens*, esforços *sobre-humanos*, crianças *recém-nascidas*

- Os compostos de *adjetivo* + *substantivo* são invariáveis:

  tapetes *verde-esmeralda*, blusas *amarelo-laranja*, chapéus *escuro-cinza*, gravatas *verde-malva*, ternos *verde-oliva*, saias *azul-pavão*, olhos *verde-mar*

Observação:

✔ Nos adjetivos compostos desse último tipo, subentende-se a expressão *da cor de*: tapetes *verde-esmeralda* = tapetes *da cor verde de esmeralda*.

- Invariáveis ficam também as locuções adjetivas formadas de *cor* + *de* + *substantivo*:

  vestidos *cor-de-rosa*, olhos *da cor do mar*, cabelos *cor de palha*, olhos *da cor da safira*, suéteres *cor de café*, etc.

Observação:

✔ Para sermos mais concisos, frequentemente dizemos apenas: fitas *violeta*, ternos *cinza*, luvas *creme*, sapatos *gelo*, botões *rosa*, gravatas *grená*, etc.

MORFOLOGIA 121

10 GRAU DO ADJETIVO

O grau do adjetivo exprime a intensidade das qualidades dos seres.

São dois os graus do adjetivo: o *comparativo* e o *superlativo*.

11 FLEXÃO DO ADJETIVO: GRAU COMPARATIVO

O grau comparativo pode ser:

- de **igualdade**

Sou *tão alto* como (ou quanto) você.

- de **superioridade**
  - *analítico*: Sou *mais alto* (do) que você.
  - *sintético*: O Sol é *maior* (do) que a Terra.

- de **inferioridade**

Sou *menos alto* (do) que você.

Alguns adjetivos possuem, para o comparativo de superioridade, formas sintéticas, herdadas do latim. São eles:

bom	*melhor*		pequeno	*menor*
mau	*pior*		alto	*superior*
grande	*maior*		baixo	*inferior*

Teu carro é *melhor* que o meu. João é *menor* que Pedro.

12 FLEXÃO DO ADJETIVO: GRAU SUPERLATIVO

O grau superlativo divide-se em:

MORFOLOGIA

- **absoluto**
  - a. *analítico*: A torre é *muito alta*.
  - b. *sintético*: A torre é *altíssima*.

- **relativo**
  - a. *analítico de superioridade*: João é *o mais alto* de todos.
  - b. *sintético de superioridade*: Este monte é *o maior* de todos.
  - c. *inferioridade*: Pedro é *o menos alto* de todos nós.

Observe bem:

✔ O superlativo absoluto analítico é expresso por meio dos advérbios *muito, extremamente, profundamente*, etc., antepostos ao adjetivo. Exemplo:

Procusto era um assaltante *muito* (ou *extremamente*) mau.

✔ O superlativo absoluto sintético apresenta-se sob duas formas em bom número de adjetivos: uma *erudita*, de origem latina, outra *popular*, de origem vernácula. A forma erudita é constituída pelo radical do adjetivo latino + um dos sufixos *-íssimo, -imo*, ou *-érrimo*:

fidelíssimo (de *fiel*), facílimo (de *fácil*), paupérrimo (de *pobre*)

A forma popular é constituída do radical do adjetivo português + o sufixo *-íssimo*:

altíssimo, pobríssimo, agilíssimo, amarguíssimo, friíssimo, etc.

13 SUPERLATIVOS ABSOLUTOS SINTÉTICOS ERUDITOS

Eis os principais superlativos absolutos, quase todos exclusivos da língua culta ou literária:

Alto, *supremo, sumo*

Ágil, *agílimo*

Amargo, *amaríssimo*

Amável, *amabilíssimo*

Amigo, *amicíssimo*

Antigo, *antiquíssimo*

Áspero, *aspérrimo*

Atroz, *atrocíssimo*

Baixo, *ínfimo*

Benévolo, *benevolentíssimo*

Bom, *ótimo*

Célebre, *celebérrimo*

Comum, *comuníssimo*

Cristão, *cristianíssimo*

Cruel, *crudelíssimo*

Difícil, *dificílimo*

Doce, *dulcíssimo*

Dócil, *docílimo*

Fácil, *facílimo*

Feliz, *felicíssimo*

Feroz, *ferocíssimo*

Fiel, *fidelíssimo*

Frágil, *fragílimo*

Frio, *frigidíssimo*

Grande, *máximo*

Humilde, *humílimo*

Inimigo, *inimicíssimo*

Livre, *libérrimo*

Magnífico, *magnificentíssimo*

Magro, *macérrimo*

Mau, *péssimo*

Mísero, *misérrimo*

Negro, *nigérrimo*

Notável, *notabilíssimo*

Nobre, *nobilíssimo*

Pequeno, *mínimo*

Pessoal, *personalíssimo*

Pio, *piíssimo*

Pobre, *paupérrimo*

Provável, *probabilíssimo*

Respeitável, *respeitabilíssimo*

Sábio, *sapientíssimo*

Sagrado, *sacratíssimo*

São, *saníssimo*

Simpático, *simpaticíssimo*

Simples, *simplicíssimo*

Terrível, *terribilíssimo*

Veloz, *velocíssimo*

Voraz, *voracíssimo*

14 OUTRAS FORMAS DE SUPERLATIVO ABSOLUTO

Pode-se também superlativar a ideia contida no adjetivo:

- por meio de certos prefixos:

  nave *ultrarrápida*, produto *extrafino*, criança *super-alimenta-da*

- com a repetição do adjetivo:

  Ela era *linda, linda!* (=lindíssima)

- através de uma comparação:

  feio *como o diabo*, doce *como mel*, etc.

- por meio de certas expressões da língua coloquial:

  podre de rico, linda de morrer, magro de dar pena, etc.

- com a flexão diminutiva do adjetivo:

  A Igreja ficou *cheinha*. A semente do fumo é *pequenininha*.

- com a flexão aumentativa do adjetivo:

  boi *grandão*, homem *grandalhão*, moço *bonitão*

Observação:

✔ Certos adjetivos não admitem variações de grau. Exemplos: *seguinte, eterno, onipotente, celeste, mensal*, etc.

NUMERAL

Nos exemplos seguintes, as palavras destacadas são numerais:

Comprei **cinco** livros.	**cinco** → número, quantidade
Moro no **segundo** andar.	**segundo** → número de ordem
Comemos um **terço** do bolo.	**terço** → parte, fração
Trinta é o **triplo** de dez.	**triplo** → múltiplo

1 NUMERAL

Numeral é uma palavra que exprime número, número de ordem, múltiplo ou fração.

O numeral pode ser *cardinal*, *ordinal*, *multiplicativo* ou *fracionário*.

Incluem-se entre os numerais as palavras:

- **zero**

  grau *zero*, *zero* hora, *zero* quilômetro

- **ambos**

  (= os dois, um e outro), **ambas** (= as duas, uma e outra)

  Ambos eram felizes.

  Ambas eram altas.

MORFOLOGIA 127

2 FLEXÃO DOS NUMERAIS

Alguns numerais variam em gênero e número:

- Os cardinais **um**, **dois** e os terminados em -**entos** possuem formas femininas: *uma* vez, *duas* vezes, *duzentas* folhas, *trezentas* casas, etc.

- **Milhão**, **bilhão**, **trilhão**, etc. flexionam-se em número: dez *milhões*, cinco *bilhões*, dois *trilhões*.

- Os ordinais variam em gênero e número: *primeiro*, *primeiros*, *primeira*, *primeiras*, etc.

- No plural flexionam-se os números cardinais substantivados que terminam por fonema vocálico: dois *cinquentas*, dois *setes*, três *oitos*, dois *cens*, quatro *uns*, etc. Permanecem invariáveis os que finalizam por fonema consonantal: Pedro tirou quatro *seis* e dois *dez* nas provas.

3 LEITURA E ESCRITA DOS NÚMEROS

Intercala-se a conjunção **e** entre as centenas e as dezenas e entre estas e as unidades. Exemplo:

3.655.264 = três milhões seiscentos e cinquenta e cinco mil duzentos e sessenta e quatro.

> **Observação:**
>
> ✔ Na escrita dos números por extenso não é necessário pôr vírgula entre uma classe e outra.

4 QUADRO DOS PRINCIPAIS NUMERAIS

Cardinais	Ordinais	Multiplicativos	Fracionários
um	primeiro	simples	—
dois	segundo	dobro, duplo	meio, metade
três	terceiro	triplo (tríplice)	terço
quatro	quarto	quádruplo	quarto
cinco	quinto	quíntuplo	quinto
seis	sexto	sêxtuplo	sexto
sete	sétimo	sétuplo	sétimo
oito	oitavo	óctuplo	oitavo
nove	nono	nônuplo	nono
dez	décimo	décuplo	décimo
onze	déc. primeiro	—	onze avos
doze	déc. segundo	—	doze avos
treze	déc. terceiro	—	treze avos
catorze	déc. quarto	—	catorze avos
quinze	déc. quinto	—	quinze avos
dezesseis	déc. sexto	—	dezesseis avos
dezessete	déc. sétimo	—	dezessete avos
dezoito	déc. oitavo	—	dezoito avos
dezenove	déc. nono	—	dezenove avos

Cardinais	Ordinais	Multiplicativos	Fracionários
vinte	vigésimo	——	vinte avos
trinta	trigésimo	——	trinta avos
quarenta	quadragésimo	——	quarenta avos
cinquenta	quinquagésimo	——	cinquenta avos
sessenta	sexagésimo	——	sessenta avos
setenta	septuagésimo	——	setenta avos
oitenta	octogésimo	——	oitenta avos
noventa	nonagésimo	——	noventa avos
cem, cento	centésimo	cêntuplo	centésimo
duzentos	ducentésimo	——	ducentésimo
trezentos	trecentésimo	——	trecentésimo
quatrocentos	quadringentésimo	——	quadringentésimo
quinhentos	quingentésimo	——	quingentésimo
seiscentos	sexcentésimo	——	sexcentésimo
setecentos	septingentésimo	——	septingentésimo
oitocentos	octingentésimo	——	octingentésimo
novecentos	nongentésimo	——	nongentésimo
mil	milésimo	——	milésimo
milhão	milionésimo	——	milionésimo
bilhão	bilionésimo	——	bilionésimo

5 FORMAS DUPLAS

Os seguintes numerais apresentam mais de uma forma:

undécimo *ou* décimo primeiro

duodécimo *ou* décimo segundo

catorze *ou* quatorze

septuagésimo *ou* setuagésimo

septingentésimo *ou* setingentésimo

nongentésimo *ou* noningentésimo

PRONOME

Na frase:

Prendi *teu* cachorro mas não *o* maltratei.

a palavra **o** representa o nome *cachorro* e a palavra **teu** o determina, isto é, indica que o animal pertence à 2ª pessoa do discurso (a pessoa com quem se fala).

As palavras **o** e **teu**, nessa frase, são *pronomes*.

1 PRONOMES

Pronomes são palavras que representam os nomes dos seres ou os determinam, indicando a pessoa do discurso.

2 CLASSIFICAÇÃO DOS PRONOMES

Há seis espécies de pronomes:

- *pessoais*
- *indefinidos*
- *possessivos*
- *relativos*
- *demonstrativos*
- *interrogativos*

No exemplo citado acima, a palavra **o** é *pronome substantivo*, porque substitui o substantivo *cachorro*, ao passo que **teu** é *pronome adjetivo*, porque determina o substantivo junto do qual se encontra.

MORFOLOGIA

3 PRONOMES PESSOAIS

Observe as palavras grifadas deste exemplo:

Mauro havia deitado tarde. *Ele* ainda dormia quando a mãe *o* chamou.

As palavras **ele** e **o** substituem o nome *Mauro*, que é a 3ª pessoa do discurso, ou seja, a pessoa de quem se fala. *Ele* e *o*, aqui, são *pronomes pessoais*.

Pronomes pessoais são palavras que substituem os nomes e representam as pessoas do discurso.

As pessoas do discurso (ou pessoas gramaticais) são três:

- **1ª pessoa**
  a que fala: *eu, nós*

- **2ª pessoa**
  a com quem se fala: *tu, vós*

- **3ª pessoa**
  a pessoa ou coisa de que se fala: *ele, ela, eles, elas*

Os pronomes pessoais subdividem-se em *retos* e *oblíquos*.

- **pronomes retos**
  Funcionam, em regra, como sujeitos da oração.

- **pronomes oblíquos**
  Funcionam como objetos ou complementos.

MORFOLOGIA 133

Exemplos:

Sujeito	Objeto	Verbo
Eu	te	convido.
Nós	o	ajudamos.
Ela	me	chamou.
Eles	lhe	bateram.

QUADRO DOS PRONOMES PESSOAIS

Pessoas do discurso	Pronomes retos Função subjetiva	Pronomes oblíquos Função objetiva
1ª singular	eu	me, mim, comigo
2ª singular	tu	te, ti, contigo
3ª singular	ele, ela	se, si, consigo, lhe, o, a
1ª plural	nós	nos, conosco
2ª plural	vós	vos, convosco
3ª plural	eles, elas	se, si, consigo, lhes, os, as

Quanto à acentuação, os pronomes oblíquos dividem-se em:

▪ tônicos

mim, ti, si, comigo, etc.

▪ átonos

me, te, se, lhe, lhes, o, a, os, as, nos e *vos.*

Associados a verbos terminados em *-r, -s* ou *-z*, os pronomes **o, a, os, as** assumem as antigas formas **lo, la, los, las**, caindo aquelas consoantes.

Exemplos:

Mandaram prendê-**lo**. Ajudemo-**la**. Fê-**los** entrar.

Associados a verbos terminados em ditongo nasal *(-am, -em, -ão, -õe)*, os ditos pronomes tomam as formas **no**, **na**, **nos, nas**:

Trazem-**no**. Ajudavam-**na**. Dão-**nos** de graça. Põe-**no** aqui.

- **Pronomes oblíquos reflexivos**

São os que se referem ao sujeito da oração, sendo da mesma pessoa que este. Exemplos:

Alexandre só pensa em **si**.

O operário feriu-**se** ao subir no muro.

Tu não **te** enxergas?

Eu **me** machuquei na escada.

Nós **nos** perfilamos corretamente.

A mãe trouxe as crianças **consigo**.

4 PRONOMES DE TRATAMENTO

Entre os pronomes pessoais incluem-se os chamados *pronomes de tratamento*, que se usam no trato com as pessoas, trato esse que, de acordo com o indivíduo a quem nos dirigimos, pode ser familiar, de respeito ou cerimonioso.

Eis os principais pronomes de tratamento:

você: tratamento familiar

o senhor, a senhora: tratamento de respeito

a senhorita: a moça solteira

Vossa Senhoria: para pessoas de cerimônia, funcionários graduados

Vossa Excelência: para altas autoridades

Vossa Reverendíssima: para sacerdotes

Vossa Eminência: para cardeais

Vossa Santidade: para o Papa

Vossa Majestade: para reis e rainhas

Vossa Majestade Imperial: para imperadores

Vossa Alteza: para príncipes, princesas e duques

Esses pronomes são da 2ª pessoa, mas se usam com as formas verbais da 3ª pessoa:

"Vossa Majestade **pode** partir tranquilo para a sua expedição."
(Vivaldo Coaraci)

Referindo-se à 3ª pessoa, apresentam-se com o possessivo *sua*: *Sua Senhoria*, *Sua Excelência*, *Sua Majestade*, etc.:

Sua Excelência volta hoje para Brasília.

5 PRONOMES POSSESSIVOS

Os *pronomes possessivos* referem-se às pessoas do discurso, atribuindo-lhes a posse de alguma coisa.

Quando digo, por exemplo, *meu livro*, a palavra *meu* informa que o livro pertence à 1ª pessoa (*eu*).

Eis as formas dos pronomes possessivos:

MORFOLOGIA

- **1ª pessoa do singular**

  meu, minha, meus, minhas

- **2ª pessoa do singular**

  teu, tua, teus, tuas

- **3ª pessoa do singular**

  seu, sua, seus, suas

- **1ª pessoa do plural**

  nosso, nossa, nossos, nossas

- **2ª pessoa do plural**

  vosso, vossa, vossos, vossas

- **3ª pessoa do plural**

  seu, sua, seus, suas

6 PRONOMES DEMONSTRATIVOS

Pronomes demonstrativos são os que indicam o lugar, a posição, ou a identidade dos seres, relativamente às pessoas do discurso. Exemplos:

Compro **este** carro (aqui). (O pronome **este** indica que o carro está perto da pessoa que fala.)

Compro **esse** carro (aí). (O pronome **esse** indica que o carro está perto da pessoa com quem falo, ou afastado da pessoa que fala.)

Compro **aquele** carro (lá). (O pronome **aquele** diz que o carro está afastado da pessoa que fala e daquela com quem falo.)

Aos pronomes *este, esse, aquele* correspondem *isto, isso, aquilo*, que são invariáveis e se empregam exclusivamente como substitutos dos substantivos. Exemplos:

Isto é meu.

Isso que você está levando é seu?

Aquilo que Dario está levando não é dele.

São os seguintes os pronomes demonstrativos:

- *este(s), esta(s), esse(s), essa(s), aquele(s), aquela(s), mesmo(s), mesma(s), próprio(s), própria(s), tal, tais, semelhante(s)*

- *isto, isso, aquilo, o, a, os, as*

Exemplos:

Estes rapazes são os mesmos que vieram ontem.

Os **próprios** sábios podem enganar-se.

Não digas **tal**.

Tais crimes não podem ficar impunes.

Não faças **semelhantes** coisas.

Ninguém sabe **o** que ele resolveu.

Ela casou ontem. Não **o** sabias?

São poucos **os** que sabem **isto**.

Sabeis ser gentis quando **isso** vos convém.

Há três casas: **a** do meio é a nossa.

MORFOLOGIA

Observações:

✔ *O, a, os, as* – que também podem ser artigos e pronomes pessoais – são pronomes demonstrativos quando equivalem a *isto, aquilo, aquele, aquela, aqueles, aquelas*: Leve *o* (= aquilo) que lhe pertence. É esta *a* (= aquela) que você quer?

✔ Pode ocorrer a contração das preposições *a, de, em* com pronome demonstrativo: *àquele, àquela, deste, desta, disso, nisso, no,* etc. Exemplo: Não acreditei *no* que estava vendo.

7 PRONOMES RELATIVOS

Veja este exemplo:

Armando comprou a casa **que** lhe convinha.

A palavra **que** representa o nome **casa**, relaciona-se com o termo **casa**: é um *pronome relativo*.

Pronomes relativos são palavras que representam nomes já referidos, com os quais estão relacionados. Daí denominarem-se relativos.

A palavra que o pronome relativo representa chama-se antecedente. No exemplo dado, o antecedente de **que** é **casa**.

Outros exemplos de pronomes relativos:

Sejamos gratos a Deus, a **quem** tudo devemos.

O lugar **onde** paramos era deserto.

Traga tudo **quanto** lhe pertence.

MORFOLOGIA 141

Ele gosta de **quem** o elogia.

A enchente levou **tudo**; **nada** se salvou.

Observação:

✔ *Quem*, pronome indefinido, não tem antecedente.

▪ pronomes indefinidos adjetivos

Funcionam como adjetivo. Vêm acompanhados de substantivo:

cada, certo, certos, certa, certas

Exemplos:

Cada povo tem seus costumes.

Certas pessoas exercem várias profissões.

Certo dia apareceu em casa um repórter.

▪ ora são pronomes adjetivos, ora pronomes substantivos

algum, alguns, alguma(s), bastante(s) (= muito, muitos), demais, mais, menos, muito(s), muita(s), nenhum, nenhuns, nenhuma(s), outro(s), outra(s), pouco(s), pouca(s), qualquer, quaisquer, qual, que, quanto(s), quanta(s), tal, tais, tanto(s), tanta(s), todo(s), toda(s), um, uns, uma(s), vários, várias

Exemplos:

Alguns contentam-se com **pouco**. (pronomes indefinidos substantivos)

Alguns alunos têm **pouco** tempo para estudar. (pronomes indefinidos adjetivos)

Menos palavras e **mais** ações.

Não leve no bolso **muito** dinheiro.

Dois tripulantes se salvaram, os **demais** pereceram.

Quantos há ali a quem a fome obriga a aceitar **quaisquer** tarefas!

Não sabíamos **que** fazer.

Estava invadida não sei por **que** estranhos sentimentos.

Que loucura cometeste!

O médico atendia a **quantos** o procurassem.

Diz as coisas com **tal** jeito que **todos** o aprovam.

Uns partem, **outros** ficam.

■ **locuções pronominais indefinidas**

cada qual, cada um, qualquer um, quem quer (que), um ou outro, uma ou outra, etc.

Exemplos:

Cada qual fazia a sua comida.

Apenas **uma ou outra** pessoa entrava naquela loja.

9 PRONOMES INTERROGATIVOS

Aparecem em frases interrogativas. Como os indefinidos, referem-se de modo impreciso à 3ª pessoa do discurso. Exemplos:

Que há?	**Quem** foi?
Que dia é hoje?	**Qual** será?
Reagir contra **quê**?	**Quantos** vêm?
Por **que** motivo não veio?	**Quantas** irmãs tens?

VERBO

Considere estes exemplos:

O criado **abriu** o portão. [**abriu** exprime uma ação]
Fernando **estava** doente. [**estava** exprime um estado, uma situação]
Nevou em São Joaquim. [**nevou** exprime um fato, um fenômeno]

As palavras *abriu*, *estava* e *nevou* são verbos.

1 VERBO

O verbo é uma palavra que exprime ação, estado, fato ou fenômeno.

Dentre as classes de palavras, o verbo é a mais rica em flexões. Com efeito, o verbo reveste diferentes formas para indicar a pessoa do discurso, o número, o tempo, o modo e a voz.

2 PESSOA E NÚMERO

O verbo varia para indicar a pessoa e o número:

	singular	**plural**
1ª pessoa:	eu *penso*	nós *pensamos*
2ª pessoa:	tu *pensas*	vós *pensais*
3ª pessoa:	ele *pensa*	eles *pensam*

3 TEMPOS VERBAIS

Os **tempos** situam o fato ou a ação verbal dentro de determinado momento. São três:

- **presente**

    Agora eu *leio*.

- **pretérito**

    a) imperfeito: Ele *trancava* a porta.

    b) perfeito: Ele *trancou* a porta.

    c) mais-que-perfeito: Quando cheguei, ele já *trancara* a porta.

- **futuro**

    a) do presente: Beatriz *ganhará* o concurso.

    b) do pretérito: Beatriz *ganharia* o concurso.

    Quanto à forma, os tempos podem ser *simples* ou *compostos*. Na conjugação ativa, os tempos simples apresentam-se sob formas simples (*leio, andava, corremos*, etc.) e os compostos, sob formas compostas:

    tenho lido, tinham andado, havia corrido, foi enganado.

    Na voz passiva, tanto os tempos simples como os compostos apresentam formas compostas:

    sou premiado, fomos chamados, tens sido visto, etc.

4 MODOS DO VERBO

Os modos indicam as diferentes maneiras de um fato se realizar. São três:

- **indicativo**

    Exprime um fato certo, positivo: *Vou* hoje. *Saíram* cedo.

▪ imperativo

Exprime ordem, proibição, conselho, pedido: *Volte* logo. Não *fiquem* aqui. *Sejam* prudentes.

▪ subjuntivo

Enuncia um fato possível, duvidoso, hipotético: É possível que *chova*. Se você *trabalhasse,* não passaria fome.

5 FORMAS NOMINAIS

Além desses três modos, existem as *formas nominais* do verbo, que enunciam simplesmente um fato, de maneira vaga, imprecisa, impessoal. São formas nominais do verbo:

▪ infinitivo

plantar, vender, ferir

▪ gerúndio

plantando, vendendo, ferindo

▪ particípio

plantado, vendido, ferido

O infinitivo pode ser pessoal ou impessoal. Denomina-se:

a) **pessoal**, quando tem sujeito: Para *sermos* vencedores é preciso lutar.

b) **impessoal**, quando não tem sujeito: *Ser* ou não *ser*, eis a questão.

O infinitivo pessoal ora se apresenta flexionado, ora não flexionado:

a) **flexionado**: andares, andarmos, andardes, andarem.

b) **não flexionado**: andar eu, andar ele.

6 VOZ

Quanto à voz, os verbos se classificam em:

- **ativos**

  O patrão *chamou* o empregado.

- **passivos**

  O empregado *foi chamado* pelo patrão.

- **reflexivos**

  A criança *feriu-se* na gangorra.

7 VERBOS AUXILIARES

Verbos auxiliares são os que se juntam a uma forma nominal de outro verbo para constituir a voz passiva, os tempos compostos e as locuções verbais:

Somos castigados pelos nossos erros.

Tenho estudado muito esta semana.

Jacinto *havia* chegado naquele momento.

O mecânico *estava* consertando o carro.

O secretário *vai* anunciar os resultados.

Começava a escurecer na cidade de Itu.

Principais verbos auxiliares: *ser, estar, ter, haver*.

8 CONJUGAÇÕES

Os verbos da língua portuguesa se agrupam em três conjugações, de conformidade com a terminação do infinitivo:

- Os da 1ª conjugação terminam em **-ar**: *cantar, falar, amar,* etc.
- Os da 2ª conjugação terminam em **-er**: *bater, comer, ver,* etc.
- Os da 3ª conjugação terminam em **-ir**: *partir, abrir, rir,* etc.

Cada conjugação se caracteriza por uma vogal temática:

$$A \rightarrow 1^a \text{ conjugação: lev}\textbf{ar}$$
$$E \rightarrow 2^a \text{ conjugação: bat}\textbf{er}$$
$$I \rightarrow 3^a \text{ conjugação: un}\textbf{ir}$$

Ao radical acrescido de vogal temática chama-se *tema*. Nos verbos supracitados os temas são *leva-, bate-* e *uni-,* respectivamente.

Observação:

✔ O verbo *pôr,* antigo *poer,* perdeu a vogal temática do infinitivo. É um verbo *anômalo* da 2ª conjugação.

9 ELEMENTOS ESTRUTURAIS DOS VERBOS

Num verbo devemos distinguir o *radical,* que é o elemento básico, normalmente invariável, e a *terminação,* que varia para indicar o tempo e o modo, a pessoa e o número. Exemplos:

radical	terminação	radical	terminação
cant-	ar	cant-	avas
vend-	er	vend-	ia
part-	ir	part-	imos
traz-	er	troux-	eram

Na terminação, ou seja, na parte flexiva do verbo, encontramos pelo menos um destes elementos:

- **vogal temática**

   Caracteriza a conjugação.

- **desinência modo-temporal**

   Indica o modo e o tempo do verbo: na forma *andássemos*, por exemplo, o elemento destacado denota o pretérito imperfeito do subjuntivo.

- **desinência número-pessoal**

   A flexão *-mos* de *partimos*, por exemplo, configura a primeira pessoa do plural.

10 TEMPOS PRIMITIVOS E DERIVADOS

Quanto à formação, dividem-se os tempos em *primitivos* e *derivados*. São tempos primitivos:

- o presente do infinitivo impessoal: *amar, caber,* etc.;
- o presente do indicativo (1ª e 2ª pessoas do singular e 2ª pessoa do plural): *digo, dizes, dizeis;*
- o pretérito perfeito do indicativo (3ª pessoa do plural): *disseram.*

Os tempos derivados formam-se com o radical dos primitivos.

Vamos esquematizar a formação dos tempos simples da voz ativa.

MORFOLOGIA 149

- **O presente do infinitivo**

> Exemplo: caber

forma:

a) o pret. imperfeito do indicativo: *cabia, cabias, cabia*, etc.

b) o futuro do presente: *caberei, caberás, caberá*, etc.

c) o futuro do pretérito: *caberia, caberias, caberia*, etc.

d) o infinitivo pessoal: *caber, caberes, caber,* etc.

e) o gerúndio: *cabendo.*

f) o particípio: *cabido.*

- **O presente do indicativo**

> Exemplo: digo, dizes, dizeis

forma:

a) o presente do subjuntivo: *digo* → *diga, digas, diga, digamos, digais, digam.*

b) o imperativo afirmativo: *dizes* → *dize; dizeis* → *dizei.*

- **Do pretérito perfeito do indicativo**

> Exemplo: disseram

derivam:

a) o pret. mais-que-perfeito do ind.: *dissera, disseras, dissera,* etc.

b) o pret. imperfeito do subjuntivo: *dissesse, dissesses, dissesse,* etc.

c) o futuro do subjuntivo: *disser, disseres, disser,* etc.

11 MODO IMPERATIVO

Considerem-se estes exemplos de Machado de Assis:

"*Anda, aprende, tola!*" → imperativo afirmativo

"*Não te assustes*, disse ela." → imperativo negativo

- **Imperativo afirmativo**

    Deriva do presente do indicativo a 2ª pessoa do singular (tu) e a 2ª do plural (vós), mediante a supressão do **s** final; as demais pessoas (você, nós, vocês) são tomadas ao presente do subjuntivo.

- **Imperativo negativo**

    Não possui, em português, formas especiais: suas pessoas são iguais às correspondentes do presente do subjuntivo.

    Atente-se para o seguinte quadro:

12 FORMAÇÃO DO IMPERATIVO

PESSOAS	INDICATIVO	IMPERATIVO AFIRMATIVO	SUBJUNTIVO	IMPERATIVO NEGATIVO
tu	dizes →	dize	digas →	não digas
você		diga	← diga →	não diga
nós		digamos	← digamos →	não digamos
vós	dizeis →	dizei	digais →	não digais
vocês		digam	← digam →	não digam

MORFOLOGIA 151

Observações:

✔ O verbo *ser* no imperativo afirmativo faz, excepcionalmente: *sê* (tu), *sede* (vós).

✔ O imperativo não possui a 1ª pessoa do sing. nem as 3ªˢ pessoas. As formas verbais correspondentes aos pronomes de tratamento (você, vocês, o senhor, os senhores, etc.), embora revistam aspecto de 3ª pessoa, verdadeiramente referem-se à 2ª pessoa do discurso (a pessoa com quem se fala).

13 FORMAÇÃO DOS TEMPOS COMPOSTOS

Eis como se formam os tempos compostos:

▪ tempos compostos da voz ativa

São formados pelos verbos auxiliares *ter* ou *haver*, seguidos do particípio do verbo principal:

Tenho trabalhado muito. *Havíamos saído* cedo.

Tinham posto a mesa no salão.

▪ tempos compostos da voz passiva

Formam-se com o concurso simultâneo dos auxiliares *ter* (ou *haver*) e *ser*, seguidos do particípio do verbo principal:

Tenho sido maltratado por ele. Os dois *tinham* (ou *haviam*) *sido vistos* no cinema.

▪ locuções verbais

Outro tipo de conjugação composta são as locuções verbais, constituídas de verbo auxiliar mais gerúndio ou infinitivo:

MORFOLOGIA

Tenho de ir hoje.

Hei de ir amanhã.

Estava lendo o jornal.

Que *vais fazer?*

Ela *começou a rir*, não *queria comprometer-se.*

Não *devem hesitar. Podemos precisar* dele.

Clóvis *anda viajando.*

Sandra *veio correndo*: o noivo *acabara de chegar.*

João *começou a falar* alto.

14 VERBOS REGULARES, IRREGULARES E DEFECTIVOS

Quanto à conjugação, dividem-se os verbos em:

▪ regulares

Os que seguem um paradigma ou modelo comum de conjugação, mantendo o radical invariável: *cantar, bater, partir*, etc.

▪ irregulares

Os que sofrem alterações no radical e/ou nas terminações, afastando-se do paradigma: *dar, trazer, dizer, ir, ouvir*, etc.

Observação:

✔ Entre os irregulares destacam-se os *anômalos*, como o verbo *pôr* (sem vogal temática no infinitivo), *ser* e *ir* (que apresentam radicais diferentes).

▪ defectivos

Os que não possuem a conjugação completa, não sendo usados em certos modos, tempos ou pessoas: *abolir, reaver, falir, latir*, etc.

15 VERBOS AUXILIARES: SER, ESTAR, TER, HAVER

INDICATIVO

1. **presente**

sou	estou	tenho	hei
és	estás	tens	hás
é	está	tem	há
somos	estamos	temos	havemos
sois	estais	tendes	haveis
são	estão	têm	hão

2. **pretérito imperfeito**

era	estava	tinha	havia
eras	estavas	tinhas	havias
era	estava	tinha	havia
éramos	estávamos	tínhamos	havíamos
éreis	estáveis	tínheis	havíeis
eram	estavam	tinham	haviam

3. **pretérito perfeito simples**

fui	estive	tive	houve
foste	estiveste	tiveste	houveste

foi	esteve	teve	houve
fomos	estivemos	tivemos	houvemos
fostes	estivestes	tivestes	houvestes
foram	estiveram	tiveram	houveram

4. **pretérito perfeito composto**

tenho sido	tenho estado	tenho tido	tenho havido
tens sido	tens estado	tens tido	tens havido
tem sido	tem estado	tem tido	tem havido
temos sido	temos estado	temos tido	temos havido
tendes sido	tendes estado	tendes tido	tendes havido
têm sido	têm estado	têm tido	têm havido

5. **pretérito mais-que-perfeito simples**

fora	estivera	tivera	houvera
foras	estiveras	tiveras	houveras
fora	estivera	tivera	houvera
fôramos	estivéramos	tivéramos	houvéramos
fôreis	estivéreis	tivéreis	houvéreis
foram	estiveram	tiveram	houveram

6. **pretérito mais-que-perfeito composto**

tinha sido	tinha estado	tinha tido	tinha havido
tinhas sido	tinhas estado	tinhas tido	tinhas havido
tinha sido	tinha estado	tinha tido	tinha havido
tínhamos sido	tínhamos estado	tínhamos tido	tínhamos havido

tínheis sido	tínheis estado	tínheis tido	tínheis havido
tinham sido	tinham estado	tinham tido	tinham havido

7. futuro do presente simples

serei	estarei	terei	haverei
serás	estarás	terás	haverás
será	estará	terá	haverá
seremos	estaremos	teremos	haveremos
sereis	estareis	tereis	havereis
serão	estarão	terão	haverão

8. futuro do presente composto

terei sido	terei estado	terei tido	terei havido
terás sido	terás estado	terás tido	terás havido
terá sido	terá estado	terá tido	terá havido
teremos sido	teremos estado	teremos tido	teremos havido
tereis sido	tereis estado	tereis tido	tereis havido
terão sido	terão estado	terão tido	terão havido

9. futuro do pretérito simples

seria	estaria	teria	haveria
serias	estarias	terias	haverias
seria	estaria	teria	haveria
seríamos	estaríamos	teríamos	haveríamos
seríeis	estaríeis	teríeis	haveríeis
seriam	estariam	teriam	haveriam

10. futuro do pretérito composto

teria sido	teria estado	teria tido	teria havido
terias sido	terias estado	terias tido	terias havido
teria sido	teria estado	teria tido	teria havido
teríamos sido	teríamos estado	teríamos tido	teríamos havido
teríeis sido	teríeis estado	teríeis tido	teríeis havido
teriam sido	teriam estado	teriam tido	teriam havido

SUBJUNTIVO

1. presente

seja	esteja	tenha	haja
sejas	estejas	tenhas	hajas
seja	esteja	tenha	haja
sejamos	estejamos	tenhamos	hajamos
sejais	estejais	tenhais	hajais
sejam	estejam	tenham	hajam

2. pretérito imperfeito

fosse	estivesse	tivesse	houvesse
fosses	estivesses	tivesses	houvesses
fosse	estivesse	tivesse	houvesse
fôssemos	estivéssemos	tivéssemos	houvéssemos
fôsseis	estivésseis	tivésseis	houvésseis
fossem	estivessem	tivessem	houvessem

MORFOLOGIA 157

3. **pretérito perfeito**

tenha sido	tenha estado	tenha tido	tenha havido
tenhas sido	tenhas estado	tenhas tido	tenhas havido
tenha sido	tenha estado	tenha tido	tenha havido
tenhamos sido	tenhamos estado	tenhamos tido	tenhamos havido
tenhais sido	tenhais estado	tenhais tido	tenhais havido
tenham sido	tenham estado	tenham tido	tenham havido

4. **pretérito mais-que-perfeito**

tivesse sido	tivesse estado	tivesse tido	tivesse havido
tivesses sido	tivesses estado	tivesses tido	tivesses havido
tivesse sido	tivesse estado	tivesse tido	tivesse havido
tivéssemos sido	tivéssemos estado	tivéssemos tido	tivéssemos havido
tivésseis sido	tivésseis estado	tivésseis tido	tivésseis havido
tivessem sido	tivessem estado	tivessem tido	tivessem havido

5. **futuro simples**

se eu for	se eu estiver	se eu tiver	se eu houver
se tu fores	se tu estiveres	se tu tiveres	se tu houveres
se ele for	se ele estiver	se ele tiver	se ele houver
se nós formos	se nós estivermos	se nós tivermos	se nós houvermos
se vós fordes	se vós estiverdes	se vós tiverdes	se vós houverdes
se eles forem	se eles estiverem	se eles tiverem	se eles houverem

6. futuro composto

tiver sido	tiver estado	tiver tido	tiver havido
tiveres sido	tiveres estado	tiveres tido	tiveres havido
tiver sido	tiver estado	tiver tido	tiver havido
tivermos sido	tivermos estado	tivermos tido	tivermos havido
tiverdes sido	tiverdes estado	tiverdes tido	tiverdes havido
tiverem sido	tiverem estado	tiverem tido	tiverem havido

IMPERATIVO

1. afirmativo

sê tu	está tu	tem tu	há tu
seja você	esteja você	tenha você	haja você
sejamos nós	estejamos nós	tenhamos nós	hajamos nós
sede vós	estai vós	tende vós	havei vós
sejam vocês	estejam vocês	tenham vocês	hajam vocês

2. negativo

não sejas tu	não estejas tu	não tenhas tu	não hajas tu
não seja você	não esteja você	não tenha você	não haja você
não sejamos nós	não estejamos nós	não tenhamos nós	não hajamos nós
não sejais vós	não estejais vós	não tenhais vós	não hajais vós
não sejam vocês	não estejam vocês	não tenham vocês	não hajam vocês

MORFOLOGIA 159

INFINITIVO

1. **impessoal**

presente

| ser | estar | ter | haver |

pretérito

| ter sido | ter estado | ter tido | ter havido |

2. **pessoal**

presente

ser	estar	ter	haver
seres	estares	teres	haveres
ser	estar	ter	haver
sermos	estarmos	termos	havermos
serdes	estardes	terdes	haverdes
serem	estarem	terem	haverem

pretérito

ter sido	ter estado	ter tido	ter havido
teres sido	teres estado	teres tido	teres havido
ter sido	ter estado	ter tido	ter havido
termos sido	termos estado	termos tido	termos havido
terdes sido	terdes estado	terdes tido	terdes havido
terem sido	terem estado	terem tido	terem havido

GERÚNDIO

presente

| sendo | estando | tendo | havendo |

pretérito

tendo sido | tendo estado | tendo tido | tendo havido

PARTICÍPIO

sido | estado | tido | havido

Observação:

✔ Como *ter* conjugam-se todos os seus derivados:

abster-se, ater-se, conter, deter, entreter, manter, obter, reter, suster.

✔ Basta antepor-lhes o prefixo. Exemplos:

contenho, contive, detiveram, entretínhamos, mantivesse, retiver, etc.

✔ Note a grafia:

tu *manténs, mantém* tu, ele *mantém*, eles *mantêm*.

VERBOS REGULARES

1ª conjugação	2ª conjugação	3ª conjugação
amAR	batER	partIR

INDICATIVO

presente

am**o**	bat**o**	part**o**
am**as**	bat**es**	part**es**
am**a**	bat**e**	part**e**
am**amos**	bat**emos**	part**imos**
am**ais**	bat**eis**	part**is**
am**am**	bat**em**	part**em**

pretérito imperfeito

amava	batia	partia
amavas	batias	partias
amava	batia	partia
amávamos	batíamos	partíamos
amáveis	batíeis	partíeis
amavam	batiam	partiam

pretérito perfeito simples

amei	bati	parti
amaste	bateste	partiste
amou	bateu	partiu
amamos	batemos	partimos
amastes	batestes	partistes
amaram	bateram	partiram

pretérito perfeito composto

tenho amado	tenho batido	tenho partido
tens amado	tens batido	tens partido
tem amado	tem batido	tem partido
temos amado	temos batido	temos partido
tendes amado	tendes batido	tendes partido
têm amado	têm batido	têm partido

pretérito mais-que-perfeito simples

amara	batera	partira
amaras	bateras	partiras

amara	batera	partira
amáramos	batêramos	partíramos
amáreis	batêreis	partíreis
amaram	bateram	partiram

pretérito mais-que-perfeito composto

tinha amado	tinha batido	tinha partido
tinhas amado	tinhas batido	tinhas partido
tinha amado	tinha batido	tinha partido
tínhamos amado	tínhamos batido	tínhamos partido
tínheis amado	tínheis batido	tínheis partido
tinham amado	tinham batido	tinham partido

futuro do presente simples

amarei	baterei	partirei
amarás	baterás	partirás
amará	baterá	partirá
amaremos	bateremos	partiremos
amareis	batereis	partireis
amarão	baterão	partirão

futuro do presente composto

terei amado	terei batido	terei partido
terás amado	terás batido	terás partido
terá amado	terá batido	terá partido
teremos amado	teremos batido	teremos partido
tereis amado	tereis batido	tereis partido
terão amado	terão batido	terão partido

futuro do pretérito simples

amaria	bateria	partiria
amarias	baterias	partirias
amaria	bateria	partiria
amaríamos	bateríamos	partiríamos
amaríeis	bateríeis	partiríeis
amariam	bateriam	partiriam

futuro do pretérito composto

teria amado	teria batido	teria partido
terias amado	terias batido	terias partido
teria amado	teria batido	teria partido
teríamos amado	teríamos batido	teríamos partido
teríeis amado	teríeis batido	teríeis partido
teriam amado	teriam batido	teriam partido

MODO SUBJUNTIVO

presente

ame	bata	parta
ames	batas	partas
ame	bata	parta
amemos	batamos	partamos
ameis	batais	partais
amem	batam	partam

MORFOLOGIA

pretérito imperfeito

amasse	batessse	partisse
amasses	batesses	partisses
amasse	batesse	partisse
amássemos	batêssemos	partíssemos
amásseis	batêsseis	partísseis
amassem	batessem	partissem

pretérito perfeito

tenha amado	tenha batido	tenha partido
tenhas amado	tenhas batido	tenhas partido
tenha amado	tenha batido	tenha partido
tenhamos amado	tenhamos batido	tenhamos partido
tenhais amado	tenhais batido	tenhais partido
tenham amado	tenham batido	tenham partido

pretérito mais-que-perfeito

tivesse amado	tivesse batido	tivesse partido
tivesses amado	tivesses batido	tivesses partido
tivesse amado	tivesse batido	tivesse partido
tivéssemos amado	tivéssemos batido	tivéssemos partido
tivésseis amado	tivésseis batido	tivésseis partido
tivessem amado	tivessem batido	tivessem partido

futuro simples

amar	bater	partir
amares	bateres	partires

am**ar**	bat**er**	part**ir**
am**armos**	bat**ermos**	part**irmos**
am**ardes**	bat**erdes**	part**irdes**
am**arem**	bat**erem**	part**irem**

futuro composto

tiver amado	tiver batido	tiver partido
tiveres amado	tiveres batido	tiveres partido
tiver amado	tiver batido	tiver partido
tivermos amado	tivermos batido	tivermos partido
tiverdes amado	tiverdes batido	tiverdes partido
tiverem amado	tiverem batido	tiverem partido

MODO IMPERATIVO

afirmativo

am**a** (tu)	bat**e** (tu)	part**e** (tu)
am**e** (você)	bat**a** (você)	part**a** (você)
am**emos** (nós)	bat**amos** (nós)	part**amos** (nós)
am**ai** (vós)	bat**ei** (vós)	part**i** (vós)
am**em** (vocês)	bat**am** (vocês)	part**am** (vocês)

negativo

não am**es** (tu)	não bat**as** (tu)	não part**as** (tu)
não am**e** (você)	não bat**a** (você)	não part**a** (você)
não am**emos** (nós)	não bat**amos** (nós)	não part**amos** (nós)
não am**eis** (vós)	não bat**ais** (vós)	não part**ais** (vós)
não am**em** (vocês)	não bat**am** (vocês)	não part**am** (vocês)

FORMAS NOMINAIS

infinitivo presente impessoal

| amar | bater | partir |

infinitivo presente pessoal

amar	bater	partir
amares	bateres	partires
amar	bater	partir
amarmos	batermos	partirmos
amardes	baterdes	partirdes
amarem	baterem	partirem

infinitivo pretérito impessoal

| ter amado | ter batido | ter partido |

infinitivo pretérito pessoal

ter amado	ter batido	ter partido
teres amado	teres batido	teres partido
ter amado	ter batido	ter partido
termos amado	termos batido	termos partido
terdes amado	terdes batido	terdes partido
terem amado	terem batido	terem partido

Gerúndio presente

| amando | batendo | partindo |

Gerúndio pretérito

tendo amado | tendo batido | tendo partido

Particípio

am**ado** | bat**ido** | part**ido**

Observações:

✔ Como **amar** conjugam-se todos os verbos regulares da 1ª conjugação: *andar, lavar, saltar*, etc.

    a) Os verbos terminados em -*çar*, como *caçar, abraçar*, perdem a cedilha antes do *e*: *cace, cacemos*, etc.

    b) O verbo *roubar* escreve-se e pronuncia-se com o ditongo *ou*: *roubo, roubas, rouba*, etc., e não *róbo, róbas, róba*. Assim também, *estoura*, e não *estóra, afrouxa*, e não *afróxa*.

    c) Nos verbos *obstar, optar, pugnar, designar*, etc., cujo radical termina por duas ou mais consoantes, evite-se intercalar um *i* entre essas consoantes:
    opto, optas, opta, etc., e não: *ópito, ópitas, ópita*, etc.
    pugno, pugnas, pugna, etc., e não: *púguino, púguinas, púguina*, etc.

    d) Os verbos em -*jar* conservam o *j* em todos os tempos: *viajo, viaje, viajem*, etc.

✔ Como **bater** conjugam-se todos os verbos regulares da 2ª conjugação: *comer, descer, crescer*, etc.

    a) Os verbos em -*cer*, como *descer, vencer*, etc., terão *ç* antes de *o* e *a*: *desço, desça*, etc.

MORFOLOGIA

b) Os verbos em *-ger* mudam o *g* em *j* antes de *o* e *a*: *proteger, protejo, proteja*, etc.

✔ Como **partir** se conjugam: *repartir, dirigir, exigir, dividir*, etc.

a) Os verbos terminados em *-gir* mudam o *g* em *j* antes de *o* e *a*: *dirigir, dirijo, dirija, dirijamos*, etc.

b) Na 2ª e 3ª pessoas do singular do presente do indicativo dos verbos regulares terminados em *-uir*, grafa-se *ui* e não *ue*: *concluis, conclui, influis, influi*, etc.

✔ Para a formação dos tempos compostos pode-se usar o verbo *haver* em lugar de *ter*: *havia amado, haja batido, houvesse partido*, etc.

16 VOZES DO VERBO

Voz do verbo é a forma que este assume para indicar que a ação verbal é praticada ou sofrida pelo sujeito.

Três são as vozes dos verbos: a *ativa*, a *passiva* e a *reflexiva*.

17 VOZ ATIVA

Um verbo está na *voz ativa* quando o sujeito é agente, isto é, faz a ação expressa pelo verbo. Exemplos:

O caçador **abateu** a ave.

O vento **agitava** as águas.

Os pais **educam** os filhos.

MORFOLOGIA

18 VOZ PASSIVA

Um verbo está na *voz passiva* quando o sujeito é paciente, isto é, sofre, recebe, ou desfruta, a ação expressa pelo verbo. Exemplos:

A ave **foi abatida** pelo caçador.

As águas **eram agitadas** pelo vento.

Os filhos **são educados** pelos pais.

Observação:

Só verbos transitivos podem ser usados na voz passiva.

19 FORMAÇÃO DA VOZ PASSIVA

A voz passiva, mais frequentemente, é formada:

- Pelo verbo auxiliar *ser* seguido do particípio do verbo principal. Neste caso, a voz é *passiva analítica*. Exemplos:

O homem **é afligido** pelas doenças.

A criança **era conduzida** pelo pai.

Seriam abertas novas escolas.

- Com o pronome apassivador *se* associado a um verbo ativo da 3ª pessoa. Neste caso, temos *voz passiva pronominal*. Exemplos:

Regam-se as plantas.

Organizou-se o campeonato.

Ainda não **se lançaram** as redes.

Já **se têm feito** muitas experiências.

20 VOZ REFLEXIVA

Na *voz reflexiva* o sujeito é ao mesmo tempo agente e paciente: faz uma ação cujos efeitos ele mesmo sofre ou recebe. Exemplos:

O caçador **feriu-se**.

A menina **penteou-se**.

Os pais **contemplam-se** nos filhos.

Vistamo-nos e **enfeitemo-nos** para a festa!

Olhei-me no espelho e saí.

O verbo reflexivo é conjugado com os pronomes reflexivos *me, te, se, nos, vos, se*. Estes pronomes são reflexivos quando se lhes pode acrescentar *a mim mesmo, a ti mesmo, a si mesmo, a nós mesmos, a vós mesmos, a si mesmos*, respectivamente. Exemplos:

Errando, **prejudico-me** a mim mesmo.

Errando, **prejudicamo-nos** a nós mesmos.

Por que **vos atribuís** tanta importância?

Observação:

✔ Não se deve atribuir sentido reflexivo a verbos que designam sentimentos, como *queixar-se, alegrar-se, arrepender-se, zangar-se, indignar-se* e outros meramente pronominais. A prova de que não são reflexivos é que não se pode dizer, por exemplo, *zango-me a mim mesmo*.

Uma variante da voz reflexiva é a que denota reciprocidade, ação mútua ou correspondida. Os verbos, neste caso, usam-se, geralmente, no plural e podem ser reforçados pelas expressões *um ao outro, reciprocamente, mutuamente*. Exemplos:

Amam-se como irmãos. (Amam um ao outro.)

Os dois pretendentes **insultaram-se**.

Fazia anos que não **se viam**.

Muitas vezes, **atrapalhamo-nos** uns aos outros.

Cumprimentaram-se e **abraçaram-se** com alegria.

21 CONVERSÃO DA VOZ ATIVA NA PASSIVA

Pode-se mudar a voz ativa na passiva sem alterar substancialmente o sentido da frase. Exemplo:

Gutenberg **inventou** a imprensa. → A imprensa **foi inventada** por Gutenberg.

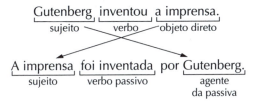

Observe que o objeto direto será o sujeito da passiva, o sujeito da ativa passará a agente da passiva e o verbo ativo revestirá a forma passiva, conservando o mesmo tempo. Outros exemplos:

Os calores intensos **provocam** → As chuvas **são provocadas**
as chuvas.   pelos calores intensos.

Eu o **acompanharei**. → Ele **será acompanhado** por mim.

Todos te **louvariam**. → **Serias louvado** por todos.

Prejudicaram-me. → Fui prejudicado.

Condenar-te-iam. → Serias condenado.

MORFOLOGIA

Observação:

✔ Quando o sujeito da voz ativa for indeterminado, como nos dois últimos exemplos, não haverá complemento agente da passiva.

CONJUGAÇÃO DE UM VERBO NA VOZ PASSIVA ANALÍTICA

VERBO GUIAR

INDICATIVO

presente

sou guiado
és guiado
é guiado
somos guiados
sois guiados
são guiados

pretérito imperfeito

era guiado
eras guiado
era guiado
éramos guiados
éreis guiados
eram guiados

pretérito perfeito simples

fui guiado
foste guiado
foi guiado
fomos guiados
fostes guiados
foram guiados

pretérito perfeito composto

tenho sido guiado
tens sido guiado
tem sido guiado
temos sido guiados
tendes sido guiados
têm sido guiados

pret. mais-que-perfeito simples

fora guiado
foras guiado
fora guiado
fôramos guiados
fôreis guiados
foram guiados

pret. mais-que-perfeito composto

tinha sido guiado
tinhas sido guiado
tinha sido guiado
tínhamos sido guiados
tínheis sido guiados
tinham sido guiados

futuro do presente simples

serei guiado
serás guiado
será guiado
seremos guiados
sereis guiados
serão guiados

futuro do presente composto

terei sido guiado
terás sido guiado
terá sido guiado
teremos sido guiados
tereis sido guiados
terão sido guiados

futuro do pretérito simples

seria guiado
serias guiado
seria guiado
seríamos guiados
seríeis guiados
seriam guiados

futuro do pretérito composto

teria sido guiado
terias sido guiado
teria sido guiado
teríamos sido guiados
teríeis sido guiados
teriam sido guiados

IMPERATIVO

afirmativo
sê guiado
seja guiado
sejamos guiados
sede guiados
sejam guiados

negativo
não sejas guiado
não seja guiado
não sejamos guiados
não sejais guiados
não sejam guiados

SUBJUNTIVO

presente
seja guiado
sejas guiado
seja guiado
sejamos guiados
sejais guiados
sejam guiados

pretérito imperfeito
fosse guiado
fosses guiado
fosse guiado
fôssemos guiados
fôsseis guiados
fossem guiados

pretérito perfeito
tenha sido guiado
tenhas sido guiado
tenha sido guiado
tenhamos sido guiados
tenhais sido guiados
tenham sido guiados

pretérito mais-que-perfeito
tivesse sido guiado
tivesses sido guiado
tivesse sido guiado
tivéssemos sido guiados
tivésseis sido guiados
tivessem sido guiados

futuro simples
for guiado
fores guiado

futuro composto
tiver sido guiado
tiveres sido guiado

MORFOLOGIA 175

for guiado	tiver sido guiado
formos guiados	tivermos sido guiados
fordes guiados	tiverdes sido guiados
forem guiados	tiverem sido guiados

FORMAS NOMINAIS

infinitivo presente impessoal

ser guiado

infinitivo pretérito impessoal

ter sido guiado

infinitivo presente pessoal

ser guiado
seres guiado
ser guiado
sermos guiados
serdes guiados
serem guiados

infinitivo pretérito pessoal

ter sido guiado
teres sido guiado
ter sido guiado
termos sido guiados
terdes sido guiados
terem sido guiados

gerúndio presente

sendo guiado

gerúndio pretérito

tendo sido guiado

particípio

guiado

Observações:

✔ Sendo o sujeito um ser do gênero feminino, o particípio terá as desinências -a, -ás: sou *guiada*, ela é *guiada*, somos *guiadas*, etc.

MORFOLOGIA

✔ Nos tempos compostos pode-se usar o auxiliar *haver* no lugar de *ter*: *havia sido guiado*, *se houver sido guiada*, *havendo sido guiadas*, etc.

✔ Entendem alguns autores que na voz passiva não há imperativo.

22 CONJUGAÇÃO DOS VERBOS PRONOMINAIS

Os verbos pronominais são conjugados como na voz ativa, mas associando-se-lhes os pronomes *me, te, se, nos, vos, se*.

As formas da 1ª pessoa do plural perdem o *s* final antes de receber o pronome enclítico: *queixamo-nos, esquecemo-nos*, etc.

Eis um modelo de conjugação pronominal:

VERBO **LEMBRAR-SE**

INDICATIVO

Presente: lembro-me, lembras-te, lembra-se, lembramo-nos, lembrais-vos, lembram-se.

Pretérito imperfeito: lembrava-me, lembravas-te, lembrava-se, lembrávamo-nos, lembráveis-vos, lembravam-se.

Pretérito perfeito simples: lembrei-me, lembraste-te, lembrou-se, lembramo-nos, lembrastes-vos, lembraram-se.

Pretérito perfeito composto: tenho-me lembrado, tens-te lembrado, tem-se lembrado, temo-nos lembrado, tendes-vos lembrado, têm-se lembrado.

Pretérito mais-que-perfeito simples: lembrara-me, lembraras-te, lembrara-se, lembráramo-nos, lembráreis-vos, lembraram-se.

Pretérito mais-que-perfeito composto: tinha-me lembrado, tinhas-te lembrado, tinha-se lembrado, tínhamo-nos lembrado, tínheis-vos lembrado, tinham-se lembrado.

Futuro do presente simples: lembrar-me-ei, lembrar-te-ás, lembrar-se-á, lembrar-nos-emos, lembrar-vos-eis, lembrar-se-ão.

Futuro do presente composto: ter-me-ei lembrado, ter-te-ás lembrado, ter-se-á lembrado, ter-nos-emos lembrado, ter-vos-eis lembrado, ter-se-ão lembrado.

Futuro do pretérito simples: lembrar-me-ia, lembrar-te-ias, lembrar-se-ia, lembrar-nos-íamos, lembrar-vos-íeis, lembrar-se-iam.

Futuro do pretérito composto: ter-me-ia lembrado, ter-te-ias lembrado, ter-se-ia lembrado, ter-nos-íamos lembrado, ter-vos-íeis lembrado, ter-se-iam lembrado.

SUBJUNTIVO

Presente: lembre-me, lembres-te, lembre-se, lembremo-nos, lembreis-vos, lembrem-se.

Pretérito imperfeito: lembrasse-me, lembrasses-te, lembrasse-se, lembrássemo-nos, lembrásseis-vos, lembrassem-se.

Pretérito perfeito: neste tempo não se usam pronomes oblíquos pospostos, mas antepostos ao verbo: que me tenha lembrado, que te tenhas lembrado, que se tenha lembrado, etc.

Pretérito mais-que-perfeito: tivesse-me lembrado, tivesses-te lembrado, tivesse-se lembrado, tivéssemo-nos lembrado, tivésseis-vos lembrado, tivessem-se lembrado.

Futuro simples: neste tempo os pronomes oblíquos são antepostos ao verbo: se me lembrar, se te lembrares, se se lembrar, etc.

Futuro composto: neste tempo os pronomes oblíquos são antepostos ao verbo: se me tiver lembrado, se te tiveres lembrado, se se tiver lembrado, etc.

IMPERATIVO

Afirmativo: lembra-te, lembre-se, lembremo-nos, lembrai-vos, lembrem-se.

Negativo (sempre com os pronomes antepostos): não te lembres, não se lembre, não nos lembremos, não vos lembreis, não se lembrem.

FORMAS NOMINAIS

Infinitivo presente impessoal: lembrar-se.

Infinitivo presente pessoal: lembrar-me, lembrares-te, lembrar-se, lembrarmo-nos, lembrardes-vos, lembrarem-se.

Infinitivo pretérito impessoal: ter-se lembrado.

Infinitivo pretérito pessoal: ter-me lembrado, teres-te lembrado, ter-se lembrado, termo-nos lembrado, terdes-vos lembrado, terem--se lembrado.

Gerúndio presente: lembrando-se. **Gerúndio pretérito**: tendo-se lembrado.

Particípio: não admite a forma pronominal.

Observações:

✔ Por este modelo conjugam-se: *queixar-se, esquecer-se, arrepender-se, iludir-se*, etc.

✔ Um verbo pronominal pode também ser conjugado com os pronomes antepostos (proclíticos): *eu me lembro, tu te lembras, ele se lembra, nós nos lembramos, vós vos lembrais, eles se lembram*, etc.

MORFOLOGIA 179

23 VERBOS IRREGULARES

Para mais facilmente compreender e assimilar o processo da conjugação irregular, é importante saber distinguir:

a) **tempos primitivos** e **tempos derivados**

b) **formas rizotônicas** (as que têm o acento tônico no radical, ex.: *sirv-o*) e **arrizotônicas** (as que têm o acento tônico na terminação, ex.: *serv-imos*).

No presente do indicativo dos verbos cujo infinitivo tem mais de uma sílaba, são rizotônicas a 1ª, a 2ª e a 3ª pessoas do singular e a 3ª pessoa do plural e arrizotônicas a 1ª e a 2ª pessoas do plural.

Exemplo:

agrid-o, **agrid-es**, **agrid-e**, **agrid-em** → formas rizotônicas

agred-imos, **agred-is** → formas arrizotônicas

Se um tempo primitivo for irregular, seus derivados também o serão. Isto se verifica, por exemplo, no verbo caber:

tempos primitivos	tempos derivados
caibo (presente do indic.)	→ **caiba** (presente do subj.)
couberam (pret. perf. do indic.)	→ **couber** (futuro do subj.)

Quando se diz que um verbo é irregular, não se deve entender que ele o seja em todo o quadro de suas flexões. O verbo *perder*, para citar um exemplo, apresenta formas irregulares, como *perco*, *perca*, *percam*, etc., e outras regulares, como *perde*, *perdia*, *perdi*, etc.

Estudaremos, a seguir, os verbos irregulares das três conjugações. Não incluímos os auxiliares *ser*, *estar*, *ter* e *haver*, já conjugados, mas registramos alguns verbos regulares dignos de nota. Não damos os tempos compostos nem as formas regulares que não apresentam dificuldades.

1ª CONJUGAÇÃO

DAR

Indic. pres.: dou, dás, dá, damos, dais, dão. *Pret. imperf.*: dava, davas, dava, dávamos, dáveis, davam. *Pret. perf.*: dei, deste, deu, demos, destes, deram. *Pret. m.-q.-p.*: dera, deras, dera, déramos, déreis, deram. *Fut. do pres.*: darei, darás, dará, daremos, dareis, darão. *Fut. do pret.*: daria, darias, daria, daríamos, daríeis, dariam. *Imperat. afirm.*: dá, dê, demos, dai, deem. *Imperat. neg.*: não dês, não dê, não demos, não deis, não deem. *Subj. pres.*: dê, dês, dê, demos, deis, deem. *Pret. imperf.*: desse, desses, desse, déssemos, désseis, dessem. *Fut.*: der, deres, der, dermos, derdes, derem. *Inf. pres. impess.*: dar. *Inf. pres. pessoal*: dar, dares, dar, darmos, dardes, darem. *Ger.*: dando. *Part.*: dado.

MOBILIAR

Indic. pres.: mobílio, mobílias, mobília, mobiliamos, mobiliais, mobíliam. *Subj. pres.*: mobílie, mobílies, mobílie, mobiliemos, mobilieis, mobíliem, etc.

Verbo regular na escrita e irregular na pronúncia (o *i* grifado é tônico), pois dos verbos em *-iliar* é o único que assim se pronuncia. Os outros têm a sílaba tônica *-li*: auxi*li*o, conci*li*o, reconci*li*o, fi*li*o, reta*li*o.

AGUAR

Indic. pres.: águo, águas, água, aguamos, aguais, águam. *Pret. perf.*: aguei, aguaste, aguou, etc. *Subj. pres.*: águe, águes, águe, aguemos, agueis, águem, etc. *Imperativo afirm.*: água, águe, aguemos, aguai, águem.

Verbo regular. Assim se conjugam *desaguar*, *enxaguar* e *minguar*.

AVERIGUAR

Indic. pres.: averiguo, averiguas, averigua, averiguamos, ave-riguais, averiguam. *Pret. perf.*: averiguei, averiguaste, averiguou, etc. *Imperat. afirm.*: averigua, averigúe, averiguemos, averiguai, averigúem. *Subj. pres.*: averigúe, averigúes, averigúe, averiguemos, averigueis, averigúem.

Verbo regular. Vai grifado o *u* tônico. Assim se conjuga o verbo *apaziguar* (= pacificar).

MAGOAR

Indic. pres.: magoo, magoas, magoa, magoamos, magoais, ma-goam. *Subj. pres.*: magoe, magoes, magoe, magoemos, magoeis, magoem, etc.

Verbo regular. Assim se conjugam os verbos em *-oar*: *abençoar*, *doar*, *abotoar*, *voar*, etc.

Verbos terminados em *-ear*

Os verbos terminados em *-ear* intercalam um *i* nas formas rizo-tônicas. Pode servir de modelo o verbo seguinte:

NOMEAR

Indic. pres.: nomeio, nomeias, nomeia, nomeamos, nomeais, nomeiam. *Pret. imperf.*: nomeava, nomeavas, nomeava, nomeáva-mos, nomeáveis, nomeavam. *Pret. perf.*: nomeei, nomeaste, no-meou, nomeamos, nomeastes, nomearam. *Subj. pres.*: nomeie, nomeies, nomeie, nomeemos, nomeeis, nomeiem. *Imperat. afirm.*: nomeia, nomeie, nomeemos, nomeai, nomeiem. *Imperat. neg.*:

MORFOLOGIA

não nome*ies*, não nome*ie*, não nomeemos, não nomeeis, não no-me*iem*. É regular o resto da conjugação.

Assim se conjugam: *atear*, *cear*, *folhear*, *frear*, *passear*, etc.

Verbos terminados em -iar

Os verbos terminados em -iar podem ser distribuídos em dois grupos:

1º) Os que se conjugam regularmente, que são a maioria: *abreviar*, *alumiar*, *caluniar*, *presenciar*, *premiar*, etc. Seguem o modelo *copiar*.

COPIAR

Indic. pres.: copio, copias, copia, copiamos, copiais, copiam. *Pret. perf.*: copiei, copiaste, copiou, etc. *Pret. m.-q.-p.*: copiara, copiaras, etc. *Subj. pres.*: copie, copies, copie, copiemos, copieis, copiem. *Imperat. afirm.*: copia, copie, copiemos, copiai, copiem. *Imperat. neg.*: não copies, não copie, não copiemos, não copieis, não copiem, etc.

2º) Os que mudam o *i* da penúltima sílaba em *ei*, nas formas rizotônicas. São os cinco seguintes: *mediar*, *ansiar*, *remediar*, *incendiar*, *odiar*. Conjugaremos este último.

ODIAR

Indic. pres.: ode*io*, ode*ias*, ode*ia*, odiamos, odiais, ode*iam*. *Pret. imperf.*: odiava, odiavas, odiava, etc. *Pret. perf.*: odiei, odiaste, odiou, etc. *Pret. m.-q.-p.*: odiara, odiaras, odiara, odiáramos, odiáreis, odiaram. *Subj. pres.*: ode*ie*, ode*ies*, ode*ie*, odiemos, odieis, ode*iem*. *Imperat. afirm.*: ode*ia*, ode*ie*, odiemos, odiai, ode*iem*. *Im-*

perat. neg.: não ode*i*es, não ode*i*e, não odiemos, não odieis, não ode*i*em.

2ª CONJUGAÇÃO

ABSTER-SE

Indic. pres.: abstenho-me, absténs-te, abstém-se, abstemo--nos, abstendes-vos, abstêm-se. *Pret. imperf.*: abstinha-me, etc. *Pret. perf.*: abstive-me, etc. *Pret. m.-q.-p.*: abstivera-me, etc. *Fut. do pres.*: abster-me-ei, etc. *Fut. do pret.*: abster-me-ia, etc. *Imperat. afirm.*: abstém-te, abstenha-se, abstenhamo-nos, abstende-vos, abstenham-se. *Subj. pres.*: que me abstenha, etc. *Pret. imperf.*: se me abstivesse, etc. *Fut.*: se me abstiver. *Ger.*: abstendo-se. *Part.*: abstido.

Conjuga-se como *ter*. Observe a grafia: ele se *abstém*; eles se *abstêm*.

CABER

Indic. pres.: caibo, cabes, cabe, cabemos, cabeis, cabem. *Pret. perf.*: coube, coubeste, coube, coubemos, coubestes, couberam. *Pret. m.-q.-p.*: coubera, couberas, coubera, coubéramos, coubéreis, couberam. *Subj. pres.*: caiba, caibas, caiba, caibamos, caibais, caibam. *Pret. imperf.*: coubesse, coubesses, coubesse, coubéssemos, coubésseis, coubessem. *Fut.*: couber, couberes, couber, coubermos, couberdes, couberem. *Ger.*: cabendo. *Part.*: cabido. *Não tem imperativo*.

CRER

Indic. pres.: creio, crês, crê, cremos, credes, creem. *Pret. imperf.*: cria, crias, cria, críamos, críeis, criam. *Pret. perf.*: cri, creste, creu, cremos, crestes, creram. *Imperat. afirm.*: crê, creia, creiamos, crede, creiam. *Subj. pres.*: creia, creias, creia, creiamos, creiais, creiam. *Pret. imperf.*: cresse, cresses, cresse, crêssemos, crêsseis, cressem. *Fut.*: crer, creres, etc. *Ger.*: crendo. *Part.*: crido.

Assim se conjugam *descrer* e *ler*.

DIZER

Indic. pres.: digo, dizes, diz, dizemos, dizeis, dizem. *Pret. imperf.*: dizia, dizias, etc. *Pret. perf.*: disse, disseste, disse, dissemos, dissestes, disseram. *Pret. m.-q.-p.*: dissera, disseras, etc. *Fut. do pres.*: direi, dirás, dirá, diremos, direis, dirão. *Fut. do pret.*: diria, dirias, diria, diríamos, diríeis, diriam. *Imperat. afirm.*: dize, diga, digamos, dizei, digam. *Subj. pres.*: diga, digas, diga, digamos, digais, digam. *Pret. imperf.*: dissesse, dissesses, dissesse, disséssemos, dissésseis, dissessem. *Fut.*: disser, disseres, disser, dissermos, disserdes, disserem. *Inf. impessoal*: dizer. *Inf. pessoal*: dizer, dizeres, etc. *Ger.*: dizendo. *Part.*: dito.

Seguem este paradigma os derivados *bendizer, condizer, contradizer, desdizer, maldizer, predizer,* etc.

ESCREVER

Escrever e seus derivados *descrever, inscrever, prescrever, proscrever, reescrever, sobrescrever, subscrever* são irregulares apenas no particípio: *escrito, descrito, inscrito, prescrito, proscrito, reescrito, sobrescrito, subscrito.*

FAZER

Indic. pres.: faço, fazes, faz, fazemos, fazeis, fazem. *Pret. perf.*: fiz, fizeste, fez, fizemos, fizestes, fizeram. *Pret. m.-q.-p.*: fizera, fizeras, etc. *Fut. do pres.*: farei, farás, fará, faremos, fareis, farão.

MORFOLOGIA 185

Fut. do pret.: faria, farias, faria, faríamos, faríeis, fariam. *Imperat. afirm.*: faze, faça, façamos, fazei, façam. *Subj. pres.*: faça, faças, faça, façamos, façais, façam. *Pret. imperf.*: fizesse, fizesses, fizesse, fizéssemos, fizésseis, fizessem. *Fut.*: fizer, fizeres, fizer, fizermos, fizerdes, fizerem. *Inf. impessoal:* fazer. *Inf. pessoal*: fazer, fazeres, etc. *Ger.*: fazendo. *Part.*: feito.

Como *fazer* se conjugam os seus derivados: *afazer-se, desfazer, refazer, perfazer, satisfazer,* etc.

JAZER

Indic. pres.: jazo, jazes, *jaz,* jazemos, jazeis, jazem. *Pret. perf.*: jazi, jazeste, jazeu, jazemos, jazestes, jazeram. *Fut. do pres.*: jazerei, etc. *Fut. do pret.*: jazeria, etc. *Imperat. afirm.*: jaze, jaza, jazamos, jazei, jazam. *Subj. pres.*: jaza, jazas, etc. *Pret. imperf.*: jazesse, etc. *Fut.*: jazer, jazeres, etc. *Ger.*: jazendo. *Part.*: jazido.

Este verbo é irregular só na 3ª pess. sing. do presente do indicativo. Segue este modelo o verbo *comprazer-se.*

LER

Indic. pres.: leio, lês, lê, lemos, ledes, leem. *Pret. imperf.*: lia, lias, lia, etc. *Pret. perf.*: li, leste, leu, lemos, lestes, leram. *Pret. m.- -q.-p.*: lera, leras, lera, lêramos, lêreis, leram. *Imperat. afirm.*: lê, leia, leiamos, lede, leiam. *Subj. pres.*: leia, leias, leia, leiamos, leiais, leiam. *Pret. imperf.*: lesse, lesses, lesse, lêssemos, lêsseis, lessem.

Ler e seu derivado *reler* se conjugam como *crer.*

MOER

Indic. pres.: moo, *móis, mói,* moemos, moeis, moem. *Pret. imperf.*: moía, moías, moía, etc. *Pret. perf.*: moí, moeste, moeu, etc. *Imperat. afirm.*: *mói*, moa, moamos, moei, moam. *Subj. pres.*: moa, moas, moa, moamos, moais, moam. *Pret. imperf.*: moesse, moesses, etc. *Ger.*: moendo. *Part.*: moído.

Irregular apenas na 2ª e 3ª pess. sing. do indic. pres. e na 2ª sing. do imperativo. Assim se conjugam *remoer*, *roer*, *corroer*, *condoer-se* e *doer*.

PERDER

Indic. pres.: perco, perdes, perde, perdemos, perdeis, perdem. *Subj. pres.*: perca, percas, perca, percamos, percais, percam. *Imperat. afirm.*: perde, perca, percamos, perdei, percam.

Regular no resto.

PODER

Indic. pres.: posso, podes, pode, podemos, podeis, podem. *Pret. imperf.*: podia, podias, podia, etc. *Pret. perf.*: pude, pudeste, pôde, pudemos, pudestes, puderam. *Pret. m.-q.-p.*: pudera, puderas, etc. *Imperat.*: não existe. *Subj. pres.*: possa, possas, possa, possamos, possais, possam. *Pret. imperf.*: pudesse, pudesses, etc. *Fut.*: puder, puderes, puder, pudermos, puderdes, puderem. *Inf. pessoal*: poder, poderes, poder, podermos, poderdes, poderem. *Ger.*: podendo. *Part.*: podido.

PÔR

Indic. pres.: ponho, pões, põe, pomos, pondes, põem. *Pret. imperf.*: punha, punhas, punha, púnhamos, púnheis, punham. *Pret. perf.*: pus, puseste, pôs, pusemos, pusestes, puseram. *Pret. m.-q.--p.*: pusera, puseras, pusera, puséramos, puséreis, puseram. *Fut.*

do pres.: porei, porás, porá, poremos, poreis, porão. *Fut. do pret.*: poria, porias, poria, poríamos, poríeis, poriam. *Imperat. afirm.*: põe, ponha, ponhamos, ponde, ponham. *Subj. pres.*: ponha, ponhas, ponha, ponhamos, ponhais, ponham. *Pret. imperf.*: pusesse, pusesses, pusesse, puséssemos, pusésseis, pusessem. *Fut.*: puser, puseres, puser, pusermos, puserdes, puserem. *Inf. impessoal*: pôr. *Inf. pessoal*: pôr, pores, pôr, pormos, pordes, porem. *Ger.*: pondo. *Part.*: posto.

Como *pôr* se conjugam todos os seus derivados: *compor, depor, dispor, expor, impor, indispor, opor, pressupor, propor, recompor, repor, sobrepor, supor, transpor,* etc.

QUERER

Indic. pres.: quero, queres, quer, queremos, quereis, querem. *Pret. imperf.*: queria, querias, etc. *Pret. perf.*: quis, quiseste, quis, quisemos, quisestes, quiseram. *Pret. m.-q.-p.*: quisera, quiseras, quisera, quiséramos, quiséreis, quiseram. *Fut. do pres.*: quererei, quererás, etc. *Fut. do pret.*: quereria, quererias, etc. *Imperat. afirm.*: queira você, queiram vocês, querei vós. *Imperat. neg.*: não queiras, não queira, não queiramos, não queirais, não queiram. *Subj. pres.*: queira, queiras, queira, queiramos, queirais, queiram. *Pret. imperf.*: quisesse, quisesses, quisesse, quiséssemos, quisésseis, quisessem. *Fut.*: quiser, quiseres, quiser, quisermos, quiserdes, quiserem. *Inf. pessoal*: querer, quereres, querer, querermos, quererdes, quererem. *Ger.*: querendo. *Part.*: querido.

REQUERER

Indic. pres.: *requeiro*, requeres, requer, requeremos, requereis, requerem. *Pret. perf.*: requeri, requereste, requereu, etc. *Pret. m.--q.-p.*: requerera, requereras, requerera, etc. *Imperat. afirm.*: requere, *requeira, requeiramos*, requerei, *requeiram*. *Subj. pres.*: *requei-*

ra, requeiras, requeira, etc. Pret. imperf.: requeresse, requeresses, requeresse, etc. *Fut.*: requerer, requereres, requerer, etc. *Ger.*: requerendo. *Part.*: requerido.

Este verbo não segue a conjugação de *querer*. É irregular apenas na 1ª e na 3ª pessoas do singular do indic. pres. e, portanto, no pres. do subjuntivo e no imperativo.

REAVER

Conjuga-se por *haver*, mas só possui as formas que têm a letra *v*. *Indic. pres.*: reavemos, reaveis. *Pret. imperf.*: reavia, reavias, reavia, etc. *Pret. perf.*: reouve, reouveste, reouve, reouvemos, reouvestes, reouveram. *Pret. m.-q.-p.*: reouvera, reouveras, etc. *Fut. do pres.*: reaverei, reaverás, etc. *Fut. do pret.*: reaveria, reaverias, etc. *Imperat. afirm.*: reavei. *Imperf. do subj.*: reouvesse, reouvesses, etc. *Futuro*: reouver, reouveres, reouver, etc. *Ger.*: reavendo. *Part.*: reavido.

SABER

Indic. pres.: sei, sabes, sabe, sabemos, sabeis, sabem. *Pret. perf.*: soube, soubeste, soube, soubemos, soubestes, souberam. *Pret. m.-q.-p.*: soubera, souberas, soubera, soubéramos, soubéreis, souberam. *Subj. pres.*: saiba, saibas, saiba, saibamos, saibais, saibam. *Pret. imperf.*: soubesse, soubesses, soubesse, etc. *Fut.*: souber, souberes, souber, soubermos, souberdes, souberem. *Imperat. afirm.*: sabe, saiba, saibamos, sabei, saibam.

Regular nos outros tempos.

TRAZER

Indic. pres.: trago, trazes, traz, trazemos, trazeis, trazem. *Pret. imperf.*: trazia, trazias, etc. *Pret. perf.*: trouxe, trouxeste, trouxe, trouxemos, trouxestes, trouxeram. *Pret. m.-q.-p.*: trouxera, trouxeras, trouxera, trouxéramos, trouxéreis, trouxeram. *Fut. do pres.*: trarei, trarás, trará, traremos, trareis, trarão. *Fut. do pret.*: traria, trarias, traria, traríamos, traríeis, trariam. *Imperat. afirm.*: traze, traga, tragamos, trazei, tragam. *Subj. pres.*: traga, tragas, traga, tragamos, tragais, tragam. *Pret. imperf.*: trouxesse, trouxesses, trouxesse, trouxéssemos, trouxésseis, trouxessem. *Fut.*: trouxer, trouxeres, trouxer, trouxermos, trouxerdes, trouxerem. *Inf. pessoal*: trazer, trazeres, trazer, trazermos, trazerdes, trazerem. *Ger.*: trazendo. *Part.*: trazido.

VALER

Indic. pres.: valho, vales, vale, valemos, valeis, valem. *Subj. pres.*: valha, valhas, valha, valhamos, valhais, valham.

Nos outros tempos é regular.

Assim se conjuga *equivaler*.

VER

Indic. pres.: vejo, vês, vê, vemos, vedes, veem. *Pret. perf.*: vi, viste, viu, vimos, vistes, viram. *Pret. m.-q.-p.*: vira, viras, vira, víramos, víreis, viram. *Imperat. afirm.*: vê, veja, vejamos, vede, vejam. *Subj. pres.*: veja, vejas, veja, vejamos, vejais, vejam. *Pret. imperf.*: visse, visses, visse, etc. *Fut.*: vir, vires, vir, virmos, virdes, virem. *Ger.*: vendo. *Part.*: visto.

Como *ver* se conjugam: *antever, entrever, prever, rever*. Observe que no futuro do subjuntivo se diz "se você *vir*", "se eu *vir*", e não "se você *ver*", "se eu *ver*".

3ª CONJUGAÇÃO

ABOLIR

Indic. pres.: aboles, abole, abolimos, abolis, abolem. *Imperat. afirm.*: abole, aboli. *Subj. pres.*: não existe.

Defectivo nas formas em que ao **l** do radical se seguiria *a* ou *o*, o que ocorre apenas no presente do indicativo e seus derivados.

Por este verbo se conjugam: *banir, brandir, carpir, colorir, comedir-se, delir, demolir, extorquir, esculpir, haurir, delinquir*, etc.

AGREDIR

Indic. pres.: agrido, agrides, agride, agredimos, agredis, agridem. *Subj. pres.*: agrida, agridas, agrida, agridamos, agridais, agridam. *Imperat. afirm.*: agride, agrida, agridamos, agredi, agridam.

Regular nos demais tempos.

Este verbo muda a vogal *e* em *i* nas formas rizotônicas do presente do indicativo e em todas as formas dos seus dois derivados, excetuando-se a 2ª pessoa do plural do imperativo afirmativo.

São conjugados assim: *progredir, regredir, transgredir, denegrir, prevenir, cerzir.*

COBRIR

Indic. pres.: cubro, cobres, cobre, cobrimos, cobris, cobrem. *Subj. pres.*: cubra, cubras, cubra, cubramos, cubrais, cubram. *Imperat. afirm.*: cobre, cubra, cubramos, cobri, cubram. *Part.*: coberto.

Note: *o* → *u* na 1ª pess. sing. do indicativo presente e em todas as pessoas do subjuntivo presente.

MORFOLOGIA 191

Assim se conjugam: *dormir, engolir, tossir, encobrir, descobrir*. Os três primeiros, porém, têm o particípio regular. *Abrir, entreabrir* e *reabrir* seguem *cobrir*, no particípio: *aberto, entreaberto, reaberto*.

CONSTRUIR

Indic. pres.: construo, constróis, constrói, construímos, construís, constroem. *Imperat. afirm.*: constrói, construa, construamos, construí, construam.

Regular no resto.

Assim se conjugam *destruir* e *reconstruir*.

FALIR

Indic. pres.: falimos, falis. *Pret. imperf.*: falia, falias, etc. *Pret. perf.*: fali, faliste, faliu, etc. *Pret. m.-q.-p.*: falira, faliras, falira, etc. *Part.*: falido.

Verbo regular defectivo. Usa-se apenas nas formas em que ao **l** se segue *i*.

Modelam-se por *falir*: *espavorir, remir*, etc.

FERIR

Indic. pres.: firo, feres, fere, ferimos, feris, ferem. *Subj. pres.*: fira, firas, fira, firamos, firais, firam. *Imperat. afirm.*: fere, fira, firamos, feri, firam.

Regular no resto. Note: *e* → *i* na 1ª pess. do sing. do indic. presente e em todo o presente do subjuntivo.

Seguem a conjugação de *ferir*: *aderir, advertir, convergir, deferir, despir, diferir, divergir, divertir, digerir, sugerir, refletir, vestir, servir, seguir, repelir, conseguir, perseguir, prosseguir, revestir*, etc.

MENTIR

Indic. pres.: minto, mentes, mente, mentimos, mentis, mentem. *Subj. pres.*: minta, mintas, minta, mintamos, mintais, mintam. *Imperat. afirm.*: mente, minta, mintamos, menti, mintam.

Regular no resto da conjugação.

Seguem este modelo: *desmentir, sentir, consentir, ressentir, pressentir*.

FUGIR

Indic. pres.: fujo, foges, foge, fugimos, fugis, fogem. *Imperat. afirm.*: foge, fuja, fujamos, fugi, fujam. *Subj. pres.*: fuja, fujas, fuja, fujamos, fujais, fujam.

Regular nas demais formas.

Seguem este modelo: *acudir, bulir, cuspir, entupir, escapulir, sacudir, subir*.

IR

Indic. pres.: vou, vais, vai, vamos, ides, vão. *Pret. imperf.*: ia, ias, ia, íamos, íeis, iam. *Pret. perf.*: fui, foste, foi, fomos, fostes, foram. *Pret. m.-q.-p.*: fora, foras, fora, etc. *Fut. do pres.*: irei, irás, irá, etc. *Fut. do pret.*: iria, irias, etc. *Imperat. afirm.*: vai, vá, vamos, ide, vão. *Subj. pres.*: vá, vás, vá, vamos, vades, vão. *Pret. imperf.*: fosse, fosses, etc. *Fut.*: for, fores, for, formos, fordes, forem. *Inf. pessoal*: ir, ires, ir, irmos, irdes, irem. *Ger.*: indo. *Part.*: ido.

OUVIR

Indic. pres.: ouço, ouves, ouve, ouvimos, ouvis, ouvem. *Imperat. afirm.*: ouve, ouça, ouçamos, ouvi, ouçam. *Subj. pres.*: ouça, ouças, etc. *Part.*: ouvido.

Regular no resto.

PEDIR

Indic. pres.: peço, pedes, pede, pedimos, pedis, pedem. *Imperat. afirm.*: pede, peça, peçamos, pedi, peçam.

Subj. pres.: peça, peças, peça, peçamos, peçais, peçam.

Regular no resto.

Conjugam-se assim: *despedir, expedir, impedir, desimpedir e medir.*

POSSUIR

Indic. pres.: possuo, possuis, possui, possuímos, possuís, possuem. *Pret. imperf.*: possuía, possuías, etc. *Pret. perf.*: possuí, possuíste, possuiu, possuímos, possuístes, possuíram. *Pret. m.-q.-p.*: possuíra, possuíras, possuíra, etc. *Subj. pres.*: possua, possuas, etc. *Imperat. afirm.*: possui, possua, possuamos, possuí, possuam.

Verbo regular, apresentando a particularidade gráfica *-ui*, e não *-ue*, na 2ª e 3ª pessoas do sing. do pres. do indicativo, por haver ditongo decrescente.

Por este se conjugam: *concluir, influir, instruir, restituir,* etc.

RIR

Indic. pres.: rio, ris ,ri, rimos, rides, riem. *Pret. imperf.*: ria, rias, ria, ríamos, ríeis, riam. *Pret. perf.*: ri, riste, riu, rimos, ristes, riram.

Imperat. afirm.: ri, ria, riamos, ride, riam. *Subj. pres.*: ria, rias, ria, riamos, riais, riam. *Imperf.*: risse, risses, risse, ríssemos, rísseis, rissem. *Ger.*: rindo. *Part.*: rido.

Como *rir* se conjuga o derivado *sorrir*.

SUMIR

Indic. pres.: sumo, somes, some, sumimos, sumis, somem. *Subj. pres.*: suma, sumas, suma, etc. *Imperat. afirm.*: some, suma, sumamos, sumi, sumam.

Regular no resto.

Assim também *consumir*: consumo, consomes, consome, etc. *Assumir, reassumir, resumir* e *presumir* são regulares: *assumo, assumes, assume, assumimos, assumis, assumem*, etc.

VIR

Indic. pres.: venho, vens, vem, vimos, vindes, vêm. *Pret. imperf.*: vinha, vinhas, vinha, vínhamos, vínheis, vinham. *Pret. perf.*: vim, vieste, veio, viemos, viestes, vieram. *Pret. m.-q.-p.*: viera, vieras, viera, viéramos, viéreis, vieram. *Fut. do pres.*: virei, virás, etc. *Fut. do pret.*: viria, virias, etc. *Imperat. afirm.*: vem, venha, venhamos, vinde, venham. *Subj. pres.*: venha, venhas, venha, venhamos, venhais, venham. *Pret. imperf.*: viesse, viesses, viesse, viéssemos, viésseis, viessem. *Fut.*: vier, vieres, vier, viermos, vierdes, vierem. *Inf. pessoal:* vir, vires, vir, virmos, virdes, virem. *Ger.*: vindo. *Part.*: vindo.

Por este se conjugam: *convir, intervir, provir, sobrevir, desavir-se,* etc.

24 VERBOS DEFECTIVOS

Verbos defectivos são os que não possuem a conjugação completa, por não serem usados em certos modos, tempos ou pessoas. A maioria deles é da 3ª conjugação.

Os verbos defectivos podem ser distribuídos em três grupos:

1. Os que não têm as formas em que ao radical seguem-se *a* ou *o*, o que ocorre apenas no presente do indicativo e do subjuntivo e no imperativo. O verbo *abolir* serve de exemplo:

INDICATIVO PRESENTE	SUBJUNTIVO PRESENTE	IMPERATIVO	
		AFIRMATIVO	NEGATIVO
—	—	—	—
aboles	—	abole	—
abole	—	—	—
abolimos	—	—	—
abolis	—	aboli	—
abolem	—	—	—

Pertencem a este grupo, entre outros: *colorir, demolir, explodir, haurir, delinquir, extorquir, ruir, latir, tinir.*

2. Os que só se usam nas formas em que ao radical se segue *i*, ou seja, nas formas arrizotônicas. A defectividade destes verbos, como nos do 1º grupo, só se verifica no presente do indicativo e do subjuntivo e no imperativo.

Sirva de exemplo o verbo *falir*.

INDICATIVO PRESENTE	SUBJUNTIVO PRESENTE	IMPERATIVO	
		AFIRMATIVO	NEGATIVO
—	—	—	—
—	—	—	—
—	—	—	—
falimos	—	—	—
falis	—	fali	—
—	—	—	—

Seguem este paradigma: *aguerrir, embair, empedernir, remir, transir*, etc.

3. Os verbos *poder* e *reaver*, já estudados, que apresentam particularidades especiais.

As formas inexistentes dos verbos defectivos suprem-se:

a) com as de um verbo sinônimo: eu *recupero*, tu *recuperas*, etc. (para *reaver*); eu me *previno* ou *me acautelo*, etc. (para *precaver*);

b) com locuções verbais: *estou demolindo, estou colorindo, costumo colorir, etc.*

25 VERBOS ABUNDANTES

Certos verbos, denominados **abundantes**, além do particípio regular em *-ado*, ou *-ido*, possuem outro, irregular.

Eis alguns desses verbos, seguidos de seus particípios:

aceitar: *aceitado, aceito*

acender: acendido, *aceso*

MORFOLOGIA 197

benzer: *benzido,*
bento

dispersar: *dispersado*
disperso

eleger: *elegido,*
eleito

entregar: *entregado,*
entregue

expulsar: *expulsado,*
expulso

expressar: *expressado,*
expresso

exprimir: *exprimido,*
expresso

extinguir: *extinguido,*
extinto

frigir: *frigido,*
frito

ganhar: *ganhado,*
ganho

gastar: *gastado,*
gasto

imprimir: *imprimido,*
impresso

limpar: *limpado,*
limpo

matar: *matado,*
morto

pagar: *pagado,*
pago

pegar: *pegado,*
pego(ê)

prender: *prendido*
preso (ê)

romper: *rompido,*
roto (ô)

soltar: *soltado,*
solto (ô)

suprimir: *suprimido,*
supresso

suspender: *suspendido,*
suspenso

tingir: *tingido,*
tinto

As formas participiais regulares usam-se, via de regra, com os auxiliares *ter* e *haver*, na voz ativa, e as irregulares com o auxiliar *ser*, na voz passiva. Exemplos:

O professor *tinha aceitado* o convite.

O convite *foi aceito* pelo professor.

O caçador *tinha soltado* os cães.

Os cães não *seriam soltos* pelo caçador.

O pescador *teria salvado* o náufrago.

O náufrago *seria salvo* pelo pescador.

Essa regra, no entanto, não é seguida rigorosamente, havendo numerosas formas irregulares que se empregam tanto na voz ativa como na passiva. Exemplos:

voz ativa	voz passiva
Tinha *aceitado* ou *aceito* o convite.	O convite foi *aceito*.
Tinha *elegido* ou *eleito* os candidatos.	Os candidatos foram *eleitos*.
Tinha *entregado* ou *entregue* a carta.	As cartas eram *entregues* por mim.
Tinha *ganho* ou *ganhado* o prêmio.	O prêmio foi *ganho*...
Tinha *gastado* ou *gasto* o dinheiro.	Foi *gasto* muito dinheiro.
Teria *matado* ou *morto* o agressor.	O agressor teria sido *morto*.
João terá *pago* a dívida?	A dívida foi *paga*?
Tinha *salvado* ou *salvo* muitas vidas.	Foram *salvas* muitas vidas.

Com os verbos *estar, ficar* e *andar*, usam-se quase sempre as formas irregulares, com feição de adjetivos:

Os brinquedos estavam *dispersos* pelo chão.

A raia ficou *presa* à rede elétrica.

Os animais andavam *soltos* pela estrada.

26 PRONÚNCIA CORRETA DE ALGUNS VERBOS

■ Nos verbos cujo radical termina em *-ei*, *-eu*, *-oi* e *-ou* + consoante, é fechada a vogal base desses ditongos:

a) Pronuncie *ei* (como na palavra *lei*):

aleijo, aleijas, aleija, aleijam, aleije, aleijem;

abeiro-me, abeira-se, abeiram-se, abeire-se, abeira-te;

enfeixo, enfeixa, enfeixe, enfeixam, enfeixem;

inteiro, inteiras, inteira, inteiram, inteire, inteirem.

b) Pronuncie *eu* (como na palavra *deu*):

endeuso, endeusas, endeusa, endeusam, endeuse, endeuses, endeusem.

c) Pronuncie *oi* (como na palavra *boi*):

açoito, açoitas, açoita, açoitam, açoite, açoitem;

foiço, foiças, foiça, foiçam, foice, foices, foicem;

desmoito, desmoitas, desmoita, desmoitam, desmoite;

noivo, noivas, noiva, noivam, noive, noives, noivem.

d) Pronuncie *ou* (como na palavra *ouro*):

afrouxo, afrouxas, afrouxa, afrouxam, afrouxe, afrouxem;

roubo, roubas, rouba, roubam, roube, roubem;

estouro, estouras, estoura, estouram, estoure, estourem.

MORFOLOGIA

- Nos verbos terminados em *-eijar*, *-ejar* e *-elhar*, como *despejar*, *velejar*, *pelejar*, *planejar*, *espelhar*, *aparelhar*, *avermelhar*, etc., o e tônico profere-se fechado, como na palavra *sebo*:

  al**ei**jo, al**ei**ja, al**ei**jam, al**ei**je, al**ei**jem;

  desp**e**jo, desp**e**jas, desp**e**ja, desp**e**jam, desp**e**je, desp**e**jem;

  esp**e**lho, esp**e**lhas, esp**e**lha, esp**e**lham, esp**e**lhe, esp**e**lhem.

- Verbos como *englobar*, *desposar*, *forçar*, *rogar*, *mofar*, *ensopar*, *escovar*, *estorvar*, *enroscar*, *rosnar*, *lograr*, etc. têm o *o* tônico aberto (como na palavra *hora*):

  esc**o**vo, esc**o**va, esc**o**ve, desp**o**sa, ens**o**pa, ens**o**pam, etc.

- Na terminação *–oem*, a vogal *o* é fechada nos verbos finalizados em *-oar*.

  voem, magoem, doem (doar), *soem* (soar), *abençoem, coroem*, etc., e aberta nos verbos terminados em *-oer*:

  doem (doer), *moem, roem, corroem*, etc.

- Nas três pessoas do singular e na 3ª do plural do presente do indicativo e do subjuntivo do verbo *saudar*, a vogal *u* forma hiato e não ditongo:

  sa**ú**do (sa-ú-do), sa**ú**das, sa**ú**da, sa**ú**dam,

  sa**ú**de (sa-ú-de), sa**ú**des, sa**ú**de, sa**ú**dem.

- O *u* do dígrafo *gu* dos verbos *distinguir* e *extinguir* não soa. Pronuncie *gue*, *gui*, como no verbo *seguir:*

  distin**gue**, distin**gue**m, distin**gui**u, extin**gui**u, etc.

  (se**gue**)   (se**gue**m)   (se**gui**u)   (se**gui**u)

ADVÉRBIO

Comparemos estes exemplos:

O navio chegou.   O navio chegou **ontem**.

A palavra *ontem* acrescentou ao verbo *chegou* uma circunstância de tempo: *ontem* é um advérbio.

1 ADVÉRBIO

Paulo jogou.   Paulo jogou **bem**.

A palavra *bem* modificou a ação de Paulo, expressa pelo verbo *jogou*: *bem,* aqui, é um advérbio.

Paulo jogo bem.   Paulo jogou **muito** bem.

A palavra *muito* intensificou o sentido do advérbio *bem*: *muito*, aqui, é um advérbio.

A moça é linda.   A moça é **muito** linda.

A palavra *muito* intensificou a qualidade contida no adjetivo *linda*: *muito*, nessa frase, é um advérbio.

Advérbio é uma palavra que modifica o sentido do verbo, do adjetivo e do próprio advérbio.

MORFOLOGIA

A maioria dos advérbios modificam o verbo, ao qual acrescentam uma circunstância. Só os de intensidade é que podem também modificar adjetivos e advérbios.

De acordo com as circunstâncias ou a ideia acessória que exprimem, os advérbios se dizem:

- de **afirmação:**

  sim, deveras, realmente.

- de **dúvida:**

  talvez, quiçá, acaso, porventura, certamente, provavelmente, decerto.

- de **intensidade:**

  muito, pouco, assaz, bastante, mais, menos, tão, demasiado, meio, todo, completamente, profundamente, demasiadamente, excessivamente, demais, que (*que* bom!), quão, quanto (*quanto* sofri!), bem, quase, como (*como* comem!), etc.

- de **lugar:**

  abaixo, acima, acolá, cá, lá, aqui, ali, aí, além, aquém, algures (= em algum lugar), alhures (= em outro lugar), nenhures (= em nenhum lugar), atrás, fora, afora, dentro, perto, longe, adiante, diante, onde, avante, através, defronte, aonde, donde, etc.

- de **modo:**

  bem, mal, assim, depressa, devagar, como (Ignoro *como* vivem.), debalde, alerta, melhor (= mais bem), pior (= mais mal), calmamente, livremente, propositadamente, e quase todos os advérbios terminados em -*mente*.

MORFOLOGIA

■ de **negação:**

não, tampouco (= também não).

■ de **tempo:**

agora, hoje, amanhã, depois, ontem, anteontem, já, sempre, amiúde, nunca, jamais, ainda, logo, antes, cedo, tarde, ora, outrora, então, brevemente, imediatamente, raramente, presentemente, diariamente, etc.

2 ADVÉRBIOS INTERROGATIVOS

São as palavras *onde?*, *aonde?*, *donde?*, *quando?*, *como?*, *por quê?*, nas interrogações diretas ou indiretas. Exemplos:

Interrogação direta	Interrogação indireta
Como aprendeu?	Perguntei *como* aprendeu.
Onde mora?	Indaguei *onde* morava.
Por que choras?	Não sei *por que* riem.
Aonde vai?	Perguntei *aonde* ia.
Donde vens?	Pergunto *donde* vens.
Quando voltas?	Pergunto *quando* voltas.

3 LOCUÇÕES ADVERBIAIS

São expressões que têm a função dos advérbios. Iniciam ordinariamente por uma preposição:

às cegas, às claras, à toa, às pressas, a pé, a pique, a fundo, às escondidas, às tontas, à noite, às vezes, ao acaso, de repente, de cor, de improviso, de propósito, de súbito, de medo, de fome, de vez em quando, em breve, em vão, por miúdo, por ora, por trás, de perto, sem dúvida, com certeza, por um triz, de modo algum, passo a passo, lado a lado, etc.

Observação:

✔ As locuções adverbiais classificam-se como os advérbios: de modo, de lugar, de tempo, de causa, etc.

4 GRAUS DOS ADVÉRBIOS

Certos advérbios de modo, tempo, lugar e intensidade são, à semelhança dos adjetivos, suscetíveis de grau, conforme se vê do seguinte esquema:

- comparativo de
  - **igualdade**: tão longe como, tão rapidamente como
  - **superioridade**
    - **analítico**: mais longe que, mais rapidamente que...
    - **sintético**: melhor que, pior que...
  - **inferioridade**: menos longe que, menos rapidamente que...

- superlativo absoluto
  - **analítico**: muito longe, muito rapidamente
  - **sintético**: longíssimo, rapidissimamente, otimamente

MORFOLOGIA 205

• Na linguagem familiar, certos advérbios assumem forma diminutiva, mas com ideia de intensidade, a modo de superlativos: *agorinha, cedinho, pertinho, devagarinho* (= muito devagar).

• Frequentemente, empregamos adjetivos com valor de advérbios:

Ele falou *claro* (= claramente). Falavam *alto*.

Ana tinha ido ao cinema, o que *raro* acontecia (= raramente).

Não consegui andar *direito*.

Compra *barato* e vende *caro*.

• Quando ocorrem dois ou mais advérbios em *-mente*, em geral sufixamos apenas o último:

O aluno respondeu *calma* e *respeitosamente*.

5 PALAVRAS E LOCUÇÕES DENOTATIVAS

De acordo com a Nomenclatura Gramatical Brasileira, serão classificadas à parte certas palavras e locuções – outrora consideradas advérbios – que não se enquadram em nenhuma das dez classes conhecidas. Tais palavras e locuções, chamadas "denotativas", exprimem:

▪ afetividade

Felizmente, infelizmente, ainda bem:

Felizmente não me machuquei.
Ainda bem que o orador foi breve!

▪ designação

Eis:

Eis o anel que perdi. *Ei-lo* aqui!

MORFOLOGIA

■ exclusão

Exclusive, menos, exceto, fora, salvo, senão, sequer:

Voltaram todos, *menos* (ou *exceto*, *salvo*, *fora*) André.

Não me descontou *sequer* um centavo.

■ inclusão

Inclusive, também, mesmo, ainda, até, ademais, além disso, de mais a mais:

Eu *também* vou.
Levou-me para sua casa e *ainda* me deu roupa e dinheiro.

Aqui falta tudo, *até* água.

■ limitação

Só, apenas, somente, unicamente:

Só Deus é perfeito.

Apenas um aluno teve nota boa.

■ realce

Cá, lá, só, é que, sobretudo, mesmo, embora:
Eu *cá* me arranjo!
Você *é que* não se mexe!
É isso *mesmo*!
Veja *só*!
Vá *embora*!

■ retificação

Aliás, ou melhor, isto é, ou antes:

Venha ao meio-dia, *ou melhor*, venha já.

Aquele casal era japonês, *aliás,* filhos de japoneses.

"Finda a saudação cortês, o cavalo calou-se, *isto é*, recolheu o movimento do rabo." (CARLOS DRUMMOND DE ANDRADE)

- **explanação**

  Isto é, a saber, por exemplo:

  Os elementos do mundo físico são quatro, *a saber*: terra, fogo, água e ar.

- **situação**

  Afinal, agora, então, mas:

  Afinal, quem tem razão?

  Posso levá-los; *agora*, ficar eu não fico.

  Então, que achou do filme?

  Mas você fez isso, meu filho?

  Observação:

  ✔ Na análise dir-se-á: palavra ou locução denotativa de exclusão, de inclusão, de realce, etc.

PREPOSIÇÃO

Veja estes exemplos:

A motocicleta **de** Cláudio era nova.

Trabalhemos **com** alegria.

Isabel mora **em** Niterói.

1 PREPOSIÇÃO

As palavras **de**, **com** e **em** estão ligando termos dependentes (Cláudio, alegria e Niterói) a termos principais (motocicleta, trabalhemos e mora): são *preposições*.

A preposição liga um termo dependente a um termo principal, estabelecendo entre ambos relações de posse, modo, lugar, causa, fim, etc.

Nos exemplos acima, as preposições *de*, *com* e *em* estabelecem relações de posse, modo e lugar, respectivamente.

> **Preposição é uma palavra invariável que liga um termo dependente a um termo principal, estabelecendo uma relação entre ambos.**

Observe mais estes exemplos:

termo principal	preposição	termo dependente
Recorremos	a	Jerônimo.
Choravam	de	alegria.
Sacrificam-se	por	nós.

O termo dependente pode ser uma oração:

Aconselhou-me *a não sair sozinho*.

Estou convencido *de que ele é inocente*.

Dividem-se as preposições em *essenciais* (as que sempre foram preposições) e *acidentais* (palavras de outras classes gramaticais que acidentalmente funcionam como preposições).

■ **Preposições essenciais:**

a, ante, após, até, com, contra, de, desde, em, entre, para, per, perante, por, sem, sob, sobre, trás.

Exemplos:

Agarrei-me *a* um arbusto.

Estávamos *ante* um mundo estranho.

Saímos *após* o almoço.

Os carros passavam *sob* um arco de triunfo.

Chegamos *até* um porto, remando *contra* a maré.

MORFOLOGIA

> **Observações:**
>
> ✔ *Per* usa-se na locução adverbial *de per si* (= isoladamente, por sua vez). Contrai-se com os antigos artigos *lo, la, los, las,* dando: *pelo, pela, pelos, pelas.*
>
> ✔ *Trás*, modernamente, só se usa em locuções adjetivas, adverbiais e prepositivas: rodas de *trás*; olhar *para trás*; ficar *por trás* de alguém.
>
> ✔ *Para*, na fala popular, apresenta a forma *pra*: Leve-o *pra* casa.

▪ Preposições acidentais:

conforme (= de acordo com), *segundo* (= de acordo com), *durante, mediante* (= por meio de), *visto* (= devido a, por causa de), *como*, etc.

Exemplos:

Vestimo-nos *conforme* a moda e o tempo.

Ela se veste *segundo* a moda e o tempo.

Os heróis tiveram *como* prêmio uma coroa de louros.

Mediante manobras mesquinhas, o escrivão conseguira prestígio.

Vovô dormiu *durante* a viagem.

A vida hoje torna-se difícil, *visto* a sua estonteante complexidade.

2 LOCUÇÕES PREPOSITIVAS

São expressões com a função das preposições. Em geral são formadas de *advérbio* (ou locução adverbial) + *preposição*:

abaixo de, acima de, a fim de, além de, a par de, apesar de, atrás de, através de, antes de, junto a, embaixo de, em frente de (ou *a*), em cima de, longe de, defronte a, de acordo com, por causa de, por trás de, para com (o respeito *para com* os mais velhos), devido a, em virtude de, em atenção a, a favor de, até a (foi *até* à porta), sob pena de, etc.

Exemplos:

Passamos *através de* mata cerrada.

Em atenção à sua proposta, troquei de carro.

Cancelamos o passeio *a fim de* te ajudar.

Na frase, as preposições exprimem relações as mais diversas, tais como:

- assunto: Falou *sobre* política.
- causa: Morreu de fome.
- companhia: Jantei c*om* ele.
- especialidade: Formou-se *em* Medicina.
- direção: Olhe p*ara* frente.
- fim ou finalidade: Trabalha *para* viver.
- falta: Estou *sem* recursos.
- instrumento: Feriu-se c*om* a espada.
- lugar: Moro *em* São Paulo.

- meio: Viajei *de* avião.

- modo, conformidade: Trajava *à* moderna.

- oposição: João falou *contra* nós.

- posse: Vi o carro *de* Mário.

- matéria: Era uma casa *de* tijolos.

- origem: Descendia *de* família ilustre.

- tempo: Viajei *durante* as férias.

3 COMBINAÇÕES E CONTRAÇÕES

As preposições *a, de, em* e *per* unem-se com outras palavras, formando um só vocábulo. Há *combinação* quando a preposição se une sem perda de fonema. Se a preposição sofre queda de fonema, haverá *contração*.

- A preposição *a* combina-se com os artigos e pronomes demonstrativos *o, os* e com o advérbio *onde*, dando: *ao, aos, aonde.*

- As preposições *a, de, em, per* contraem-se com os artigos e, algumas delas, com certos pronomes e advérbios. Eis alguns exemplos:

a + a = à	de + o = *do*	em + esse = *nesse*
a + as = às	de + ele = *dele*	em + o = *no*
a + aquele = *àquele*	de + este = *deste*	em + um = *num*
a + aquela = *àquela*	de + isto = *disto*	em + aquele = *naquele*
a + aquilo = *àquilo*	de + aqui = *daqui*	per + lo = *pelo*
	de + entre = *dentre*	

- Registrem-se ainda as contrações *pro* (para + o), *pros* (para + os), *pra* (para + a), *pras* (para + as), mais frequentes na fala popular.

4 CRASE

A palavra *crase* (do grego *krásis* = mistura, fusão) designa, em gramática normativa, a contração da preposição *a* com:

- **o artigo *a* ou *as*:**
  Fomos à cidade e assistimos às festas.

- **o pronome demonstrativo *a* ou *as*:**
  Irei à (loja) do centro.

- **o *a* inicial dos pronomes *aquele, aquela, aquilo*:**
  Refiro-me àquele fato.

  Observação:
  ✔ Na escrita, assinala-se a crase com acento grave.

5 CRASE DA PREPOSIÇÃO *A* COM OS ARTIGOS *A, AS*

Considere estes exemplos:

Irei à cidade. [Irei *a a* cidade.]

Apresentei-me à diretora. [Apresentei-me *a a* diretora.]

Dedico-me às artes. [Dedico-me *a as* artes.]

A crase, como se vê dos exemplos citados, resulta da contração da preposição *a* (exigida por um termo subordinante) com o artigo feminino *a* ou *as* (reclamado por um termo dependente).

Outros exemplos:

preposição	artigo	
	↓	↓
Fomos	**a**	**a** praia. → Fomos **à** praia.
Estava junto	**a**	**a** porta. → Estava junto **à** porta.
Compareci	**a**	**as** reuniões. → Compareci **às** reuniões.

Se não houver a presença da preposição ou do artigo, não haverá crase:

	preposição	artigo	
		↓	↓
Os turistas visitaram		**a**	cidade.
A concórdia une		**as**	nações.
Não digas isto	**a**		ninguém.
Ele parecia entregue	**a**		tristes cogitações.

Regra: o acento da crase só tem cabimento diante de palavras femininas determinadas pelo artigo definido *a* ou *as* e subordinadas a termos que exigem a preposição *a*.

Veja mais estes exemplos:

As crianças voltaram à piscina.

Ninguém é insensível à dor.

Exige-se a assistência *às* aulas.

Atribuiu o insucesso à má sorte.

O trem chegou à estação *às* 18 horas.

MORFOLOGIA 215

Observação:

✔ Os termos diante dos quais ocorre a crase exercem as funções de complementos ou de adjuntos adverbiais.

6 CASOS EM QUE NÃO HÁ CRASE

Não havendo o artigo *a(s)* antes do termo dependente, é claro que não terá lugar a crase. Por isso não se acentua o *a*:

1. diante de palavras masculinas:

Não assisto *a* filmes de guerra.

Isto cheira *a* vinho.

Escreveu um bilhetinho *a* lápis.

Fomos *a* São Lourenço, onde passeamos *a* pé, *a* cavalo, de charrete.

Fiz ver *a* Roberto que ele não tinha razão.

Venho *a* mando de meu patrão.

Observação:

✔ Ocorrendo a elipse da palavra *moda* ou *maneira*, haverá crase diante de nomes masculinos: calçados à Luís XV (à *moda* Luís XV).

2. diante de substantivos femininos usados em sentido geral e indeterminado:

Não vai *a* festas nem *a* reuniões.

A Funai decidiu fechar o parque indígena *a* visitas.

Não dê atenção a pessoa suspeita.

Contei o caso a uma (ou a certa) senhora supersticiosa.

3. diante de nomes de parentesco, precedidos de possessivo:

Recorri a *minha mãe*. Peça desculpas a *tua irmã*.

Faremos uma visita a *nossa(s) tia(s)*.

4. diante de nomes próprios que repelem o artigo:

Rezo a *Nossa Senhora*.

Dedicaram templos a *Minerva* e a *Júpiter*.

O historiador referiu-se a *Joana d'Arc*.

Fiz uma promessa a *Santa Teresinha*.

Iremos a *Curitiba* e depois a *Londrina*.

Observação:

✔ Haverá crase quando o nome próprio admitir o artigo ou vier acompanhado de adjetivo ou locução adjetiva: Maria tinha devoção à *Virgem*. Entreguei a carta à *Júlia* (no trato familiar e íntimo). Fomos à *Bahia*. Chegamos à *Argentina*. Cheguei à *histórica Ouro Preto*.

5. diante da palavra casa no sentido de *lar, domicílio*, quando não acompanhada de adjetivo ou locução adjetiva:

Voltamos a casa tristes.

Chegavam a casa quase sempre sujos.

Observação:

✔ Se a palavra *casa* vier acompanhada de adjetivo ou locução adjetiva, terá lugar o acento da crase: Voltou à *casa paterna*. Fui à *casa de meu colega*.

6. nas locuções formadas com a repetição da mesma palavra:

Tomou o remédio *gota a gota*. Estavam *frente a frente*.

Entraram *uma a uma*. *Dia a dia*, a empresa foi crescendo.

7. diante do substantivo terra, em oposição a bordo:

Os marinheiros tinham descido *a terra* para visitar a cidade.

8. diante de artigos indefinidos e de pronomes pessoais (inclusive de tratamento, com exceção de *senhora* e *senhorita*) e interrogativos:

Chegamos à cidade *a uma* hora morta.

Recorreram *a mim* (*a nós*, *a ela*, *a você*, etc.).

Solicito *a Vossa Senhoria* o obséquio de...

Não me referi *a Vossa Excelência*.

Falaste *a que* pessoa?

A qual delas se refere você?

• Escreve-se, porém, com crase:

Peço à *senhora* que tenha paciência.

9. diante dos outros pronomes que repelem o artigo, o que ocorre com a maioria dos indefinidos e relativos e boa parte dos demonstrativos:

Escrevi *a todas* (ou *a algumas*, *a várias*, *a muitas*) colegas.

MORFOLOGIA

Estamos *a pouca* distância da fronteira.

Não ligo *a essas* (ou *a tais*) coisas.

O letreiro pode despencar *a qualquer* momento.

A tia gostava de Jacinta, *a quem* sempre ajudava.

Diariamente chegam turistas *a esta* cidade.

Observação:

✔ Há, no entanto, pronomes que admitem o artigo, dando ensejo à crase: Não fale nada *às outras*. Assistimos sempre *às mesmas* cenas. Diga *à tal* senhora que... Não temo as acusações de fulano, *às quais* responderei oportunamente. Estavam atentas umas *às outras*.

10. diante de numerais cardinais referentes a substantivos não determinados pelo artigo:

Chanceler inicia visita *a oito* países africanos.

Assisti *a duas* sessões (ou *a uma só* sessão).

Daqui *a quatro* semanas muita coisa terá mudado.

O número de aprovados não chega *a vinte*.

Foi isto *a 16* de agosto de 1959.

Observação:

✔ Usa-se, porém, a crase nas locuções adverbiais que exprimem hora determinada e nos casos em que o numeral estiver precedido de artigo: Chegamos *às oito* horas da noite. Assisti *às duas* sessões de ontem. Entregaram-se os prêmios *às três* alunas vencedoras.

MORFOLOGIA 219

11. diante de verbos:

Estamos dispostos *a trabalhar*.

Quando me dispunha *a sair*, começou *a chover*.

Puseram-se *a discutir* em voz alta.

7 CASOS ESPECIAIS

O uso do artigo diante dos possessivos, salvo em alguns casos, fica ao arbítrio de quem escreve. Daqui a possibilidade de haver, ou não, a crase:

A minha viagem é certa.   Referiu-se à minha viagem.

Minha viagem é certa.   Referiu-se *a* minha viagem.

> **Observação:**
>
> ✔ Seguindo-se a atual tendência, é preferível usar o artigo, e, portanto, a crase, diante dos possessivos que não se referem a nomes de parentesco.

Acentua-se, geralmente, o *a* ou *as* de locuções adverbiais, pre-positivas e conjuntivas formadas de substantivo feminino (expresso ou elíptico):

à noite, à farta, à vista, à primeira vista, à esquerda, à direita, à toa, à milanesa, às vezes, às pressas, às sete horas, à custa de, à força de, à espera de, à medida que, à proporção que, etc.

Note-se no entanto: comprar *a prestação*, escrever *a máquina*, escrever *a mão*, fechar *a chave*.

MORFOLOGIA

Em algumas de tais locuções, o emprego do acento é opcional; em outras, porém, depende do sentido do contexto. Exemplos:

a distância ou *à distância, a bala* ou *à bala, a fome* ou *à fome.*

Observação:

✔ Nessas locuções o acento nem sempre representa uma contração; usa-se antes como sinal esclarecedor do sentido da frase. Compare: *matar a fome* e *matar à fome, cheirar a gasolina* e *cheirar à gasolina, receber a bala* e *receber à bala.*

---

8 CRASE DA PREPOSIÇÃO *A* COM OS PRONOMES DEMONSTRATIVOS

A crase pode também resultar da contração da preposição *a* com os pronomes demonstrativos *aquele, aquela, aqueles, aquelas, aquilo, a, as:*

Não irás *àquela* festa. [*a aquela*]

Vou *àquele* cinema. [*a aquele*]

Não ligo *àquilo*. [*a aquilo*]

Refiro-me *à* que você namora. [*a a garota*]

Àquela ordem estranha, o soldado estremeceu.

A capitania de Minas Gerais estava unida *à* de São Paulo.

As alunas vinham correndo, e a professora entregava a bola *à* que chegasse primeiro.

Falarei *às* que quiserem me ouvir.

Esta anedota é semelhante *à* que meu professor contou.

CONJUNÇÃO

Examinemos estes exemplos:

a) Tristeza **e** alegria não moram juntas.

b) Os livros ensinam **e** divertem.

c) Saímos de casa **quando** amanhecia.

1 CONJUNÇÃO

No primeiro exemplo, a palavra **e** liga duas palavras: é uma **conjunção**.

No segundo e terceiro exemplos, as palavras **e** e **quando** estão ligando orações: são também conjunções.

> **Conjunção é uma palavra invariável que liga orações ou termos da oração.**

No exemplo **b**, a conjunção liga as orações sem fazer com que uma dependa da outra, sem que a segunda complete o sentido da primeira. Por isso, a conjunção **e** é *coordenativa*.

No exemplo **c**, a conjunção liga duas orações que se completam uma à outra e faz com que a segunda dependa da primeira. Por isso, a conjunção **quando** é *subordinativa*.

As conjunções, portanto, dividem-se em *coordenativas* e *subordinativas*.

MORFOLOGIA

2 CONJUNÇÕES COORDENATIVAS

As conjunções coordenativas podem ser:

1. aditivas

Dão ideia de adição, acrescentamento: *e, nem, mas também, mas ainda, senão também, como também, bem como.*

O agricultor colheu o trigo *e* o vendeu.

Não aprovo *nem* permitirei essas coisas.

Os livros não só instruem *mas também* divertem.

As abelhas não apenas produzem mel e cera *mas ainda* polinizam as flores.

2. adversativas

Exprimem oposição, contraste, ressalva, compensação: *mas, porém, todavia, contudo, entretanto, senão, ao passo que, antes* (= pelo contrário), *no entanto, não obstante, apesar disso, em todo caso.*

Querem ter dinheiro, *mas* não trabalham.

Ela não era bonita, *contudo*, cativava pela simpatia.

Não vemos a planta crescer, *no entanto* ela cresce.

A culpa não a atribuo a vós, *senão* a ele.

O professor não proíbe, *antes*, estimula as perguntas em aula.

O exército real parecia invencível, *não obstante*, foi derrotado.

Você já sabe bastante, *porém*, deve estudar mais.

Eu sou pobre, *ao passo que* ele é rico.

Hoje não atendo, *em todo caso*, entre.

3. alternativas

Exprimem alternativa, alternância: *ou, ou... ou, ora... ora, já... já, quer... quer*, etc.

Os sequestradores deviam render-se *ou* seriam mortos.

Ou você estuda *ou* arruma um emprego.

Ora triste, *ora* alegre, a vida segue o seu ritmo.

Quer reagisse, *quer* se calasse, sempre acabava apanhando.

4. conclusivas

Iniciam uma conclusão: *logo, portanto, por conseguinte, pois* (posposto ao verbo), *por isso*.

As folhas balançam, *logo* está ventando.

Você é o proprietário do carro, *portanto* é o responsável.

O mal é irremediável; deves, *pois*, conformar-te.

5. explicativas

Precedem uma explicação, um motivo: *que, porque, porquanto, pois* (anteposto ao verbo).

Não solte balões, *que* (ou *porque*, ou *pois*, ou *porquanto*) podem causar incêndios.

Choveu durante a noite, *porque* as ruas estão molhadas.

3 CONJUNÇÕES SUBORDINATIVAS

As conjunções subordinativas ligam duas orações, subordinando uma à outra. Com exceção das integrantes, essas conjunções iniciam orações adverbiais, isto é, orações que traduzem circunstâncias (causa, comparação, concessão, condição ou hipótese,

MORFOLOGIA

conformidade, consequência, finalidade, proporção, tempo). As orações adverbiais serão estudadas adiante.

As conjunções subordinativas se classificam em:

1. causais

porque, que, pois, como, porquanto, visto que, visto como, já que, uma vez que, desde que

O tambor soa *porque* é oco. [*porque* é oco: *causa*; o tambor soa: *efeito*]

Como estivesse de luto, não nos recebeu.

Visto que é impossível, não insistirei.

2. comparativas

como, (tal) qual, tal e qual, assim como, (tal) como, (tão ou tanto) como, (mais) que ou do que, (menos) que ou do que, (tanto) quanto, que nem, feito (= como, do mesmo modo que), *o mesmo que* (= como).

Ele era arrastado pela vida *como* uma folha pelo vento.

O exército avançava pela planície *qual* uma serpente imensa.

Os pedestres se cruzavam pelas ruas *que nem* formigas apressadas.

Você não trabalhou tanto *quanto* nós.

A luz é mais veloz *do que* o som.

3. concessivas

embora, conquanto, que, ainda que, mesmo que, posto que, por mais que, por menos que, se bem que, nem que, dado que, etc.

Célia vestia-se bem, *embora* fosse pobre.

A vida tem um sentido, *por mais* absurda *que* possa parecer.

Beba, *nem que* seja um pouco.

Dez minutos *que* fossem, para mim, seria muito tempo.

A verdade há de surgir, *ainda que* demore.

4. condicionais

se, caso, contanto que, desde que, salvo se, sem que (= se não), *a não ser que, a menos que*, etc

Ficaremos sentidos, *se* você não vier.

Comprarei o quadro, *desde que* não seja caro.

Não sairás daqui *sem que* antes me confesses tudo.

5. conformativas

como, conforme, segundo, consoante

As coisas não são *como* (ou *conforme*) dizem.

"Digo essas coisas por alto, *segundo* as ouvi narrar."
(MACHADO DE ASSIS)

6. consecutivas

que (precedido dos termos intensivos *tal, tão, tanto, tamanho*, às vezes subentendidos), *de sorte que, de modo que, de forma que, de maneira que, sem que, que* (não)

Minha mão tremia tanto *que* mal podia escrever.

Falou com uma calma *que* todos ficaram atônitos.

Ontem estive doente, *de sorte que* (ou *de modo que*) não saí.

Não podem ver um cachorro na rua *sem que* o persigam.

Onde estavas, *que* não te vi?

7. finais

para que, a fim de que

Afastou-se depressa *para que* não o víssemos.

Falei-lhe com bons termos, *a fim de que* não se ofendesse.

8. proporcionais

à proporção que, à medida que, ao passo que, quanto mais... (tanto mais), quanto mais... (tanto menos), quanto menos... (tanto mais), quanto mais... (mais), (tanto)... quanto

À medida que se vive, mais se aprende.

À proporção que subíamos, o ar ia ficando mais leve.

Quanto mais as cidades crescem, mais problemas vão tendo.

Os soldados respondiam, *à medida que* eram chamados.

9. temporais

quando, enquanto, logo que, mal (= logo que), *sempre que, assim que, desde que, antes que, depois que, até agora, agora que,* etc.

Venha *quando* você quiser.

Não fale *enquanto* come.

Ela me reconheceu, *mal* lhe dirigia a palavra.

Desde que o mundo existe, sempre houve guerras.

Agora que o tempo esquentou, podemos ir à praia.

10. integrantes

que, se

Sabemos *que* a vida é breve.

Veja *se* falta alguma coisa.

MORFOLOGIA 227

Observação:

✔ Em frases como "Sairás *sem que* te vejam", "Morreu *sem que* ninguém o chorasse", consideramos *sem que* conjunção subordinativa *modal*. A NGB, porém, não consigna esta espécie de conjunção.

4 LOCUÇÕES CONJUNTIVAS

no entanto, visto que, desde que, se bem que, por mais que, ainda quando, à medida que, logo que, a fim de que, etc.

5 A CONJUNÇÃO *QUE*

Muitas conjunções não têm classificação única, imutável, devendo, portanto, ser classificadas de acordo com o sentido que apresentam no contexto. Assim, a conjunção *que* pode ser, principalmente:

■ **explicativa**

Apressemo-nos, *que* chove.

■ **integrante**

Diga-lhe *que* não irei.

■ **consecutiva**

Tanto se esforçou *que* conseguiu vencer.

■ **comparativa**

A luz é mais veloz *que* o som.

MORFOLOGIA

- **concessiva**

Alguns minutos *que* fossem, ainda assim seria muito tempo.

Beba, um pouco *que* seja.

INTERJEIÇÃO

Interjeição é uma palavra ou locução que exprime um estado emotivo, um sentimento súbito. Exemplos:

"**Caramba**! Isto é que se chama talento." (Josué Montelo)

"**Puxa vida!** Outra vez! – exclamou Gumercindo, brecando o carro." (Edy Lima)

1 INTERJEIÇÃO

Vozes ou exclamações vivas, as interjeições são um recurso da linguagem afetiva ou emocional. Podem exprimir os mais variados sentimentos.

aclamação: *viva!*

dor, arrependimento: *ai! ui! ah! oh! meu Deus!*

advertência: *cuidado! devagar! atenção! calma!*

dúvida, suspeita: *hum! epa!*

admiração, surpresa, espanto: *ah! oh! ih! puxa! céus! caramba! quê! ué! hem?! credo! nossa! opa! xi!*

impaciência, aborrecimento, desagrado: *irra! apre! arre! vote! ora bolas! puxa vida! hum!*

animação: *eia! coragem! avante! upa! força! vamos!*

aplauso, felicitação: *bravo! apoiado! ótimo! bis! parabéns! muito bem!*

desacordo, incredulidade: *qual! qual o quê! pois sim! que esperança!*

alegria: *ah! oh! eh! viva! aleluia! oba!*

desapontamento: *ué!*

alívio: *uf! ufa! arre! ah!*

apelo, pedido, chamamento: *ó, alô, socorro! psiu! eh! ei! olá!*

afugentamento: *sai! fora! passa! rua! chit! arreda! xô!*

desejo: *oh! oxalá! tomara! quem me dera! queira Deus!*

indignação, repulsa: *fora! morra! abaixo! não!*

assentimento, concordância: *claro! pudera! sim! pois não!*

reprovação: *não apoiado! fiau! ora essa! ora!*

silêncio: *psiu! silêncio! bico calado!*

saudação: *ave! salve! olá! bom dia! oi!*

despedida: *adeus! até logo! tchau!*

medo, terror, horror: *ui! uh! cruzes!*

desculpa: *perdão!*

pena, lástima: *oh! coitado! que pena! pobre dele!*

agradecimento: *obrigado! muito obrigado! graças a Deus!*

Observação:

✔ A mesma interjeição pode registrar mais de um sentimento, segundo o tom de voz com que a proferimos.

Além dessas, existem ainda as interjeições imitativas, que exprimem ruídos e vozes: *pum! miau! plaf! trac! pof! zás! zás-trás! tique-taque! etc.*

Psssiu! – chamou alguém atrás de mim.

"Chap, chap, chap. Era o vascolejar da água nas garrafas."
(GRACILIANO RAMOS)

2 LOCUÇÃO INTERJETIVA

É uma expressão que vale por uma interjeição.

Meus Deus! Muito bem! Alto lá! Ai de mim! Ó de casa!

As interjeições são como que frases resumidas, sintéticas.

ué! = Eu não esperava por essa!

perdão! = Peço-lhe que me desculpe.

São proferidas com entoação especial, que se representa, graficamente, com o ponto de exclamação. Este pode aparecer depois da interjeição ou no fim da frase, ou mesmo ser repetido:

"Oh! é um anjo aquela menina" (MACHADO DE ASSIS)

Ah, homens sem coração!

Arre! você é teimosa!

Não se deve confundir a interjeição de apelo *ó* com a sua homônima *oh!*, que exprime admiração, alegria, tristeza, etc. Faz-se pausa depois do *oh!* exclamativo e não a fazemos depois do *ó* vocativo. Exemplos:

"Ó natureza! ó mãe piedosa e pura!" (OLAVO BILAC)

"Oh! a jornada negra!" (OLAVO BILAC)

MORFOLOGIA

Observação:

✔ Dentre as interjeições, cumpre distinguir as que são exclusivamente interjeições (*oh! arre! olá!* etc.) e as palavras de outras classes gramaticais usadas acidentalmente como interjeições (*viva! cuidado! adiante!* etc.).

FORMAS VARIANTES

Veja estes exemplos:

A mãe de Alfredo não gostava que ele *assobiasse*.

"Ataliba *assovia* enquanto corta a lenha." (JORGE AMADO)

Assoviar é variante de assobiar.

Existe na língua hodierna bom número de palavras que, ao lado da forma considerada normal, apresentam uma ou mais variantes.

São exemplos de formas variantes:

assobiar, assoviar	cacaréus, cacarecos
assobio, assovio	baralhar, embaralhar
louro, loiro	perspectiva, perspetiva
espargir, esparzir	remoinhar, redemoinhar
marimbondo, maribondo	remoinho, redemoinho
bêbedo, bêbado	líquido (líkido) líquido (kui)
malvadez, malvadeza	catorze, quatorze
lacrimejar, lagrimejar	ridiculizar, ridicularizar

ANÁLISE MORFOLÓGICA

Consiste a análise morfológica em dar a classe das palavras, sua classificação, fazer o levantamento dos diversos acidentes gramaticais (gênero, número, grau, pessoa, etc.) e identificar-lhes o processo de formação e os elementos mórficos que as constituem. Exemplos:

- **cafeteira**

  Substantivo comum, concreto, feminino, singular; derivado, formado por sufixação.

  Radical: *café*; sufixo (nominal): *eira*; desinência (nominal): *a*; consoante de ligação: *t*.

- **detivemos**

  1ª pessoa do plural do pretérito perfeito simples do indicativo do verbo irregular da 2ª conjugação *deter*, voz ativa; formado por prefixação (*de* + *ter*).

  Radical: *tiv*; prefixo: *de*; vogal temática: *e*; desinência número--pessoal: *mos*.

SEMÂNTICA

trata da significação das palavras

SIGNIFICAÇÃO DAS PALAVRAS

1 SINÔNIMOS

São palavras de sentido igual ou aproximado. Exemplos:

brado, grito, clamor

extinguir, apagar, abolir, suprimir

justo, certo, exato, reto, íntegro, imparcial

Geralmente, não é indiferente usar-se um sinônimo pelo outro.

2 ANTÔNIMOS

São palavras de significação oposta. Exemplos:

ordem e *anarquia*   *louvar* e *censurar*

soberba e *humildade*   *mal* e *bem*

A antonímia pode originar-se de um prefixo de sentido oposto ou negativo. Exemplos:

bendizer, maldizer   *ativo, inativo*

simpático, antipático   *esperar, desesperar*

concórdia, discórdia   *simétrico, assimétrico*

SEMÂNTICA

3 HOMÔNIMOS

São palavras que têm a mesma pronúncia, e às vezes a mesma grafia, mas sentido diferente. Exemplos:

são (sadio), *são* (verbo *ser*) e *são* (santo)

aço (substantivo) e *asso* (verbo)

Só o contexto é que determina a significação dos homônimos.

O que mais nos impressiona nos homônimos é o seu aspecto gráfico e fonético. Daqui serem divididos em:

▪ homógrafos heterofônicos

Iguais na escrita e diferentes no timbre ou na intensidade das vogais.

rego (substantivo) e *rego* (verbo)

colher (verbo) e *colher* (substantivo)

jogo (substantivo) e *jogo* (verbo)

para (verbo parar) e *para* (preposição)

▪ homófonos heterográficos

Iguais na pronúncia e diferentes na escrita.

acender (atear, pôr fogo) e *ascender* (subir)

cegar (tornar cego) e *segar* (cortar, ceifar)

cela (pequeno quarto) e *sela* (arreio), *sela* (verbo selar)

censo (recenseamento) e *senso* (juízo)

cerrar (fechar) e *serrar* (cortar)

paço (palácio) e *passo* (andar)

caça (ato de caçar) e _cassa_ (verbo cassar = _anular_)

cessão (ato de ceder), _seção_ (divisão, repartição) e _sessão_ (tempo de uma reunião ou espetáculo)

- **homófonos homográficos**

  Iguais na escrita e na pronúncia.

  caminha (substantivo), _caminha_ (verbo)

  cedo (verbo), _cedo_ (advérbio)

  somem (verbo somar), _somem_ (verbo sumir)

  livre (adjetivo), _livre_ (verbo livrar)

  pomos (substantivo), _pomos_ (verbo pôr)

4 PARÔNIMOS

São palavras parecidas na escrita e na pronúncia:

coro e _couro_	_osso_ e _ouço_
cesta e _sesta_	_sede_ e _cede_
eminente e _iminente_	_comprimento_ e _cumprimento_
tetânico e _titânico_	_ratificar_ (confirmar) e _retificar_
prescrever e _proscrever_	(tornar reto, corrigir)
descrição e _discrição_	_infligir_ (aplicar) e _infringir_
	(transgredir)

SEMÂNTICA

5 POLISSEMIA

Uma palavra pode ter mais de uma significação. A esse fato linguístico dá-se o nome de *polissemia*. Exemplos:

pena: pluma – peça de metal para escrever – punição – dó.

velar: cobrir com véu – ocultar – vigiar – cuidar – relativo ao véu do paladar.

6 SENTIDO PRÓPRIO E SENTIDO FIGURADO

As palavras podem ser empregadas no sentido próprio ou no sentido figurado:

Construí um muro de **pedra**.   (sentido próprio)

Ênio tem um coração de **pedra**.   (sentido figurado)

A chama é **luminosa**.   (sentido próprio)

Tive uma ideia **luminosa**.   (sentido figurado)

7 DENOTAÇÃO E CONOTAÇÃO

Observe a palavra em destaque destes exemplos:

Comprei uma correntinha de **ouro**.

Fulano nadava em **ouro**.

No primeiro exemplo, a palavra *ouro* denota ou designa simplesmente o conhecido metal precioso, dúctil, brilhante, de cor amarela: tem sentido próprio, real, *denotativo*. No segundo, *ouro* sugere ou evoca riquezas, opulência, poder, glória, luxo, ostentação, conforto, prazeres: tem sentido *conotativo*, possui várias co-

notações (ideias associadas, sentimentos, evocações que irradiam da palavra).

Como se vê, certas palavras têm grande poder evocativo, uma extraordinária carga semântica; são capazes de sugerir muito mais do que o objeto designado.

SINTAXE

estuda as palavras associadas na frase

ANÁLISE SINTÁTICA

1 NOÇÕES PRELIMINARES

A análise sintática examina a estrutura do período, divide e classifica as orações que o constituem e reconhece a função sintática dos termos de cada oração.

Preliminarmente, daremos uma ideia do que seja *frase, oração, período, termo, função sintática* e *núcleo de um termo da oração*.

As palavras, tanto na expressão escrita como na oral, são reunidas e ordenadas em frases. Por meio da frase é que se alcança o objetivo da atividade linguística: a comunicação com o ouvinte ou o leitor.

2 FRASE

Frase é todo enunciado capaz de transmitir, a quem nos ouve ou lê, o que pensamos, queremos ou sentimos. Pode revestir as mais variadas formas, desde a simples palavra até o período mais complexo.

São exemplos de frases:

Socorro!

Que horror!

Cada um por si e Deus por todos.

"Tudo seco em redor." (Graciliano Ramos)

Hugo chegou à boca da caverna, mas não entrou, porque viu aranhas venenosas e, além disso, não tinha trazido a lanterna.

Observações:

✔ As frases são proferidas com entoação e pausas especiais, indicadas na escrita pelos sinais de pontuação.

✔ Chamam-se *frase nominais* as que se apresentam sem o verbo: *Tudo parado e morto*.

Quanto ao sentido, as frases podem ser:

▪ declarativas

Encerram a declaração ou enunciação de um juízo acerca de alguém ou de alguma coisa.

A retificação da velha estrada é uma obra inadiável.

Neli não quis montar o cavalo velho, de pelo ruço.

▪ interrogativas

Encerram uma interrogação.

Por que você está triste?

Você não tem medo?

▪ imperativas

Contêm uma ordem, proibição, exortação ou pedido.

"Cale-se! Respeite este templo." (Érico Veríssimo)

"Vamos, meu filho, ande depressa!" (Herberto Sales)

Não corte essas árvores!

▪ exclamativas

Traduzem admiração, surpresa, arrependimento, etc.

Como me enganei!

Não voltaram mais!

▪ optativas

Exprimem um desejo.

Bons ventos o levem!

Oxalá não venham hoje!

▪ imprecativas

Encerram imprecação, maldição, praga.

"Maldição sobre teus descendentes, profeta do mal!"
(Ione Rodrigues)

"Não encontres amor nas mulheres!" (Gonçalves Dias)

Como se vê dos exemplos acima, os diversos tipos de frase podem encerrar uma afirmação ou uma negação. No primeiro caso, a frase é *afirmativa*, no segundo, *negativa*.

O que caracteriza e distingue esses diferentes tipos de frase é a entoação, ora ascendente ora descendente. A mesma frase pode assumir sentidos diferentes, conforme o tom com que a proferimos:

Olavo esteve aqui.

Olavo esteve aqui?

Olavo esteve aqui?!

Olavo esteve aqui!

3 ORAÇÃO

Oração é a frase de estrutura sintática que apresenta, normalmente, sujeito e predicado, ou, excepcionalmente, só o predicado. Exemplos:

O pedreiro construiu um muro sólido.
sujeito — *predicado*

Choveu muito ontem.
predicado

Em toda oração há um verbo ou locução verbal.

Na oração, as palavras estão relacionadas entre si, como partes de um conjunto harmônico: elas são os *termos* ou as *unidades sintáticas* da oração. Cada termo da oração desempenha uma *função sintática*.

4 NÚCLEO DE UM TERMO

É sua palavra principal (substantivo, pronome, verbo). Nos exemplos seguintes as palavras *objeto* e *revestiu* são o núcleo do sujeito e do predicado, respectivamente:

Um *estranho* **objeto** apareceu no céu.

A avezinha **revestiu** *o interior do ninho com macias plumas.*

Segundo sua importância, os termos da oração se dizem *essenciais*, *integrantes* e *acessórios*, como logo adiante se verá.

SINTAXE

5 PERÍODO

Período é a frase constituída de uma ou mais orações.

O período é simples quando formado de uma só oração:
A cobra *picou* o trabalhador.

No período simples há um só verbo (ou locução verbal).

O período é composto quando formado de mais de uma oração:
O meu sabiá não *comia* nem *cantava*.

No período composto há mais de um verbo (ou locução verbal).

Observações:

✔ A oração do período simples chama-se *absoluta*.

✔ Na língua escrita abre-se o período com letra maiúscula e fecha-se com ponto final, ponto de exclamação ou interrogação e, em certos casos, com dois-pontos ou reticências.

TERMOS ESSENCIAIS DA ORAÇÃO

São dois os termos essenciais (ou fundamentais) da oração: *sujeito* e *predicado*. Exemplos:

sujeito	**predicado**
Pobreza	não é vileza.
Os falcões	capturavam as presas.
Um vento áspero	sacudia as árvores.

Sujeito é o ser de quem se diz alguma coisa.

Predicado é aquilo que se afirma do sujeito, ou melhor, é o termo que contém a declaração, referida, em geral, ao sujeito.

1 SUJEITO

O sujeito é constituído por um substantivo ou pronome, ou por uma palavra ou expressão substantivadas:

Helena tem uma educação fina.

Ela tem uma educação fina.

Morrer pela pátria é glorioso.

O *núcleo* do sujeito é, geralmente, um substantivo ou pronome. Em torno do núcleo podem aparecer palavras secundárias (artigos, adjetivos, numerais, etc.):

Dois *cavalos* brancos pastavam na campina.

SINTAXE

O sujeito pode ser:

- simples – quando tem um só núcleo:

  As *rosas* têm espinhos.

- composto – quando tem mais de um núcleo:

  "O burro e o cavalo nadavam ao lado da canoa."

  (HERBERTO SALES)

- expresso – quando está explícito, enunciado:

  Eu viajarei amanhã.

- oculto (ou elíptico) – quando está implícito, isto é, quando não está expresso mas se deduz do contexto:

  Viajarei amanhã. (sujeito oculto: *eu*)

  Marcos puxou a cadeira e sentou-se.

(O sujeito, *Marcos*, está expresso na primeira oração e elíptico na segunda: e [ele] sentou-se.)

- agente – se faz a ação expressa pelo verbo da voz ativa:

  O *Nilo* fertiliza o Egito.

- paciente – quando sofre ou recebe os efeitos da ação expressa pelo verbo passivo:

  O *criminoso* é atormentado pelo remorso.

- agente e paciente – quando o sujeito faz a ação expressa por um verbo reflexivo e ele mesmo sofre ou recebe os efeitos dessa ação:

  O *operário* feriu-se durante o trabalho.

  Regina trancou-se no quarto.

- indeterminado – quando não se indica o agente da ação verbal:

  Atropelaram uma senhora na esquina.

  Come-se bem naquele restaurante.

SINTAXE 249

Em português, indica-se a indeterminação do sujeito de três modos:

a) usando-se o verbo na 3ª pessoa do plural, sem referência a qualquer agente já expresso.

Na rua *olhavam*-no com admiração.

"*Bateram* palmas no portãozinho da frente." (JOSUÉ GUIMARÃES)

b) com um verbo ativo na 3ª pessoa do singular, acompanhado do pronome *se*:

Aqui *vive-se* bem. Devagar *se* vai ao longe.

Trata-se de fenômenos que nem a ciência sabe explicar.

Observação:

✔ O pronome *se*, neste caso, é índice de indeterminação do sujeito.

c) deixando-se o verbo no infinitivo impessoal:

Era penoso *carregar* aqueles fardos enormes.

É triste *assistir* a estas cenas repulsivas.

■ posição do sujeito na oração

Na oração, o sujeito pode aparecer:

a) antes do predicado (ordem direta):

A *água* purifica os corpos.

b) depois do predicado (ordem inversa):

Foi longa *a nossa viagem*.

Da mata próxima saíram *dois caçadores*.

SINTAXE

▪ orações sem sujeito

Observe-se a estrutura destas orações:

sujeito	predicado
–	Havia ratos no porão.
–	Choveu durante o jogo.

Constata-se que essas orações não têm sujeito. Constituem a enunciação de um fato, através do predicado: o conteúdo verbal não é atribuído a nenhum ser. São construídas com os verbos impessoais, na 3ª pessoa do singular.

São verbos impessoais:

• *haver* (nos sentidos de *existir, acontecer, realizar-se, decorrer*):

Há plantas venenosas.

Havia quadros nas paredes.

Houve algo de anormal?

Onde *houvesse* festas e danças, ali se achava ele.

• *fazer, passar, ser* e *estar* (como referência ao tempo):

Faz dois anos que me formei.

Fazia um frio intenso.

Olhei o relógio: *passava* das cinco horas.

Era no mês de maio.

Abria a janela, se *estava* calor.

Observação:

✔ O verbo *ser*, impessoal, concorda, excepcionalmente, na 3ª pessoa do plural com o predicativo plural:

Eram 25 de março de 1960. *São* duas horas da tarde.

SINTAXE

- *chover*, *ventar*, *nevar*, *gear*, *relampejar*, *anoitecer* e outros que exprimem fenômenos meteorológicos:

Chovia torrencialmente.

Ventou muito durante a noite.

Anoiteceu rapidamente.

Nevou no Sul do país.

2 PREDICADO

Há três tipos de predicado: *nominal*, *verbal* e *verbo-nominal*.

A) predicado nominal

Seu núcleo significativo é um nome (substantivo, adjetivo, pronome), ligado ao sujeito por um verbo de ligação. Exemplo:

As moças — eram — **encantadoras**.
sujeito — verbo de ligação — predicativo do sujeito
predicado nominal

Outros exemplos de predicado nominal:

A Terra *é um planeta*.

A ilha *está deserta*.

Minha mãe *ficou feliz*.

Os atletas *pareciam cansados*.

O núcleo do predicado nominal chama-se **predicativo do sujeito**, porque atribui ao sujeito uma qualidade ou característica.

Os verbos de ligação (ser, estar, parecer, etc.) funcionam como um elo entre o sujeito e o predicativo.

Mais adiante, estudaremos o predicativo e os verbos de ligação com mais profundidade.

B) predicado verbal

Seu núcleo é um verbo, seguido, ou não, de complemento(s) ou termos acessórios. Pode ter uma das seguintes estruturas básicas:

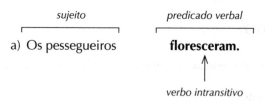

Verbo intransitivo é o que tem sentido completo, não precisa de complemento para formar o predicado.

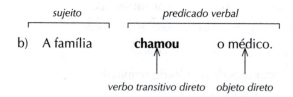

Verbo transitivo direto é o que não tem significação completa, precisa de um complemento para inteirar a informação. Esse complemento denomina-se **objeto direto**.

Verbo transitivo indireto é o que pede um complemento regido de preposição. Esse complemento denomina-se **objeto indireto**.

Verbo transitivo direto e indireto é o que se constrói com dois complementos (objeto direto + objeto indireto).

C) predicado verbo-nominal

Tem dois núcleos significativos: um verbo e um nome. Pode ser organizado:

a) com verbo intransitivo + predicativo do sujeito:

O soldado **voltou ferido**.

[O soldado *voltou* e estava *ferido*.]

b) com verbo transitivo direto + predicativo do sujeito:

O réu **deixou** a sala **abatido**.

[O réu *deixou* a sala e estava *abatido*.]

c) com verbo transitivo indireto + predicativo do sujeito:

Eu **assisti** à cena **revoltado**.

[Eu *assisti* à cena e estava *revoltado*.]

d) com verbo transitivo direto + predicativo do objeto:

Eu **acho** Denise **bonita**.

O termo *bonita* refere-se ao objeto direto (Denise): é *predicativo do objeto*.

Todos esses tipos de predicado podem ter suas estruturas ampliadas por termos acessórios. Exemplos:

Minha mãe ficou muito feliz com a notícia.
Os pessegueiros floresceram no mês passado.
A família chamou o médico imediatamente.
O pintor ofereceu um belo quadro a um amigo de Campinas.
O soldado voltou da guerra gravemente ferido.
Eu acho Denise, comissária de bordo, muito bonita.

Como vemos dos exemplos, o verbo é indispensável para a formação do predicado, sendo, quase sempre, o elemento essencial da declaração.

Entretanto, é muito comum a elipse (ou omissão) do verbo, quando este puder ser subentendido, por estar expresso na oração anterior:

A mesa era farta e as iguarias, finas.

[Está oculto o verbo *eram* depois do sujeito *iguarias*.]

"Mas o sal está no Norte, o peixe, no Sul."

(Paulo Moreira da Silva)

[Subentende-se o verbo *está* depois de *peixe*.]

"A cidade parecia mais alegre; o povo, mais contente."

(Povina Cavalcânti)

[Isto é: o povo *parecia* mais contente.]

3 PREDICAÇÃO VERBAL

Chama-se predicação verbal o modo pelo qual o verbo forma o predicado.

Há verbos que, por natureza, têm sentido completo, podendo, por si mesmos, constituir o predicado: são os verbos de *predicação completa*. Exemplos:

As flores *murcharam*. Os animais *correm*. As folhas *caem*.

Outros verbos há, pelo contrário, que para formar o predicado necessitam de outros termos: são os verbos de *predicação incompleta*. Exemplos:

João *puxou* a rede.

Assisti ao desfile.

Observe que, sem os seus complementos, os verbos *puxou* e *assisti* não transmitiriam informação completa: puxou o quê? assisti a quê?

Os verbos de predicação completa denominam-se *intransitivos* e os de predicação incompleta, *transitivos*.

Os verbos transitivos subdividem-se em:

- transitivos diretos
- transitivos indiretos
- transitivos diretos e indiretos (bitransitivos)

Além dos verbos transitivos e intransitivos, que têm conteúdo significativo, existem os *de ligação*, verbos que entram na formação do predicado nominal, relacionando o predicativo com seu sujeito, como adiante se verá.

SINTAXE

4 CLASSIFICAÇÃO DOS VERBOS QUANTO À PREDICAÇÃO

Quanto à predicação, classificam-se, pois, os verbos em:

a) intransitivos

São os que não precisam de complemento, pois têm sentido completo. Exemplos:

O barco *afundou*.
As laranjeiras *floresceram*.
Os peixes *nadam*.

Observações:

✔ Os verbos intransitivos podem vir acompanhados de um adjunto adverbial e mesmo de um predicativo: Fui *cedo*. Passeamos *pela cidade*. Cheguei *atrasado*. Entrei *em casa aborrecido*.

✔ As orações formadas com verbos intransitivos não podem "transitar" (= passar) para a voz passiva.

✔ Alguns verbos essencialmente intransitivos: *anoitecer, crescer, brilhar, ir, agir, sair, nascer, latir, rir, tremer, brincar, chegar, vir, mentir, suar, adoecer*, etc.

b) transitivos diretos

São os que pedem um objeto direto, isto é, um complemento sem preposição. Exemplos:

Amanhã *visitaremos* a exposição.
Comprei um terreno e *construí* a casa.

SINTAXE 257

Dentre os verbos transitivos diretos merecem destaque os que formam o predicado verbo-nominal e se constroem com um complemento acompanhado de predicativo, como vimos no capítulo anterior. Exemplos:

Consideramos o caso extraordinário.

Inês *trazia* as mãos sempre limpas.

Julgo Sabrina incapaz disso.

Pertencem a esse grupo:

julgar, chamar, nomear, eleger, proclamar, considerar, declarar, adotar, fazer, tornar, encontrar, deixar, achar, etc.

Observações:

✔ Os verbos transitivos diretos, em geral, podem ser usados também na voz passiva. (Veja *vozes do verbo* mais adiante.)

✔ Outra característica desses verbos é a de poderem receber, como objeto direto, os pronomes *o, a, os, as: convido-o, encontro-os, incomodo-a, conheço-as.*

✔ Verbos transitivos diretos podem ser construídos, acidentalmente, com preposição: *arrancar da* espada*; puxar da* faca*; pegar de* uma ferramenta*; tomar do* lápis*; cumprir com* o dever.

✔ Alguns verbos transitivos diretos: *abençoar, achar, avisar, abraçar, comprar, castigar, convidar, estimar, elogiar, encontrar, ferir, imitar, levar, perseguir, prejudicar, receber, saudar, socorrer, ter, unir,* etc.

SINTAXE

c) transitivos indiretos

São os que requerem um complemento regido de preposição, chamado *objeto indireto*. Exemplos:

Assisti a uma cena comovente.
Os jovens *gostam* de aventuras.
Cristo *perdoou* a seus algozes.
Os animais *obedecem* a seus instintos.
"*Ansiava* pelo novo dia que vinha nascendo." (FERNANDO SABINO)
"O luxo *contribuiu* para a sua ruína." (AULETE)
"O ator não teria dinheiro para lhe *pagar*." (FERNANDO NAMORA)

Entre os verbos transitivos indiretos importa distinguir:

a) Os que se constroem com os pronomes objetivos *lhe, lhes*. Em geral são verbos que exigem a preposição *a: agrada-lhe, agradeço-lhe, desobedecem-lhe, interessa-lhe, obedece-lhe, paga-lhe, resiste-lhe*, etc.

b) Os que não aceitam para objeto indireto as formas oblíquas *lhe, lhes*, construindo-se com os pronomes retos precedidos de preposição: *aludir a ele, assistir a ela, depender dele, investir contra ele, recorrer a ele*, etc.

Principais verbos transitivos indiretos:

abusar (de)	conspirar (contra)	obedecer (a)
aludir (a)	crer (em)	pagar (a)
assistir (a)	confiar (em)	perdoar (a)
anuir (a)	contribuir (para)	presidir (a)
aspirar (a)	gostar (de)	precisar (de)
ansiar (por)	interessar (a)	recorrer (a)
agradar (a)	lutar (contra)	resistir (a)
cuidar (de)	lembrar-se (de)	zombar (de)

Observações:

✔ Em princípio, verbos transitivos indiretos não comportam a forma passiva. Exceptuam-se *pagar*, *perdoar*, *obedecer*, e poucos mais, usados também como transitivos diretos: *João paga (perdoa, obedece) o médico.* → *O médico é pago (perdoado, obedecido) por João.*

✔ Há verbos transitivos indiretos, como *atirar*, *investir*, *contentar-se*, etc., que admitem mais de uma preposição, sem mudança de sentido. Outros mudam de sentido com a troca da preposição: "*Trate de* sua vida." "É desagradável *tratar com* gente grosseira."

✔ Verbos como *aspirar*, *assistir*, *dispor*, *servir*, etc. variam de significação conforme forem usados como transitivos diretos ou indiretos.

d) transitivos diretos e indiretos

São os que se usam com dois objetos: um direto, outro indireto, ao mesmo tempo. Exemplos:

No inverno, Dona Clara *dava* roupas aos pobres.

A empresa *fornece* comida aos trabalhadores.

Oferecemos flores à noiva.

Ceda o lugar aos mais velhos.

Perdoa-lhe tudo. [= *Perdoa* tudo a ele.]

"*Ensinamos* técnicas agrícolas aos camponeses."

(ÉRICO VERÍSSIMO)

"*Expliquei* isso a ele, disse adeus e fui andando." (JOSÉ J. VEIGA)

"O século XX *familiarizou* o homem com a máquina." (AURÉLIO)

Principais verbos transitivos diretos e indiretos (bitransitivos):

atribuir, dar, doar, ceder, apresentar, oferecer, pedir, prometer, explicar, ensinar, proporcionar, perdoar, pagar, devolver, entregar, informar, etc.

e) de ligação

São os que ligam ao sujeito uma palavra ou expressão chamada *predicativo*. Esses verbos, como já vimos, entram na formação do predicado nominal. Exemplos:

A Terra *é* móvel.

A água *está* fria.

O moço *anda* (= está) triste.

Mário *encontra-se* doente.

A Lua *parece* um disco.

João *ficou* zangado.

As crianças *tornaram-se* rebeldes.

A crisálida *vira* (= torna-se) borboleta.

Pedro *fez-se* (= ficou) lívido.

O dia *continuava* chuvoso.

Ele *permaneceu* sentado.

Minha proposta *saiu* vitoriosa.

Observação:

✔ Os verbos de ligação não servem apenas de nexo, mas exprimem ainda os diversos aspectos sob os quais se considera a qualidade atribuída ao sujeito. O verbo *ser*, por exemplo, traduz aspecto permanente e o verbo *estar*, aspecto transitório:

Ele *é* doente. → aspecto permanente

Ele *está* doente. → aspecto transitório

Os verbos, relativamente à predicação, não têm classificação fixa, imutável. Conforme a regência e o sentido que apresentam na frase, podem pertencer ora a um grupo, ora a outro. Assim:

O homem *anda*. (*intransitivo*)

O homem *anda* triste. (*de ligação*)

O cego não *vê*. (*intransitivo*)

O cego não *vê* o obstáculo. (*transitivo direto*)

Deram 12 horas. (*intransitivo*)

A terra *dá* bons frutos. (*transitivo direto*)

Não *dei* com a chave do enigma. (*transitivo indireto*)

Os pais *dão* conselhos aos filhos. (*transitivo direto e indireto*)

5 PREDICATIVO

Há o predicativo do sujeito e o predicativo do objeto.

a) predicativo do sujeito

É o termo que exprime um atributo, um estado ou modo de ser do sujeito, ao qual se prende por um verbo de ligação, no predicado nominal. Exemplos:

sujeito	verbo de ligação	predicativo do sujeito
A mesa	era	de mármore.
O mar	estava	agitado.
A ilha	parecia	um paraíso.
Todos	andam	apreensivos.
A árvore	ficou	sem folhas.
As águas	podiam estar	poluídas.
O portão	permanecerá	fechado.

Além desse tipo de predicativo, existe outro que entra na constituição do predicado verbo-nominal. Exemplos:

O trem chegou *atrasado*. [= O trem chegou e *estava atrasado*.]

O menino abriu a porta *ansioso*.

Todos partiram *alegres*.

Marta entrou *séria*.

O prisioneiro foi encontrado *morto*.

O soldado foi julgado *incapaz*.

Ele será eleito *presidente*.

O cosmonauta foi aclamado como *herói*.

Ele era tido por *sábio*.

Observações:

✔ O predicativo subjetivo às vezes está preposicionado.

✔ Pode o predicativo preceder o sujeito e até mesmo o verbo:

São *horríveis* essas coisas! Que *linda* estava Amélia! Completamente *feliz* ninguém é. *Raros* são os verdadeiros líderes. *Lentos* e *tristes*, os retirantes iam passando.

b) predicativo do objeto

É o termo que se refere ao objeto de um verbo transitivo. Exemplos:

sujeito	verbo e objeto	predicativo do objeto
O juiz	declarou o réu	inocente.
O povo	elegeu-o	deputado.

sujeito	verbo e objeto	predicativo do objeto
As paixões	tornam os homens	cegos.
Nós	julgamos o fato	milagroso.
Os romeiros	tinham os pés	inchados.
Ela	adotou-o	por filho.
Muitos	consideram-no	um sábio.
Alguns	chamam-no	(de) impostor.
Os inimigos	chamam-lhe	(de) traidor.
As batalhas	sagraram-no	herói.
A doença	deixou-me	sem apetite.
A mãe	viu-o	desanimado.
Silvinho	acha-se	um gênio.

Observações:

✔ O predicativo objetivo, como vemos dos exemplos anteriores, às vezes vem regido de preposição. Esta, em certos casos, é facultativa.

✔ O predicativo objetivo geralmente se refere ao objeto direto. Excepcionalmente, pode referir-se ao objeto indireto do verbo *chamar*.

✔ Podemos antepor o predicativo a seu objeto:

O advogado considerava *indiscutíveis* os direitos da herdeira.

Julgo *inoportuna* essa viagem.

"E até *embriagado* o vi muitas vezes." (CAMILO CASTELO BRANCO)

"Tinha *estendida* a seus pés uma planta rústica da cidade."

(ÉRICO VERÍSSIMO)

TERMOS INTEGRANTES DA ORAÇÃO

Chamam-se termos integrantes da oração os que completam a significação transitiva dos verbos e nomes. *Integram* (inteiram, completam) o sentido da oração, sendo por isso indispensáveis à compreensão do enunciado.

São os seguintes:

1) complementos verbais $\left\{ \begin{array}{l} \text{objeto direto} \\ \text{objeto indireto} \end{array} \right.$

2) complemento nominal

3) agente da passiva

1 OBJETO DIRETO

Objeto direto (não objetivo) é o complemento dos verbos de predicação incompleta, não regido, normalmente, de preposição. Exemplos:

As fábricas poluem **o ar**.

"Nunca mais ele arpoara **um peixe-boi**." (FERREIRA DE CASTRO)

Procurei **o livro**, mas não **o** encontrei.

Ninguém **me** visitou.

O povo aclamou **o imperador e a imperatriz**.

SINTAXE 265

O objeto direto tem as seguintes características:

- completa o sentido dos verbos transitivos diretos;
- normalmente, não vem regido de preposição;
- traduz o ser sobre o qual recai a ação expressa por um verbo ativo:

   Caim matou **Abel**.

- torna-se sujeito da oração na voz passiva:

   Abel foi morto por Caim.

O objeto direto pode ser constituído:

- por um substantivo ou expressão substantivada:

   O lavrador cultiva a **terra**.

   Unimos o **útil** ao agradável.

- pelos pronomes oblíquos *o, a, os, as, me, te, se, nos, vos*:

   Espero-**o** na estação.

   Estimo-**os** muito.

   Sílvia olhou-**se** ao espelho.

   Não **me** convidas?

   Ela **nos** chama.

   Avisamo-**lo** a tempo.

   Procuram-**na** em toda parte.

   Meu Deus, eu **vos** amo.

- por qualquer pronome substantivo:

   Não vi **ninguém** na loja.

   A árvore **que** plantei floresceu. [*que*: objeto direto de *plan–tei*]

   Visitei **os meus**, na semana passada.

2 OBJETO DIRETO PREPOSICIONADO

Há casos em que o objeto direto, isto é, o complemento de verbos transitivos diretos, vem precedido de preposição, geralmente, a preposição *a*. Isto ocorre principalmente:

1. quando o objeto direto é um pronome pessoal tônico:

   Deste modo, prejudicas **a ti** e **a ela**.

   A mim é que não enganam.

   "Amava-a tanto como **a nós**." (J. Geraldo Vieira)

2. quando o objeto é o pronome relativo *quem*:

   Aníbal tinha uma filha **a quem** idolatrava.

   Encontrei Mílton, **a quem** felicitei pela vitória.

3. quando precisamos assegurar a clareza da frase, evitando que o objeto direto seja tomado como sujeito:

   Convence, enfim, **ao pai** o filho amado[1].

   A qual delas iria homenagear o cavaleiro?

   "**A inimigo** não se poupa." (Viana Moog)

   "E olhava o amigo como **a um filho** mais velho."
   (Luís Henrique Tavares)

4. com nomes próprios referentes a pessoas:

   Judas traiu **a Cristo**.

   Amemos **a Deus** sobre todas as coisas.

---

[1] Sem a preposição **a** diante do objeto (o pai), a frase ficaria ambígua, obscura, pois tanto poderia ser entendida como sujeito a palavra **pai** como a palavra **filho**.

"O estrangeiro foi quem ofendeu **a Tupã**." (José de Alencar)

5. em construções enfáticas, nas quais antecipamos o objeto direto para dar-lhe realce:

A você ninguém engana!
A médico, confessor e letrado nunca enganes.
Ao Godofredo nada atrapalhava.
A bichos ferozes não se provoca.

6. sendo objeto direto o numeral *ambos(as)*:
"O aguaceiro caiu, molhou **a ambos**." (Aníbal Machado)

7. com certos pronomes indefinidos, sobretudo referentes a pessoas:
A catástrofe abalou **a todos**.
Se todos são teus irmãos, por que amas **a uns** e odeias **a outros**?
A quantos a vida ilude!

8. em certas construções enfáticas, como *puxar da espada, pegar da pena, cumprir com o dever, atirar com os livros sobre a mesa*, etc.

Podem resumir-se em três as razões ou finalidades do emprego do objeto direto preposicionado:
- a clareza da frase (casos 2, 3);
- a harmonia da frase (casos 1, 2, 6, 7);
- a ênfase ou a força da expressão (casos 1, 4, 5 e 8).

3 OBJETO DIRETO PLEONÁSTICO

Quando queremos dar destaque ou ênfase à ideia contida no objeto direto, colocamo-lo no início da frase e depois o repetimos por meio do pronome oblíquo. A esse objeto repetido chama-se "pleonástico", ou "redundante". Exemplos:

O dinheiro, Jaime **o** conseguia pelo próprio esforço.

Os lucros, ninguém **os** viu.

O bem, muitos **o** louvam, mas poucos **o** seguem.

As flores, Deus **as** fez para a nossa alegria.

4 OBJETO INDIRETO

Objeto indireto é o complemento verbal regido de preposição necessária e sem valor circunstancial. Representa, ordinariamente, o ser a que se destina ou se refere a ação verbal:

"Nunca desobedeci *a meu pai*." (Povina Cavalcânti)

O objeto indireto completa a significação dos verbos:

a) transitivos indiretos:

Assisti *ao jogo*.
Assisti à *festa*.
Aludiu *ao fato*.
Aspiro *a uma vida calma*.
Deparei *com um estranho*.
Anseio *pela tua volta*.
Não cedi à *tentação*.
Lembre-se *de nós*.
Atentou *contra a vida do rei*.
Gosto *de frutas*.
Obedeço *ao regulamento*.
Deus *lhe* perdoe. (*ao* pecador)
Paguei *ao médico*.
Preciso *de ti*.

Responderei à *carta de Lúcia*.

Resistimos *ao ataque*.

A terra pertencia *aos ianomâmis*.

Pio XII sucedeu *a Pio XI*.

Não abuse *dos remédios*: recorra *a eles* só quando não há outra solução.

b) transitivos diretos e indiretos (na voz ativa ou passiva):

Dou graças *a Deus*.

Ceda o lugar *aos mais velhos*.

Dedicou sua vida *aos doentes*.

Pedi desculpas *ao professor*.

Não revelarei isto *a ninguém*.

Perdoo-*lhe* a ofensa.

Não *lhe* foi devolvido o livro.

Devolveu-se-*lhe* o livro.

Aos vencidos tomavam-se os bens à força.

A árvore foi sacrificada *à tirania do progresso*.

• O objeto indireto pode ainda acompanhar:

a) *verbos intransitivos*, que, no caso, poderão ser considerados
acidentalmente transitivos indiretos.

A bom entendedor meia palavra basta.

Sobram-*lhe* qualidades e recursos.

Isto não *lhe* convém.

b) *verbos de ligação*

A terra *lhe* seja leve!

A proposta pareceu-*lhe* aceitável.

SINTAXE

Observações:

✔ Há verbos que podem construir-se com dois objetos indiretos:

Rogue *a Deus por nós.*

Ela queixou-se *de mim ao pai.*

Pedirei *para ti a meu senhor* um rico presente.

✔ Não confundir o objeto indireto com o complemento nominal nem com o adjunto adverbial.

O objeto indireto é sempre regido de preposição, expressa ou implícita.

a) a preposição está implícita nos pronomes objetivos indiretos (átonos) *me, te, se, lhe, nos, vos, lhes.* Exemplos:

Obedece-*me.*	= Obedece *a mim.*
Isto *te* pertence.	= Isto pertence *a ti.*
Rogo-*lhe* que fique.	= Rogo *a você* que fique.
Peço-*vos* isto.	= Peço isto *a vós.*

b) nos demais casos a preposição é expressa, como característica do objeto indireto:

Recorro *a Deus.*

Dê isto *para ele.*

Contenta-se *com pouco.*

Confio *em vocês.*

Esperei *por ti.*

Falou *contra nós.*

Conto *com você.*

Não preciso *disto.*

O filme *a que* assisti agradou *ao público*.

Assisti *ao desenrolar* da luta.

Como provam os exemplos, o objeto indireto é representado pelos substantivos (ou expressões substantivas) ou pelos pronomes.

As preposições que o ligam ao verbo são: *a, com, contra, de, em, para* e *por*.

5 OBJETO INDIRETO PLEONÁSTICO

À semelhança do objeto direto, o objeto indireto pode vir repetido ou reforçado, por ênfase. Exemplos:

A mim pouco *me* importa a opinião dele.

A você não *lhe* basta o que possui?

6 COMPLEMENTO NOMINAL

Complemento nominal é o termo complementar reclamado pela significação incompleta de certos substantivos, adjetivos e advérbios. Vem sempre regido de preposição. Exemplos:

O respeito *às leis*.

Assistência *às aulas*.

A luta *contra o mal*.

O amor *do trabalho*.

Nossa fé *em Deus*.

Gosto *pela arte*.

Apto *para o trabalho.*

Útil *ao bem comum.*

Insaciável *de vingança.*

Confiante *na vitória.*

Responsável *pela ordem.*

Impróprio *para menores.*

Relativamente *a alguém.*

Favoravelmente *ao réu.*

"Pois bem, nada me abala relativamente *ao Rubião.*"

(MACHADO DE ASSIS)

A grande rodovia corre paralelamente *às fronteiras setentrio-nais do Brasil.*

Observações

✔ O complemento nominal representa o recebedor, o paciente, o alvo da declaração expressa por um nome: amor *a Deus*, a condenação da *violência*, o medo de *assaltos*, a remessa de *cartas*, útil ao *homem*, compositor de *músicas*, etc. É regido das mesmas preposições do objeto indireto. Difere deste apenas porque, em vez de complementar verbos, complementa nomes e alguns advérbios.

✔ A nomes que requerem complemento nominal correspondem, geralmente, verbos de mesmo radical: *amor* ao próximo, *amar* o próximo; *perdão* das injúrias, *perdoar* as injúrias; *obediente* aos pais, *obedecer* aos pais, etc.

SINTAXE 273

7 AGENTE DA PASSIVA

Agente da passiva é o complemento de um verbo na voz passiva. Representa o ser que pratica a ação expressa pelo verbo passivo. Vem regido comumente da preposição *por*, e menos frequentemente da preposição *de*:

Alfredo é estimado **pelos colegas.**

A cidade estava cercada **pelo exército.**

"Era conhecida **de todo mundo** a fama de suas riquezas."

(Olavo Bilac)

O agente da passiva pode ser expresso pelos substantivos ou pronomes:

As flores são umedecidas **pelo orvalho.**

A carta foi cuidadosamente corrigida **por mim.**

Conheço o funcionário **por quem** fui atendido.

O agente da passiva corresponde ao sujeito da oração na voz ativa:

A rainha era aclamada **pela multidão.**	→	**voz passiva**
A multidão aclamava a rainha.	→	**voz ativa**
Ele será acompanhado **por ti.**	→	**voz passiva**
Tu o acompanharás.	→	**voz ativa**

TERMOS ACESSÓRIOS DA ORAÇÃO

Termos acessórios são os que desempenham na oração uma função secundária, qual seja a de caracterizar um ser, determinar os substantivos ou exprimir alguma circunstância.

São três os termos acessórios da oração: adjunto adnominal, adjunto adverbial e *aposto*.

1 ADJUNTO ADNOMINAL

Adjunto adnominal é o termo que caracteriza ou determina os substantivos. Exemplo:

Meu irmão veste roupas **vistosas**.

- *meu* determina o substantivo *irmão*: é um *adjunto adnominal*.

- *vistosas* caracteriza o substantivo *roupas*: é também *adjunto adnominal*.

O adjunto adnominal pode ser expresso:

- pelos **adjetivos**: água *fresca*, terras *férteis*;

- pelos **artigos**: *o* mundo; *as* ruas; *um* rapaz;

- pelos **pronomes adjetivos**: *nosso* tio; *este* lugar;

- pelos **numerais**: *dois* pés, *quinto* ano;

SINTAXE 275

- pelas **locuções** ou **expressões adjetivas**:

presente *de rei*   fio *de aço*

livro *do mestre*   homem *sem escrúpulos*

água *da fonte*   *aviso do diretor*

Observação:

✔ Não confundir o adjunto adnominal formado por locução adjetiva com complemento nominal. Este, como vimos, representa o alvo da ação expressa por um nome transitivo: a eleição *do presidente*, empréstimo *de dinheiro*, plantio *de árvores*, colheita *de trigo*, destruidor *de matas*, descoberta *de petróleo*, amor *ao próximo*, etc.

✔ O adjunto adnominal formado por locução adjetiva representa o agente da ação, ou a origem, pertença, qualidade de alguém ou de alguma coisa: o discurso *do presidente*, empréstimo *do banco*, folhas *de árvores*, farinha *de trigo*, beleza *das matas*, amor *de mãe*.

2 ADJUNTO ADVERBIAL

Adjunto adverbial é o termo que exprime uma circunstância (de tempo, lugar, modo, etc.) ou, em outras palavras, que modifica o sentido de um verbo, adjetivo ou advérbio. Exemplo:

Ao meio-dia, João voltou *depressa* *à oficina*.

O adjunto adverbial é expresso:

- pelos **advérbios**:
Cheguei *cedo*.

Moramos *aqui*.

Ande *devagar*.

Volte *bem* depressa.

- pelas **locuções** ou **expressões adverbiais**:

Às vezes viajava *de trem*.

Júlio reside *em Niterói*.

Errei *por distração*.

Observação:

✔ Os adjuntos adverbiais classificam-se de acordo com as circunstâncias que exprimem: adjunto adverbial de lugar, modo, tempo, intensidade, causa, companhia, meio, etc.

---

3 APOSTO

Aposto é uma palavra ou expressão que explica ou esclarece, desenvolve ou resume outro termo da oração. Exemplos:

D. Pedro II, **imperador do Brasil**, foi um monarca sábio.

Prezamos acima de tudo duas coisas: **a vida e a liberdade**.

Casas e pastos, árvores e plantações, **tudo** foi destruído pelas águas da enchente.

"No fundo do mato virgem nasceu Macunaíma, **herói de nossa gente**." (MÁRIO DE ANDRADE)

"E isso exigiria estratagemas, **coisas** a que era avesso."

(J. GERALDO VIEIRA)

O núcleo do aposto é um substantivo ou um pronome substantivo. Exemplos de apostos expressos pelos pronomes:

Foram os dois, **ele e ela**.

Só não tenho um retrato: **o** de minha irmã.

O dia amanheceu chuvoso, **o** que me obrigou a ficar em casa.

Os apostos, em geral, destacam-se por pausas, indicadas, na escrita, por vírgulas, dois-pontos ou travessões. Não havendo pausa, não haverá vírgula:

Minha irmã **Beatriz**; o escritor **João Ribeiro**; o romance **Iracema**.

O aposto às vezes refere-se a toda uma oração:

O espaço é incomensurável, **fato** que me deixa atônito.

Simão era muito espirituoso, **o** que me levava a preferir sua companhia.

Um aposto pode referir-se a outro aposto:

"Serafim Gonçalves casou-se com Lígia Tavares, **filha do velho coronel Tavares, senhor de engenho**." (LEDO IVO)

O aposto pode vir precedido das expressões explicativas *isto é, a saber* ou da preposição acidental *como*:

Dois países sul-americanos, **isto é, a Bolívia e o Paraguai**, não são banhados pelo mar.

Este escritor, **como romancista**, nunca foi superado.

4 VOCATIVO

Vocativo [do latim *vocare* = chamar] é o termo (nome, título, apelido) usado para chamar, ou interpelar a pessoa, o animal ou a coisa personificada a que nos dirigimos:

"A ordem, **meus amigos**, é a base do governo."

(MACHADO DE ASSIS)

"Ei-lo, o teu defensor, **ó Liberdade**!" (MENDES LEAL)

"**Meu nobre perdigueiro**, vem comigo!" (CASTRO ALVES)

"Serenai, **verdes mares!**" (JOSÉ DE ALENCAR)

Observação:

✔ Profere-se o vocativo com entoação exclamativa. Na escrita é separado por vírgula(s).

O vocativo se refere sempre à 2ª pessoa do discurso. Podemos antepor-lhe uma interjeição de apelo (*ó, olá, eh!*):

"Tem compaixão de nós, **ó Cristo**!" (ALEXANDRE HERCULANO)

Eh! rapazes, são horas!

O vocativo é um termo à parte. Não pertence à estrutura da oração, por isso, não se anexa nem ao sujeito nem ao predicado.

PERÍODO COMPOSTO

O período composto, como já dissemos, é constituído de duas ou mais orações.

1 PERÍODO COMPOSTO

Para a formação do período composto podemos usar dois processos sintáticos: a *coordenação* e/ou a *subordinação*.

- Na coordenação as orações se sucedem igualitariamente, sem que umas dependam sintaticamente das outras. Exemplo:

  "Assinei as cartas/e meti-as nos envelopes." (G. RAMOS)

- Na subordinação, pelo contrário, há orações que dependem sintaticamente de outras, isto é, que são termos (sujeito, objeto, complemento, etc.) de outras. O período seguinte, por exemplo, está estruturado por subordinação, porque a oração em negrito é objeto direto da precedente, ou seja, completa o sentido de outra oração:

  Sílvia esperou/**que o marido voltasse**. [= Sílvia esperou **a volta do marido**.]

- O período composto por coordenação é constituído de orações independentes. Estas ou vêm ligadas pelas conjunções coordenativas ou estão simplesmente justapostas, isto é, sem conectivo que as enlace:

"Agachou-se,/apanhou uma pedra/e atirou-a."

(FERNANDO SABINO)

A música se aviva,/o ritmo torna-se irresistível, frenético, alu-cinante.

- O período composto por subordinação consta de uma ou mais de uma oração principal e de uma ou mais orações dependentes ou subordinadas.

Malha-se o ferro/**enquanto** está quente.

Malha-se o ferro: oração principal; *enquanto está quente*: oração subordinada.

Peço-te/**que** procedas/**como** convém.

Peço-te: or. principal; *que procedas*: or. subordinada; *como convém*: or. subordinada.

- O período composto por coordenação e subordinação. Combinando-se os dois processos, teremos um período com-posto por coordenação e subordinação, no qual há orações coordenadas independentes, orações principais e orações subordinadas. Exemplos:

Examinei a árvore/e verifiquei/que nos seus galhos havia pa-rasitas.

Examinei a árvore: oração coordenada; *e verifiquei*: oração coordenada e principal; *que nos seus galhos havia parasitas*: oração subordinada.

- Dos exemplos citados vê-se que num período composto po-dem figurar três tipos de orações:

a) *coordenadas*

b) *principais*

c) *subordinadas*

ORAÇÕES COORDENADAS INDEPENDENTES

Esquema:

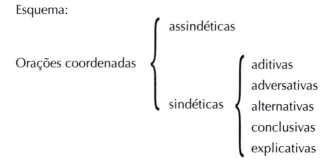

Oração coordenada é a que está ligada a outra da mesma natureza sintática.

No período composto por coordenação, as coordenadas são independentes (isto é, não funcionam como termos de outras) e se dizem:

1) **sindéticas**: quando se prendem às outras pelas conjunções coordenativas, e

2) **assindéticas**: se estiverem apenas justapostas, sem conectivo.

Exemplo:

"Inclinei-me, apanhei o embrulho e segui." (Machado de Assis)

- Inclinei-me: *oração coordenada assindética*

- apanhei o embrulho: *oração coordenada assindética*
- e segui: *oração coordenada sindética aditiva*

1 ORAÇÕES COORDENADAS SINDÉTICAS

As orações coordenadas sindéticas recebem o nome das conjunções coordenativas que as iniciam, podendo ser, portanto:

1. **aditivas** (expressam adição, sequência de pensamentos):

    A doença vem a cavalo *e volta a pé*.

    As pessoas não se mexiam *nem falavam*.

    Os livros não somente instruem *mas também divertem*.

    Ela não somente se orgulhava de seu marido *como também o amava muito*.

2. **adversativas** (exprimem contraste, oposição, ressalva):

    A espada vence, *mas não convence*.

    Tens razão, *contudo não te exaltes*.

    Havia muito serviço, *entretanto ninguém trabalhava*.

    O mar é generoso, *porém às vezes torna-se cruel*.

3. **alternativas** (exprimem alternância, alternativa, exclusão):

    Venha agora *ou perderá a vez*.

    Os preços ora sobem, ora baixam.

    Ou você estuda ou corto-lhe a mesada.

4. **conclusivas** (expressam conclusão, dedução, consequência):

    Vives mentindo; *logo, não mereces fé*.

    Ele é teu pai: *respeita-lhe, pois, a vontade*.

    Raimundo é homem são, *portanto deve trabalhar*.

5. explicativas (exprimem explicação, motivo, razão):
Leve-lhe flores, *que ela aniversaria amanhã*.
O cavalo estava cansado, *pois arfava muito*.
Decerto alguém o agrediu, *pois* (ou *porque*) *o nariz dele sangra*.

Observação:

✔ As orações coordenadas *explicativas* não devem ser confundidas com as subordinadas adverbiais *causais*: estas exprimem a causa de um fato, aquelas dão o motivo, a explicação da declaração anterior. Exemplos:

João está triste **porque perdeu o emprego**. → or. adverbial causal

[A perda do emprego é a causa da tristeza de João.]

A criança devia estar doente, **porque chorava muito**. → or. explicativa

[O choro da criança não podia ser a causa de sua doença.]

✔ Note-se também que há pausa (vírgula, na escrita) entre a oração explicativa e a precedente, o que não acontece com a oração adverbial causal.

2 ORAÇÕES COORDENADAS ASSINDÉTICAS

As orações coordenadas assindéticas são separadas por pausas, que na escrita se marcam por vírgula, ponto e vírgula ou dois-pontos. Exemplos:

"O sol apareceu, cortou o nevoeiro." (José Fonseca Fernandes)

"Matamos o tempo; o tempo nos enterra." (Machado de Assis)

"Não dançou; viu, conversou, riu um pouco e saiu."

(Machado de Assis)

"Apertei-lhe a mão: estava gelada." (Carlos de Laet)

ORAÇÕES PRINCIPAIS E SUBORDINADAS

1 ORAÇÃO PRINCIPAL

Analisemos este período composto por subordinação:

Pedi que tivessem calma. [= Pedi calma.]

- *Pedi*: oração principal
- *que tivessem calma*: oração subordinada

A primeira oração é principal porque não depende, sintaticamente, da segunda, que a completa.

A segunda oração é subordinada porque completa o sentido da primeira, da qual depende, funcionando como objeto direto.

Oração principal é a que não exerce, no período, nenhuma função sintática e vem acompanhada de oração dependente, que lhe completa ou amplia o sentido.

Orações coordenadas são ao mesmo tempo principais, sempre que houver outras que delas dependam. Exemplo:

Eu não disse nada, **mas achei** que tinham razão.

- *Eu não disse nada*: oração coordenada assindética

SINTAXE 285

- *mas achei*: oração coordenada sindética adversativa e principal
- *que tinham razão*: oração subordinada à segunda oração

[A segunda oração é coordenada sindética adversativa e, ao mesmo tempo, principal em relação à seguinte.]

Num período composto pode haver mais de uma oração principal. Exemplo:

Eu sei que a vida é bela, **mas também não ignoro** que ela é áspera.

[As orações em negrito são principais em relação às imediatas.]

2 ORAÇÃO SUBORDINADA

Oração subordinada é a que depende de outra: serve-lhe de termo e completa-lhe ou amplia-lhe o significado.

Quando se apresenta desenvolvida, vem, geralmente, ligada por um conectivo subordinativo (conjunção subordinativa e pronome relativo). Exemplos:

Eu não esperava **que ele concordasse.**

Tínhamos certeza **de que seríamos mal recebidos**.

O tambor soa **porque é oco**.

A cobra é um animal **que se arrasta**. [= rastejante]

A oração subordinada exerce função sintática de um termo de outra oração, sendo, por isso, necessária à perfeita realização do enunciado. Nos exemplos dados, as orações em destaque são, respectivamente, objeto direto, complemento nominal, adjunto adverbial de causa e adjunto adnominal.

SINTAXE

Uma oração subordinada pode depender de outra subordinada e não da principal. Exemplo:

Quero que saibam **quanto isto me custou**.

- *Quero*: or. principal
- *que saibam*: or. subordinada à principal
- *quanto isto me custou*: or. subordinada à segunda oração

3 CLASSIFICAÇÃO DAS ORAÇÕES SUBORDINADAS

As orações subordinadas classificam-se, de acordo com seu valor ou função, em *substantivas*, *adjetivas* e *adverbiais*.

- Substantivas – têm o valor e as funções próprias do substantivo (sujeito, objeto direto, objeto indireto, predicativo, etc.):

  Peço **que desistas**: *substantiva objetiva direta*.

  [Peço **tua desistência**: *objeto direto*.]

- Adjetivas – têm o valor e a função do adjetivo (adjunto adnominal):

  Confortai os homens **que sofrem**.

  [Confortai os homens **sofredores**.]

- Adverbiais – têm o valor e a função dos advérbios (adjunto adverbial):

  Quando amanhece, sopram ventos frescos.

  [**De manhã** sopram ventos frescos.]

Quanto à forma, as orações subordinadas podem apresentar-se *desenvolvidas* ou *reduzidas*:

Peço-lhes **que voltem aqui amanhã**. (desenvolvida)

Peço-lhes **voltarem aqui amanhã**. (reduzida)

Se fores por aqui, chegarás antes. (desenvolvida)

Indo por aqui, chegarás antes. (reduzida)

Quanto à conexão, as orações subordinadas desenvolvidas podem ser:

a) *sindéticas*, isto é, com conectivo (elemento de ligação), caso mais frequente. Exemplo:

Os caiapós se revoltarão, **se lhes invadirmos as terras**.

b) *assindéticas* ou *justapostas*, isto é, sem conectivo, caso menos frequente. Exemplos:

Ignoro **quantas reses há nesta fazenda**.

Faziam o trabalho maquinalmente, **tão habituados estavam**.

4 ORAÇÕES SUBORDINADAS COORDENADAS

Duas ou mais orações subordinadas com a mesma função podem estar coordenadas entre si. Exemplos:

Teus pais desejam *que estudes* **e** *que te formes*.

Teus pais desejam
- *que estudes* → or. substantiva objetiva direta
- **e**
- *que te formes* → or. substantiva objetiva direta

Se trabalhares **e** *(se) fores honesto,* serás feliz.

Quando ela chegar **e** *(quando) te vir aqui,* ficará contente.

Tenho a sensação *de que viajo para muito longe* **e** *não voltarei nunca mais*.

SINTAXE

Observação:

✔ Só se coordenam orações subordinadas da mesma espécie e função. Note-se que o conectivo subordinativo, as mais das vezes, está elíptico.

ORAÇÕES SUBORDINADAS SUBSTANTIVAS

As orações subordinadas substantivas são designadas de acordo com a sua função no período.

ORAÇÕES SUBORDINADAS SUBSTANTIVAS

Compreendem sete espécies:

1. Subjetivas – funcionam como sujeito do verbo da oração principal:

   É necessário [**que você colabore**]. = [**Sua colaboração**] é necessária.

   Parece **que a situação melhorou**.

   Aconteceu **que não o encontrei em casa**.

   Convém **que fiquemos alerta**.

   Foi decidido **que não haveria convites**.

   Não se sabia **se ela vinha**.

   Sabe-se **que ele é rico**.

   Quem avisa amigo é.

   Ignora-se **como se deu o acidente**.

Observação:

✔ As subordinadas subjetivas, como se vê dos exemplos, desempenham a função de sujeito de verbos usados na 3ª pessoa do singular e são iniciadas, quando se apresentam desenvolvidas, pelas conjunções integrantes *que* e *se*, pelos pronomes indefinidos *quem, qual, quanto* e pelos advérbios *como, quando, onde*, etc., nas interrogações indiretas.

2. Objetivas diretas – funcionam como objeto direto do verbo da oração principal:

O mestre exigia [**que todos estivessem presentes**]. = O mestre exigia [**a presença de todos**.]

Mariana esperou **que o marido voltasse**.

O fiscal verificou **se tudo estava em ordem**.

Perguntaram **quem era o dono da fábrica**.

Indaguei **de quem eram aqueles quadros**.

Veja **que horas são**.

Não posso dizer **qual delas é a mais feia**.

Ignoro **quantos são os desabrigados**.

O freguês perguntou **quanto custava aquele relógio**.

Ignoramos **como se salvaram**.

Perguntei-lhe **quando ia casar**.

Não sabemos **onde anda o proprietário do imóvel**.

Eu sei **por que ele não veio**.

Bem sabes **quão desagradáveis são estas coisas**.

Adriana me perguntou **de quem era o retrato**.

As orações substantivas objetivas diretas desenvolvidas são iniciadas:

- pelas conjunções integrantes *que* e *se*;
- pelos pronomes indefinidos *que*, *quem*, *qual*, *quanto*, nas interrogações indiretas;
- pelos advérbios *como*, *quando*, *onde*, *por que*, *quão*, nas interrogações indiretas.

3. Objetivas indiretas – funcionam como objeto indireto:

Não me oponho [**a que você viaje**]. = Não me oponho [**à sua viagem**].

Aconselha-o **a que trabalhe mais**.

Daremos o prêmio **a quem o merecer**.

Lembre-se **de que a vida é breve**.

Observações:

✔ As orações objetivas indiretas são regidas de preposição.

✔ É frequente a elipse da preposição:

Ela não gosta (de) *que a chamem de senhora*.

4. Predicativas – exercem a função de predicativo do sujeito:

Seu receio era [**que chovesse**]. = Seu receio era [**a chuva**].

Minha esperança era **que ele desistisse**.

Meu maior desejo agora é **que me deixem em paz**.

Não sou **quem você pensa**.

Arnaldo foi **quem trabalhou menos**.

SINTAXE

5. Completivas nominais – têm a função de complemento nominal de um substantivo ou adjetivo da oração principal:

Sou favorável [**a que o prendam**]. = Sou favorável [**à prisão dele**.]

Estava ansioso **por que voltasses**.

Tenho receio **de que nos ataquem**.

Sê grato **a quem te ensina**.

Observação:

✔ As completivas nominais são regidas de preposição.

---

6. Apositivas – servem de aposto:

Só desejo uma coisa: [**que vivam felizes**]. = [**a sua felicidade**].

Só lhe peço isto: **honre o nosso nome**.

Reconheço-lhe uma qualidade: **você é honesto**.

7. Com função de **agente da passiva**:

O quadro foi comprado [**por quem o fez**]. = [**pelo seu autor**].

A obra foi apreciada **por quantos a viram**.

Orações subordinadas substantivas podem estar coordenadas:

É preciso/**que todos se unam/e trabalhem**.

ORAÇÕES SUBORDINADAS ADJETIVAS

Comparemos os dois exemplos:

O professor gosta dos alunos **estudiosos**.

O professor gosta dos alunos **que estudam**.

- **estudiosos**: adjunto adnominal de *alunos*.
- **que estudam**: oração subordinada adjetiva.

A oração **que estudam** é chamada *adjetiva* porque tem o mesmo valor do adjetivo **estudiosos**, funciona como adjunto adnominal do substantivo *alunos*.

As orações subordinadas adjetivas são as que têm o valor e a função dos adjetivos.

São introduzidas, geralmente, pelos pronomes relativos e referem-se a um termo antecedente, que pode ser um substantivo ou um pronome. Exemplos:

Há coisas **que nos comovem**. [*coisas* é o antecedente.]

O professor **a quem fui apresentado** era muito simpático.

Há palavras **cuja origem é obscura**.

Este é o motivo **pelo qual desisti do torneio**.

Passamos por lugares **onde nem trilhas havia**.

Ele, **que trabalhou**, não ganhou nada.

Observe que a oração subordinada adjetiva, como no último exemplo, pode estar intercalada na oração principal:

Ele não ganhou nada: oração principal
que trabalhou: oração subordinada adjetiva

Não faltam exemplos de orações adjetivas iniciadas pelo pronome indefinido *quem*, sem antecedente:

Os benefícios persistem na memória **de quem os faz**.
Encarecemos as qualidades **de quem amamos**.

Registrem-se também as orações adjetivas introduzidas pelo advérbio relativo *como* (= por que, pelo qual, pela qual):

Admiro o modo **como ele trabalha**.

"Não reproduzo suas palavras da maneira **como as enunciou**."

(Monteiro Lobato)

TIPOS DE ORAÇÕES SUBORDINADAS ADJETIVAS

Há dois tipos de orações subordinadas adjetivas: explicativas e restritivas.

1. Explicativas – explicam ou esclarecem, à maneira de aposto, o termo antecedente, atribuindo-lhe uma qualidade que lhe é inerente ou acrescentando-lhe uma informação. Exemplos:

Deus, **que é nosso pai**, nos salvará.
Valério, **que nasceu rico**, acabou na miséria.
Ele tem amor às plantas, **que cultiva com carinho**.

Observação:

✔ As explicativas são isoladas por pausas, que na escrita se indicam por vírgulas.

2. Restritivas – restringem ou limitam a significação do termo antecedente, sendo indispensáveis ao sentido da frase. Exemplos:

Pedra **que rola** não cria limo.

Os animais **que se alimentam de carne** chamam-se carnívoros.

"Há saudades **que a gente nunca esquece**." (Olegário Mariano)

"Existem coisas **cujo alcance nos escapa**; nem por isso deixam de existir." (Inácio de Loyola Brandão)

[A oração adjetiva do primeiro exemplo restringe, limita, reduz a categoria das pedras: não são todas as pedras que não criam limo, mas só as que rolam.]

Observação:

✔ Não se faz pausa entre a oração principal e a adjetiva restritiva, por isso, não tem cabimento a vírgula.

As orações adjetivas vêm precedidas de preposição (ou locução prepositiva), sempre que esta for reclamada pelo verbo que as constitui:

Este é um título **a que toda moça bonita aspira**.

Trouxe-lhe as frutas **de que você gosta**.

Algumas colegas **com quem estudo** são alunas brilhantes.

Havia ali pessoas **por quem eu não queria ser visto**.

Este é um ideal **por que sempre lutei**.

"A casa **em que Antônia morava** foi posta abaixo."

(Manuel Bandeira)

Orações adjetivas podem estar coordenadas:

"Cerca-o uma corte **que o adula e explora**." (Ramalho Ortigão)

e (que o) explora: or. sub. adj. restr. coordenada à anterior.

ORAÇÕES SUBORDINADAS ADVERBIAIS

Veja este exemplo:

Saímos de casa **quando amanhecia**. [= Saímos de casa **de manhã cedo**.]

A oração **quando amanhecia** exprime uma circunstância de tempo, funciona como um *adjunto adverbial*: por isso, é uma oração subordinada *adverbial*.

> As orações subordinadas adverbiais têm a função dos adjuntos adverbiais, isto é, exprimem circunstâncias de tempo, modo, fim, causa, etc.

São iniciadas, quando desenvolvidas, pelas conjunções subordinativas (excluídas as subordinativas integrantes).

1 ORAÇÕES SUBORDINADAS ADVERBIAIS

As orações subordinadas adverbiais classificam-se de acordo com as conjunções que as introduzem. Portanto, podem ser:

SINTAXE 297

1. causais – exprimem causa, motivo, razão. Exemplos:

O tambor soa **porque é oco**.

Como não me atendessem, repreendi-os severamente.

Como ele estava armado, ninguém ousou reagir.

Já que (ou **visto que** ou **desde que** ou **uma vez que**) **ninguém se mexe**, temos que agir nós, cidadãos.

2. comparativas – representam o segundo termo de uma comparação.

a) orações comparativas com o verbo expresso:

Ela o atraía irresistivelmente, **como o ímã atrai o ferro**.

Os retirantes deixaram a cidade tão pobres **como vieram**.

Como a flor se abre ao Sol, assim minha alma se abriu à luz daquele olhar.

O lugar é **tal qual** (ou **tal como**) você o descreveu.

Certos cantores gesticulam mais **do que cantam**.

Rui voltou para casa **como quem vai para a prisão**.

b) orações comparativas com o predicado ou o verbo subentendidos:

O esquilo é tão ágil **quanto o macaco**. [= quanto o macaco é ágil.]

Nenhum nadador treinou tanto **como Ricardo**. [= como Ricardo treinou.]

A luz é mais veloz **do que o som**. [= do que o som é veloz.]

Não há tirania pior **que a dos vícios inveterados**.

De modo geral, fumantes vivem menos **do que não-fumantes**.

SINTAXE

Observação:

✔ Esta é a análise tradicionalmente aceita, mas artificial. Seria preferível ver, nos exemplos citados nesta alínea, não orações adverbiais comparativas, mas simples adjuntos adverbiais de comparação.

c) orações comparativas hipotéticas:

O homem parou perplexo, **como se esperasse um guia.**

Os cavalos iam à toda, **como se mil demônios os espo-reassem**.

Observação:

✔ Esse tipo de oração reúne as ideias de comparação e hipótese.

3. concessivas – exprimem um fato que se concede, que se admite, em oposição ao da oração principal. Exemplos:

Admirava-o muito, **embora** (ou **conquanto** ou **posto que** ou **se bem que**) **não o conhecesse pessoalmente**.

Embora não possuísse informações seguras, ainda assim arriscou uma opinião.

Cumpriremos nosso dever, **ainda que** (ou **mesmo quando** ou **ainda quando** ou **mesmo que**) **todos nos critiquem**.

Por mais que gritasse, não me ouviram.

Os louvores, **pequenos que sejam**, são ouvidos com agrado.

"**Nem que a gente quisesse**, conseguiria esquecer."

(OTTO LARA RESENDE)

Por incrível que pareça, eles não sabiam o nome de sua cidade.

SINTAXE 299

4. condicionais – exprimem condição, hipótese. Exemplos:

Deus só nos perdoará, **se perdoarmos aos nossos ofensores**.

Se o conhecesses, não o condenarias.

A cápsula do satélite será recuperada, **caso a experiência te-nha êxito**.

Você pode ir, **contanto que** (ou **desde que**) **volte cedo**.

Poderão chegar lá ainda hoje, **salvo se acontecer algum imprevisto**.

Não poderás ser bom médico, **sem que estudes muito**.

Não fosse a perícia do guia, talvez teríamos perecido todos.

Observação:

✔ Às vezes a oração condicional (como no último exemplo) aparece justaposta, sem conectivo.

5. conformativas – exprimem acordo ou conformidade de um fato com outro. Exemplos:

O homem age **conforme pensa**.

Relatei os fatos **como** (ou **conforme**) **os ouvi**.

Como diz o povo, tristezas não pagam dívidas.

O jornal, **como sabemos**, é um grande veículo de informação.

Vim hoje, **conforme lhe prometi**.

Segundo opinam alguns, a História se repete.

SINTAXE

> **Observação:**
>
> ✔ *Como* introduz oração conformativa quando equivale a *conforme*.

6. consecutivas – exprimem uma consequência, um efeito ou resultado. Exemplos:

Fazia tanto frio **que meus dedos estavam endurecidos**.

De tal sorte a cidade crescera **que não a reconhecia mais**.

As notícias de casa eram boas, **de maneira que pude prolongar minha viagem**.

Ontem estive doente, **de sorte que** (ou **de modo que** ou **de forma que**) não saí de casa.

Para expressar uma consequência impossível, emprega-se a locução *para que*, antecedida de *muito* (ou demais) + adjetivo. Exemplos:

O fardo era muito pesado **para que eu pudesse erguê-lo**.

O convite era demais tentador **para que João o recusasse**.

7. finais – exprimem finalidade, objetivo. Exemplos:

Economize hoje **para que nada lhe falte amanhã**.

Aproximei-me dele **a fim de que me ouvisse melhor**.

8. proporcionais – denotam proporcionalidade. Exemplos:

À medida que se vive, mais se aprende.

À proporção que avançávamos, as casas iam rareando.

Aparecem, às vezes, correlacionadas com as orações principais. Exemplos:

Quanto mais se tem, (tanto) mais se deseja.

Quanto maior for a altura, maior será o tombo.

Quanto menos te esforçares, mais te arrependerás.

Tanto gostava de um **quanto aborrecia o outro**.

9. temporais – indicam o tempo em que se realiza o fato expresso na oração principal. Exemplos:

Só voltava para casa **quando anoitecia**.

Colhem-se as frutas **depois que amadurecem**.

Enquanto foi rico, todos o procuravam.

Sempre que vou à cidade, passo pelas livrarias.

Mal chegamos ao local, vimos toda a extensão da catástrofe.

Ela me reconheceu **apenas** (ou **mal** ou **logo que** ou **assim que**) **lhe dirigi a palavra**.

Minha mãe ficava acordada **até que eu voltasse**.

Por que ela ainda não apareceu **desde que estamos aqui**?

Assim que começam os tiroteios, as pessoas jogam-se no chão.

10. modais – exprimem modo, maneira. Exemplos:

Aqui viverás em paz, **sem que ninguém te incomode**.

Entrou na sala **sem que nos cumprimentasse**.

2 ORAÇÕES ADVERBIAIS LOCATIVAS

Equivalem a um adjunto adverbial de lugar e são iniciadas pelo advérbio *onde* (que pode vir precedido de preposição), sem antecedente. Exemplos:

O ser humano se estabelece **onde há água**.

Quero ir **aonde estás**.

Venha **por onde eu passar**.

Orações adverbiais podem estar coordenadas:

Quando acordei e **a vi a meu lado**, levei um susto.

Se você estiver cansado ou (**se**) **não quiser ir**, fique em casa.

ORAÇÕES REDUZIDAS

Leia e compare:

a) Afirmou o artista [*que não há* quadros à venda].

b) Afirmou o artista [*não haver* quadros à venda].

Tanto na primeira como na segunda construção, a oração entre colchetes é subordinada substantiva objetiva direta. A forma dessa oração é diferente, mas o sentido é o mesmo.

Na construção *b*, a oração subordinada se apresenta sem conectivo (= elemento de ligação) e tem o verbo numa forma nominal (= infinitivo, gerúndio e particípio): é uma oração *reduzida*.

1 ORAÇÕES REDUZIDAS

Oração reduzida é a que se apresenta sem conectivo e com o verbo numa forma nominal.

Em geral, é possível desenvolver orações reduzidas: para isso, substitui-se a forma nominal do verbo por um tempo do indicativo ou do subjuntivo e inicia-se a oração com um conectivo adequado, de tal modo que se mude a forma da frase sem lhe alterar o sentido. Exemplos:

orações reduzidas	orações desenvolvidas
Penso *estar preparado*.	= Penso *que estou preparado*.
Dizem *ter estado lá*.	= Dizem *que estiveram lá*.
É bom *ficarmos atentos*.	= É bom *que fiquemos atentos*.
Fazendo assim, conseguirás.	= *Se fizeres assim*, conseguirás.
Ao *saber isso*, entristeceu-se.	= *Quando soube isso*, entristeceu-se.
Não falei *por não ter certeza*.	= Não falei *porque não tinha certeza*.
Viam-se folhas *girando no ar*.	= Viam-se folhas *que giravam no ar*.
Terminada a prova, fui para casa.	= *Depois que terminei a prova*, fui para casa.

2 CLASSIFICAÇÃO DAS ORAÇÕES REDUZIDAS

Há três tipos de orações reduzidas:

a) de infinitivo;

b) de gerúndio;

c) de particípio.

As orações reduzidas são quase sempre subordinadas e analisam-se de acordo com a sua função no período. Exemplo:

Fui à cidade para consultar o médico.

para consultar o médico: subordinada adverbial final, reduzida de infinitivo.

A) Orações reduzidas de infinitivo

Podem ser, principalmente:

a) Substantivas subjetivas:

Não convém *procederes assim*.

É possível *terem tão pouco interesse*?!

Não adianta nada *reclamarem da sorte*.

Vale a pena *estudar tantas matérias*?

Importa *prevenir os acidentes*.

Tornara-se impossível *continuarem juntos*.

b) Substantivas objetivas diretas:

O *índio* não aceita *viver sem liberdade*.

Não leve a mal *eu ter me referido a você*.

Dizem alguns *terem sido poucos os sobreviventes*.

c) Substantivas objetivas indiretas:

Aconselho-te *a mudar de profissão*.

Nada me impede *de ir agora*.

Acusavam-no *de traficar pedras preciosas*.

Não me arrependo *de o ter ajudado*.

d) Substantivas predicativas:

O essencial é *salvarmos a nossa alma*.

Sua vontade foi sempre *ser um grande atacante*.

Seu sonho era *morar no Rio*.

Recusar o computador seria *adiar a solução de muitos problemas humanos*.

e) Substantivas completivas nominais:

Tinha ânsia *de chegar lá*.

Estou disposto *a ir sozinho*.

O líder reafirmou seu propósito *de prosseguir nas negociações*.

f) Substantivas apositivas:

A ordem era esta: *lutar até o fim*.

És bonita e inteligente; só te falta uma coisa: *seres mais humilde*.

g) Adverbiais temporais:

Ao despedirem-se, choravam.

Todos, *ao vê-lo*, se alegraram.

Pense bem, *antes de falar*.

Não os deixei em paz, *até eles se decidirem*.

h) Adverbiais finais:

Os marinheiros deixaram os navios *a fim de conhecer a cidade*.

SINTAXE 307

O animal feroz mata *para se alimentar*.

Para melhor fotografarem o eclipse solar, astrônomos subiram a doze mil metros, a bordo de um avião.

i) Adverbiais concessivas:

Ofendi-os *sem querer*. [*sem querer* = embora não quisesse.]

Apesar de ser ainda criança, não teve medo.

j) Adverbiais condicionais:

Não sairá *sem antes me avisar*.

A ser eu rei, não faria outra coisa.

A prosseguirem esses crimes, ninguém mais terá sossego.

A julgar pelas aparências, Paulo e Vera são um casal feliz.

l) Adverbiais causais:

Não veio *por se achar doente*.

Comprarei os dois cavalos, *visto serem de boa raça*.

m) Adverbiais consecutivas:

Muito distraído devia estar você *para não me ver na festa*.

Aquela cena impressionou-o muito, *a ponto de lhe tirar o sono*.

Não podiam demorar-se mais, *sob pena de perderem o avião*.

n) Adverbiais modais:

Retirei-me discretamente, *sem ser percebido*.

o) Adjetivas:

A Morte é o último inimigo *a ser destruído por Cristo*.

O capitão não era homem *de se entregar facilmente*.

"Não sou homem [*de inventar coisas*], [*mas de contá-las*]."
(Rubem Braga)

Não constituem orações reduzidas os infinitivos de locuções verbais:

Deves ir já!

Não *pode haver* dúvidas!

Foi levar o recado.

Viviam a elogiar os filhos.

B) Orações reduzidas de gerúndio

Estas orações podem ser, principalmente:

a) Subordinadas adjetivas:

Passaram guardas *conduzindo presos*. [= guardas *que conduziam presos*.]

Havia ali crianças *pedindo esmola*.

b) Adverbiais temporais:

Chegando lá, avise-me. [= *Quando chegar lá*, avise-me.]

c) Adverbiais concessivas:

Admira-me que, *sendo tão esperto*, você tenha acreditado neles.

Mesmo correndo, não o alcançou.

d) Adverbiais condicionais:

Ficando aí, nada verás. [= *Se ficares aí*, nada verás.]

Estudando, você aprenderá em pouco tempo.

e) Adverbiais causais:

Estando adoentado, não saí de casa. [= *Como estava adoentado*,...]

Prevendo uma resposta indelicada, não o interroguei.

Tendo perdido o dinheiro, João viu-se obrigado a voltar a pé.

f) Adverbiais modais:

Aprende-se um ofício, *praticando-o*.

Enriqueceu *vendendo joias*.

Atravessou o rio *nadando de costas*.

Não constituem orações reduzidas os gerúndios de locuções verbais como:

Foi andando devagar. *Está viajando*. *Fiquei sabendo* muitas coisas.

C) Orações reduzidas de particípio

Apresentam-se com essa forma orações:

a) Subordinadas adjetivas:

Esta é a notícia *divulgada pela imprensa*. [= *que foi divulgada pela imprensa*.]

SINTAXE

O menino trouxe a gaiola, *feita pelo pai*.

As histórias *contadas por ele* têm muita graça.

> **Observação:**
>
> ✔ Em muitos casos, os particípios são meros adjetivos, devendo ser analisados, conforme o caso, como adjuntos adnominais ou predicativos:
>
> São dez os alunos *aprovados*. Vi a lista *fixada* no quadro.

b) Adverbiais temporais:

Abertas as portas, entraram as visitas. [= *Depois que foram abertas as portas*,...]

Feito isto, podem sair.

Concluída a tarefa, os bombeiros retiraram-se.

Chegados que fomos àquela cidade, procuramos um hotel.

> **Observação:**
>
> ✔ É expletiva ou de realce a sequência *que* + verbo *ser* que ocorre em orações adverbiais temporais como a do último exemplo.

c) Adverbiais concessivas:

Mesmo oprimidos, não cederemos. [= *Mesmo que sejamos oprimidos*, não cederemos.]

Sitiada por um inimigo implacável, a cidade não se rendeu.

d) Adverbiais condicionais:

"*Aceita a força por fundamento jurídico*, então o mundo seria uma arena de feras." (JÔNATAS SERRANO)

e) Adverbiais causais:

Surpreendidos por chuva repentina, pusemo-nos a correr.

Ameaçado pelo dono, o cão se aquietou.

Observações sobre orações reduzidas:

✔ Nas locuções verbais é o verbo auxiliar que indica o tipo de reduzida: *tendo chegado* (red. de gerúndio); *haver dado* (red. de infinitivo); *tendo de sair* (red. de gerúndio); etc.

✔ Quando se analisa uma oração reduzida, não é necessário desenvolvê-la. Pode-se, no entanto, desenvolvê-la mentalmente, o que ajudará a classificá-la com acerto.

✔ O emprego criterioso das orações reduzidas assegura à linguagem concisão e elegância. Quem escreve há de saber utilizar oportunamente ora a forma desenvolvida, ora a forma reduzida.

ESTUDO COMPLEMENTAR DO PERÍODO COMPOSTO

No período composto podem aparecer:

1. Orações subordinadas justapostas (sem conectivo):

Plantei esta árvore **há muitos anos**.

"Conheciam-se já provavelmente, **tão familiares se mostravam**." (FERNANDO NAMORA)

2. Orações com verbo elíptico, isto é, subentendido:

O rosto da menina era oval, **e o nariz, arrebitado**.

"E nunca se sabia **como, quando** e com que armas ia atacar."
(ÉRICO VERÍSSIMO)

"A coleira não aprisionava nem tigre nem leão, **mas um menino**." (HAROLDO BRUNO)

O candidato promete que, **se eleito**, fará amplas reformas.

A seiva corre pelo caule **como o sangue em nosso corpo**.

Alguns romeiros foram a pé, **outros, a cavalo**.

3. Orações interferentes, que estudaremos a seguir.

SINTAXE 313

1 ORAÇÕES INTERFERENTES

Às orações que se acrescentam "à margem" da frase, como esclarecimento, observação, ressalva, etc., dá-se o nome de *interferentes*.

Estas orações não têm ligação sintática com o período em que ocorrem. Exemplos:

"Se não me atirasse às bananas (*devo ter comido meia dúzia*), não poderia ter feito as milhares de coisas que fiz."
(LYGIA FAGUNDES TELLES)

"Desta vez, *disse ele*, vais para a Europa." (MACHADO DE ASSIS)

"É muito esperto o seu menino, *exclamaram os ouvintes*."
(MACHADO DE ASSIS)

"Rico, e muito rico – *pensava Caúla* – quem possuía um barco como aquele!" (ADONIAS FILHO)

Meus irmãos (*digo-o com tristeza*) desviaram-se do bom caminho.

Nenhum destes historiadores, *que eu saiba*, faz referência àquele episódio.

Às vezes, não é apenas uma oração que se insere na frase, mas um período composto, como neste exemplo:

A cidade, se o tempo for bom – *e não há quem admita o contrário* – terá este ano um carnaval animadíssimo.

Observação:

✔ As orações interferentes são de largo uso nos diálogos, para indicar o interlocutor. Exemplo:

SINTAXE

— O senhor ainda leciona? – *perguntou Jaime.*

— Não sei fazer outra coisa – *respondeu o professor.*

Ao analisar esse tipo de orações, basta dizer: oração (ou período) interferente.

2 MODELOS DE ANÁLISE SINTÁTICA

"A ordem, meus amigos, é a base do governo."

(MACHADO DE ASSIS)

Período simples; oração absoluta.

Sujeito: a ordem

Predicado: é a base do governo (*nominal*)

Verbo: é (*de ligação*)

Predicativo do sujeito: a base do governo

Adjuntos adnominais: a, meus, a, do governo

Vocativo: meus amigos

A

[Netuno é deus do mar,]

B

[mas Baco tem afogado mais gente.]

Período composto por coordenação.

A) oração coordenada assindética
   Sujeito: Netuno
   Predicado: é deus do mar (*nominal*)
   Verbo: é (*de ligação*)
   Predicativo do sujeito: deus do mar
   Adjunto adnominal: do mar

B) oração coordenada adversativa sindética
   Sujeito: Baco
   Predicado: tem afogado mais gente (*verbal*)
   Verbo: tem afogado (*trans. direto*)
   Objeto direto: mais gente
   Adjunto adnominal: mais
   Conectivo coordenativo: mas

A

[Se bem que eu não o julgue insensível à arte,]

B **C**

[admira-me] [vê-lo assim tão entusiasmado.]

Período composto por subordinação.

A) oração subordinada adverbial concessiva

    Sujeito: eu

    Predicado: não o julgue insensível à arte (*verbo-nominal*)

    Verbo: julgue (*transitivo direto*)

    Objeto direto: o

    Predicativo do objeto: insensível

    Complemento nominal: à arte

    Adjunto adverbial de negação: não

    Conectivo subordinativo: se bem que

B) oração principal

    Sujeito: a oração C

    Predicado: admira-me (*verbal*)

    Verbo: admira (*transitivo direto*)

    Objeto direto: me

C) oração sub. subst. subjetiva, reduzida de infinitivo

    Sujeito: eu (*oculto*)

    Predicado: vê-lo assim tão entusiasmado (*verbo-nominal*)

    Verbo: ver (*transitivo direto*)

    Objeto direto: o

    Predicativo do objeto: entusiasmado

    Adjunto adverbial de modo: assim

    Adjunto adverbial de intensidade: tão

SINTAXE

A   **B**

["Todos os médicos [a quem contei as moléstias dele]

       A   **C**

foram acordes] [em que a morte era certa,]

       D   **E**

[e só se admiravam] [de ter resistido tanto tempo."]

(MACHADO DE ASSIS)

Período composto por subordinação e coordenação.

A) oração principal

B) oração subordinada adjetiva restritiva

C) oração subordinada substantiva completiva nominal

D) oração coordenada aditiva sindética, principal relativamente à seguinte

E) oração subordinada substantiva objetiva indireta, reduzida de infinitivo

Análise de alguns termos: *quem*, objeto indireto; *dele*, adjunto adnominal; *acordes*, predicativo do sujeito; *tanto*, adjunto adnominal.

(5)

A

["Certamente, para o garoto o ideal seria]

B

[que todos fossem embora]

C

[e ele tomasse posse da cápsula[1]."]

(CARLOS DRUMMOND DE ANDRADE)

Período composto por subordinação e coordenação.

A) oração principal

B) oração subordinada substantiva predicativa

C) oração subordinada substantiva predicativa coordenada à oração *B* (elipse da conjunção integrante *que*)

Análise de alguns termos: *certamente*, adjunto adverbial de afirmação; *garoto*, adjunto adverbial de interesse; *ideal*, sujeito; *tomasse posse* (= *se apossasse*), núcleo do predicado; *cápsula*, objeto indireto. Outra análise possível: *tornasse*, núcleo do predicado; *posse*, objeto direto; *cápsula*, complemento nominal.

([1]) **Cápsula**: cabine de uma nave espacial exposta à visitação pública, no Rio de Janeiro.

SINTAXE DE CONCORDÂNCIA

Na frase, as palavras dependentes se harmonizam, nas suas flexões, com as palavras de que dependem. É o que se denomina *concordância*.

Assim:

1) os adjetivos, pronomes, artigos e numerais concordam em gênero e número com os substantivos determinados (concordância nominal);

2) o verbo concordará com o seu sujeito em número e pessoa (concordância verbal).

CONCORDÂNCIA NOMINAL

1 CONCORDÂNCIA DO ADJETIVO ADJUNTO ADNOMINAL

A concordância do adjetivo, com a função de adjunto adnominal, efetua-se de acordo com as seguintes regras gerais:

- O adjetivo concorda em gênero e número com o substantivo a que se refere. Exemplo:

  O **alto** ipê cobre-se de flores **amarelas**.

SINTAXE

- O adjetivo que se refere a mais de um substantivo de gênero ou número diferentes, quando posposto, poderá concordar no masculino plural (concordância mais aconselhada), ou com o substantivo mais próximo. Exemplos:

a) no masculino plural:

Estendeu-me a mão e o braço **feridos**.

Vilma tinha muitas joias e vestidos **caros**.

Descobrimos rios e grutas **desconhecidos.**

Vinham vozes do edifício e casa **próximos**.

b) com o substantivo mais próximo:

A Marinha e o Exército **brasileiro** estavam alerta.

"... toda ela cheirando ainda a cal, a tinta e a barro **fresco**."
(Humberto de Campos)

- Anteposto aos substantivos, o adjetivo concorda, em geral, com o mais próximo:

"Escolhestes **mau** lugar e hora..." (Alexandre Herculano)

Velhas revistas e livros enchiam as prateleiras.

Velhos livros e revistas enchiam as prateleiras.

Para diverti-los haverá **magníficos** espetáculos e atrações.

Observação:

✔ Seguem esta regra os pronomes adjetivos: A *sua* idade, sexo e profissão. *Seus* planos e tentativas. *Aqueles* vícios e ambições. Por que *tanto* ódio e perversidade?

2 CONCORDÂNCIA DO ADJETIVO PREDICATIVO COM O SUJEITO

A concordância do adjetivo predicativo com o sujeito obedecerá às seguintes normas:

- O predicativo concorda em gênero e número com o sujeito simples:

  Os campos estavam **floridos**, as colheitas seriam **fartas**.

  Não são **fáceis** essas coisas.

  É **proibida** a caça nesta reserva.

- Quando o sujeito é composto e constituído por substantivos do mesmo gênero, o predicativo concordará no plural e no gênero deles:

  O mar e o céu estavam **serenos**.

  A ciência e a virtude são **necessárias**.

  Como ficaram **lindos** o lago e o parque!

- Sendo o sujeito composto e constituído por substantivos de gêneros diversos, o predicativo concordará no masculino plural:

  O vale e a montanha são **frescos**.

  Meu pai e minhas irmãs estavam **preocupados**.

  Longos eram os dias e as noites para o prisioneiro.

  O garoto e as meninas avançaram **cautelosos**.

SINTAXE

- Se o sujeito for representado por um pronome de tratamento, a concordância se efetua com o sexo da pessoa a quem nos referimos:

Vossa Senhoria ficará **satisfeito**.

"Vossa Excelência está **enganado**, Doutor Juiz."

(Ariano Suassuna)

Vossa Alteza foi **bondoso**. (Com referência a um príncipe)

Vossa Alteza foi muito **severa**. (Com referência a uma princesa)

"Vossa Majestade pode partir **tranquilo** para a sua expedição."

(Vivaldo Coaraci)

- O predicado pode ficar no masculino singular nas locuções fixas *é bom, é necessário, é preciso*, embora o sujeito seja substantivo feminino ou plural:

Água mineral é muito **bom**.

"É **necessário** muita fé." (Mário Barreto)

"Não seria **preciso** muita finura para perceber isso."

(Ciro dos Anjos)

Observe-se que em tais casos o sujeito não vem determinado pelo artigo e a concordância se faz não com a forma gramatical da palavra, mas com o fato que se tem em mente:

Tomar água mineral é muito bom.

É necessário **ter muita fé**.

- Havendo determinação do sujeito, ou sendo preciso encarecer o predicativo, efetua-se a concordância normalmente:

  É **necessária** a tua presença aqui. [= indispensável]

  "Seriam **precisos** outros três homens." (Aníbal Machado)

  "Foram **precisos** milênios de luta contra a animalidade."
  (Rubem Braga)

3 CONCORDÂNCIA DO PREDICATIVO COM O OBJETO

A concordância do adjetivo predicativo com o objeto direto ou indireto subordina-se às seguintes regras:

- O adjetivo concorda em gênero e número com o objeto quando este for simples:

  Vi **ancorados** na baía os navios da Petrobras.

  O prisioneiro tinha as mãos **algemadas**.

- Quando o objeto é composto e constituído por elementos do mesmo gênero, o adjetivo se flexiona no plural e no gênero dos elementos:

  A justiça declarou **criminosos** o empresário e seus auxiliares.

  Deixe bem **fechadas** a porta e as janelas.

- Sendo o objeto composto e formado de elementos de gêneros diversos, o predicativo concordará no masculino plural:

  Achei muito **simpáticos** o príncipe e sua filha.

  Encontrei **jogados** no chão o álbum e as cartas.

  Considero **autores** do crime o motorista e sua filha.

Se anteposto ao objeto, poderá o predicativo, neste caso, concordar com o núcleo mais próximo:

É preciso que se mantenham **limpas** as ruas e os jardins.

4 CONCORDÂNCIA DO PARTICÍPIO PASSIVO

- Na voz passiva, o particípio concorda em gênero e número com o sujeito, como os adjetivos:

  Foi **escolhida** a rainha da festa.

  Os jogadores tinham sido **convocados**.

  Passadas duas semanas, procurei o devedor.

  Minhas três coleções de selos são **postas** à venda.

  Foram **vistas** centenas de rapazes pedalando nas ruas.

- Quando o núcleo do sujeito é um numeral coletivo, como no último exemplo, pode-se, em geral, efetuar a concordância com o substantivo que o acompanha:

  Centenas de rapazes foram **vistos** pedalando nas ruas.

  Dezenas de soldados foram **feridos** em combate.

- Referindo-se a dois ou mais substantivos de gênero diferente, o particípio concordará no masculino plural:

  O quadro e as joias foram **leiloados**.

  Atingidos por mísseis, a corveta e o navio foram a pique.

5 CONCORDÂNCIA DO PRONOME COM O NOME

- O pronome que se refere a dois ou mais substantivos de gêneros diferentes flexiona-se no masculino plural:

Vi Carlos e suas irmãs, porém não **os** cumprimentei.

"Salas e coração habita-**os** a saudade!" (ALBERTO DE OLIVEIRA)

Conheci naquela escola ótimos rapazes e moças, com **os quais** fiz boas amizades.

6 OUTROS CASOS DE CONCORDÂNCIA NOMINAL

Registramos aqui alguns casos especiais de concordância nominal:

- **Anexo**. Concorda com o substantivo em gênero e número:

Anexa à presente, vai a relação das mercadorias.

Vão **anexos** os pareceres das comissões técnicas.

- **A olhos vistos**. Locução adverbial, invariável; significa *visivelmente*:

"Lúcia emagrecia **a olhos vistos**." (COELHO NETO)

"Zito envelhecia **a olhos vistos**." (AUTRAN DOURADO)

- **Só**. Como adjetivo, *só* (= sozinho, único) concorda em número com o substantivo. Quando significa *apenas*, *somente*, é invariável.

Eles estavam **sós**, na grande sala iluminada.

Só eles estavam na sala.

Elas estavam **sós**.

Elas **só** passeiam de carro.

Observação:

✔ Forma a locução *a sós* (= sem mais companhia, sozinhos): Estávamos *a sós*.

- **Adjetivos adverbiados**. Certos adjetivos, como *sério*, *claro*, *caro*, *alto*, *raro*, quando usados com o valor de advérbios em *-mente*, são invariáveis:

Vamos falar **sério**. [*sério* = seriamente]

Penso que falei bem **claro**.

Esses produtos passam a custar mais **caro**.

Estas aves voam **alto**.

Gilberto e Regina **raro** vão ao cinema.

- **Junto** e **direto** ora funcionam como adjetivos, ora como advérbios:

"Era como se tivessem estado **juntos** na véspera."

(AUTRAN DOURADO)

"Elas moram **junto** há algum tempo." (JOSÉ GUALDA DANTAS)

"Foram **direto** ao galpão do engenheiro-chefe." (JOSUÉ GUIMARÃES)

"As gaivotas iam **diretas** como um dardo." (JOSUÉ GUIMARÃES)

Junto, estou lhe enviando algumas fotos.

As fotos foram enviadas **junto** com a carta.

- **Todo**. No sentido de *inteiramente*, *completamente*, costuma-se flexionar, embora advérbio.

A planície ficou **toda** (ou **todo**) branca.

As meninas iam **todas** de branco.

A casinha ficava sob duas mangueiras, que a cobriam **toda**.

- **Alerta**. Pela origem, *alerta* (= atentamente, de prontidão, em estado de vigilância) é advérbio e, portanto, invariável:

Estamos **alerta**.

Os soldados ficaram **alerta**.

Contudo, esta palavra é, atualmente, sentida antes como adjetivo, sendo, por isso, flexionada no plural:

Nossos chefes estão **alertas**. (= vigilantes)

Papa diz aos cristãos que se mantenham **alertas**.

"Uma sentinela de guarda, olhos abertos e sentidos **alertas**, esperando pelo desconhecido..." (Assis Brasil, *Os Crocodilos*, pág. 25)

CONCORDÂNCIA VERBAL

O verbo concorda com o sujeito, em harmonia com as seguintes regras:

1 O SUJEITO É SIMPLES

O sujeito sendo simples, com ele concordará o verbo em número e pessoa. Exemplos:

SINTAXE

- verbo depois do sujeito

  "As saúvas **eram** uma praga." (C. POVINA CAVALCÂNTI)

  "Tu não **és** inimiga dele, não?" (C. CASTELO BRANCO)

  "Vós **fostes** chamados à liberdade, irmãos." (SÃO PAULO)

- verbo antes do sujeito

  Acontecem tantas desgraças neste planeta!

  Não **faltarão** pessoas que nos queiram ajudar.

  Não **existem** mais peixes neste rio.

2 O SUJEITO É COMPOSTO E DA 3ª PESSOA

- O sujeito, sendo composto e anteposto ao verbo, leva este para o plural:

  A guerra e a fome **dizimaram** a população.

  O professor e os alunos **estavam** na sala.

- Sendo o sujeito composto e posposto ao verbo, este poderá concordar no plural (o que é mais comum na língua moderna) ou com o substantivo mais próximo:

  Não lhe **faltam** coragem e talento.

  "Não **fossem** o rádio de pilha e as revistas, que seria de Elisa?" (JORGE AMADO).

  "E de tudo, só **restaria** a árvore, a relva e o cestinho de morangos." (LÍGIA F. TELES)

3 O SUJEITO É COMPOSTO E DE PESSOAS DIFERENTES

Se o sujeito composto for de pessoas diversas, o verbo se flexiona no plural e na pessoa que tiver prevalência [a 1ª pessoa prevalece sobre a 2ª e a 3ª ; a 2ª sobre a 3ª]:

"Foi o que **fizemos** Capitu e eu." (MACHADO DE ASSIS)

"Tu e ele **partireis** juntos." (MÁRIO BARRETO)

Você e meu irmão não me **compreendem**.

Meus primos, você e eu **podemos** trabalhar juntos.

CASOS ESPECIAIS DE CONCORDÂNCIA VERBAL

1 SUJEITOS RESUMIDOS POR *TUDO, NADA, NINGUÉM*

Quando o sujeito composto vier resumido por um dos pronomes *tudo*, *nada*, *ninguém*, etc., o verbo concorda no singular:

Jogos, espetáculos, viagens, diversões, nada **pôde** satisfazê-lo.

Dinheiro, documentos, livros, tudo **ficou** perdido.

2 SUJEITO ORACIONAL

Concorda na 3ª pessoa do singular o verbo cujo sujeito é uma oração:

Ainda **falta** comprar os cartões.

[sujeito: *comprar os cartões*]

SINTAXE

Estas são realidades que não **adianta** esconder.

[sujeito de **adianta**: *esconder que (as realidades)*]

Anotei os livros que **faltava** adquirir.

Não se **conseguiu** conter os curiosos.

Tentou-se aumentar as exportações.

São problemas que não **cabe** a nós resolver.

3 SUJEITO COLETIVO

O verbo concorda no singular com o sujeito coletivo do singular:

A multidão **vociferava** ameaças.

O exército dos aliados **desembarcou** na Itália.

Um bloco de foliões **animava** o centro da cidade.

A gente da vizinhança **veio** correndo.

4 *A MAIOR PARTE DE, GRANDE NÚMERO DE, ETC.*

Sendo o sujeito uma das expressões *a maior parte de, a maioria de, grande número de*, etc., seguida de substantivo ou pronome no plural, o verbo pode ir para o singular ou para o plural, conforme se queira destacar a ideia de conjunto ou a ação individual dos elementos:

A maior parte dos alunos **veio** (ou **vieram**) a pé.

Pelos menos um terço dos trabalhadores **aderiu** (ou **aderiram**) à greve.

Grande número de eleitores **votou** (ou **votaram**) em branco.

A maioria dos carros **apresentava** (ou **apresentavam**) defeitos.

5 UM E OUTRO, NEM UM NEM OUTRO

O sujeito sendo uma dessas expressões, o verbo concorda, de preferência, no plural:

Um e outro **tinham** ou (**tinha**) parentes no Rio.

Nem uma nem outra **prestavam** (ou **prestava**).

6 UM OU OUTRO

O verbo concorda no singular com o sujeito *um ou outro* (ou *uma ou outra*):

"Respondi-lhe que um ou outro lhe **ficava** bem."

(MACHADO DE ASSIS)

Só uma ou outra pessoa **entrava** ali.

7 UM DOS QUE, UMA DAS QUE

Modernamente, prefere-se o plural:

Lúcio é um dos que mais **trabalham**.

Rita era uma das cantoras que mais **viajavam**.

Deixar-se-á, contudo, o verbo no singular, quando este se aplica apenas ao ser de que se fala ou quando se deseja destacar o indivíduo do grupo:

Jairo é um dos meus empregados que não **sabe** ler. [Jairo é o único empregado que não sabe ler.]

Mauro foi um dos jogadores que mais **se destacou** na partida.

8 MAIS DE UM

O verbo concorda em regra no singular. O plural será de rigor se o verbo exprimir reciprocidade. Exemplos:

Mais de um lavrador **ficou** na miséria.

Mais de um dos circunstantes **se entreolharam** com espanto.

9 QUAIS DE VÓS? ALGUNS DE NÓS

Sendo o sujeito um dos pronomes interrogativos *quais? quantos?* ou um dos indefinidos *alguns, muitos, poucos*, etc., seguidos dos pronomes *nós* ou *vós*, o verbo concordará com estes últimos, ou na 3ª pessoa do plural (o que é mais lógico):

Quantos dentre nós a **conhecemos**.

"Quais de vós **sois**, como eu, desterrados...?" (A. HERCULANO)

Quantos dentre vós **viram** discos voadores?

Alguns de nós **vieram** (ou **viemos**) de longe.

Poucos dentre nós **conhecem** (ou **conhecemos**) as leis.

Muitos dentre nós **estão** (ou **estamos**) passando fome.

SINTAXE 333

10 PRONOMES RELATIVOS *QUEM, QUE,* COMO SUJEITOS

O verbo concordará, em regra, na 3ª pessoa, com os pronomes *quem* e *que*, em frases como estas:

Sou eu quem **responde** pelos meus atos.

Somos nós quem **leva** o prejuízo.

Eram elas quem **fazia** a limpeza da casa.

Eu sou o que **presenciou** o fato.

"Fui eu quem o **ensinou** a desenhar." (MÁRIO BARRETO)

"Eu fui o último que **se retirou**." (MÁRIO BARRETO)

- A concordância do verbo precedido do pronome relativo *que* se fará obrigatoriamente com o sujeito do verbo (*ser*) da oração principal, em frases do tipo:

Sou **eu** que **pago**.

És **tu** que **vens** conosco?

Somos **nós** que **cozinhamos**.

Eram **eles** que mais **reclamavam**.

Fomos **nós** que o **encontramos**.

Fostes **vós** que o **elegestes**.

Foram **os bombeiros** que a **salvaram**.

"Fui **eu** que **imitei** o ronco do bicho." (EDY LIMA)

Observação:

✔ Em construções desse tipo, é lícito considerar o verbo *ser* e a palavra *que* como elementos expletivos ou enfatizantes, portanto não necessários ao enunciado. Assim:

Sou eu *que pago.* = Eu pago.

Somos nós *que* cozinhamos. = Nós cozinhamos.

Foram os bombeiros *que* a salvaram. = Os bombeiros a salvaram.

11 CONCORDÂNCIA COM OS PRONOMES DE TRATAMENTO

Os pronomes de tratamento exigem o verbo na 3ª pessoa, embora se refiram à 2ª pessoa do discurso:

Vossa Excelência **agiu** com moderação.

"Vossa Majestade não **pode** consentir que os touros lhe matem o tempo e os vassalos." (Rebelo da Silva)

12 CONCORDÂNCIA COM CERTOS SUBSTANTIVOS PRÓPRIOS NO PLURAL

Certos substantivos próprios de forma plural, como *Estados Unidos, Andes, Campinas, Lusíadas,* etc., levam o verbo para o plural quando se usam com o artigo; caso contrário, o verbo concorda no singular:

"Os Estados Unidos **são** o país mais rico do mundo."

(Eduardo Prado)

Os Lusíadas **tornaram** Camões imortal.

Terras do Sem-Fim **foi quadrinizado para** leitores jovens.

Campinas **orgulha-se** de ter sido o berço de Carlos Gomes.

Minas Gerais **possui** grandes jazidas de ferro.

13 CONCORDÂNCIA DO VERBO PASSIVO

Quando apassivado pelo pronome apassivador *se*, o verbo concordará normalmente com o seu sujeito:

Vendem-se roupas usadas.

Tratem-se as plantas com amor.

Consertaram-se os carros.

Ali não **se viam** senão ruínas.

"**Ouviam-se** vozes fortes de comando." (Ferreira de Castro)

Observação:

✔ Em frases como

Trata-se de fenômenos desconhecidos.

Não **se responde** a cartas desse tipo.

o *se* não é pronome apassivador, mas índice de indeterminação do sujeito. Por isso, o verbo concorda na 3ª pessoa do singular.

Nas locuções verbais formadas com os verbos auxiliares *poder*, *dever* e *costumar*, a língua permite usar o verbo auxiliar no plural ou no singular, indiferentemente:

Não **se podem** (ou **pode**) cortar essas árvores.

Devem-se (ou **deve-se**) ler bons livros.

Estas são as recomendações que **se costumam** (ou **costuma**) fazer.

"Quando se joga, **deve-se** aceitar as regras." (Ledo Ivo)

14 VERBOS IMPESSOAIS

Os verbos *haver* e *fazer*, quando usados como impessoais, ficam na 3ª pessoa do singular.

Na cidade **havia** poucos hospitais.

Faz três meses que não chove aqui.

Observação:

✔ Também fica invariável na 3ª pessoa do singular o verbo que forma locução com os impessoais *haver* e *fazer*:

Deverá haver cinco anos. *Vai* haver grandes festas. *Há* de haver, sem dúvida, fortíssimas razões... *Começou* a haver abusos. *Vai* fazer cem anos... Não *pode* haver rasuras...

15 CONCORDÂNCIA DO VERBO *SER*

O verbo *ser* concorda com o predicativo nos seguintes casos:

- quando o sujeito for um dos pronomes *tudo, o, isto, isso,* ou *aquilo*:

Na mocidade tudo **são** esperanças.

Aquilo **eram** caprichos de criança.

"Isso **são** sonhos, Mariana!" (Camilo Castelo Branco)

O que me preocupava **eram** os fiscais.

- quando o sujeito é um nome de coisa, no singular, e o predicativo um substantivo do plural:

A cama dele **são** alguns trapos.

"Vida de craque não **são** rosas." (Raquel de Queirós)

Sua salvação **foram** aquelas ervas.

Observação:

✔ O sujeito sendo nome de pessoa, com ele concordará o verbo *ser*:

Emília é os encantos de sua avó. Abílio *era* só problemas.

- quando o sujeito é uma palavra ou expressão de sentido coletivo ou partitivo:

"A maioria **eram** rapazes." (Aníbal Machado)

A maior parte **eram** famílias pobres.

O resto (ou *o mais*) **são** trastes velhos.

- se o predicativo for um pronome pessoal e o sujeito não for pronome pessoal reto:

"O Brasil, senhores, **sois** vós." (Rui Barbosa)

"Nas minhas terras o rei **sou** eu." (A. Herculano)

"O dono da fazenda **serás** tu." (Said Ali)

- quando o predicativo é o pronome demonstrativo *o*:

  Divertimentos **é** o que não lhe falta.

- nas locuções *é muito, é pouco, é mais de, é menos de*, etc., cujo sujeito exprime *quantidade, preço, medida*, etc.:

  Dois mil reais **é** pouco.

  Três metros de fio **é** menos do que precisamos.

  Seis quilos de carne **era** mais do que suficiente.

16 VERBO *SER* NA INDICAÇÃO DE HORAS, DATAS E DISTÂNCIAS

Observe a concordância do verbo **ser** na indicação das horas, datas e distâncias:

Era meio-dia e meia.

São dez horas e meia.

"**Seriam** seis e meia da tarde." (RAQUEL DE QUEIRÓS)

"**Eram** duas horas da tarde." (MACHADO DE ASSIS)

"Da estação à fazenda **são** três léguas a cavalo." (SAID ALI)

Hoje **é** dia três de maio.

Hoje **são** vinte e dois do mês.

Eram seis de agosto de 1945.

SINTAXE 339

Observação:

✔ Pode-se, entretanto, deixar o verbo no singular, concordando com a ideia implícita de "dia":

"Hoje é seis de março." (J. Matoso Câmara Jr.)

[Hoje é *dia* seis de março.]

17 A LOCUÇÃO DE REALCE *É QUE*

O verbo *ser* permanece invariável na expressão de realce *é que*:

Eu **é que** mantenho a ordem aqui. [= **Sou** eu que mantenho...]

Nós **é que** trabalhávamos. [= **Éramos** nós que trabalhávamos.]

As mães **é que** deviam educá-los. [= **São** as mães que deviam educá-los.]

Divertimentos **é que** não lhe faltavam.

18 CONCORDÂNCIA DOS VERBOS *BATER, DAR* E *SOAR*

Referindo-se às horas, os três verbos acima concordam regularmente com o sujeito, que pode ser *horas* (claro ou oculto), *badaladas* ou *relógio*:

O relógio da sala **deu** doze horas.

No relógio do mosteiro **deram** seis horas.

Soaram dez badaladas na torre da igreja.

Na torre da estação **bateram** oito horas.

19 CONCORDÂNCIA DO VERBO *PARECER*

Em frases em que ao verbo *parecer* segue um infinitivo, pode-se flexionar o verbo *parecer* ou o infinitivo que o acompanha:

a) As paredes **pareciam estremecer**. (construção corrente)

b) As paredes **parecia estremecerem**. (construção menos frequente)

Análise da construção *b*: parecia (*oração principal*); as paredes estremecerem (*or. sub. subst. subjetiva*).

Usando-se a oração desenvolvida, **parecer** concordará no singular:

Os pais **parecia** que não se importavam.

"Mesmo os doentes **parece** que são mais felizes."

(Cecília Meireles)

"As notícias **parece** que têm asas." (Otto Lara Resende)

[Isto é: **Parece** que as notícias têm asas.]

SINTAXE DE REGÊNCIA

A *sintaxe de regência* ocupa-se das relações de dependência que as palavras mantêm na frase.

Regência é o modo pelo qual um termo rege outro que o complementa.

1 TIPOS DE REGÊNCIA

A regência pode ser *verbal* ou *nominal,* conforme trate do regime dos verbos ou dos nomes (substantivos e adjetivos). Exemplos:

É homem **propenso**
à cólera. → O termo regente (propenso) é um nome: temos um caso de *regência nominal.*

Assistimos ao desfile. → O termo regente é um verbo: temos um caso de *regência verbal.*

Num período, os termos *regentes* (substantivos, adjetivos, verbos) reclamam outros (termos *regidos* ou dependentes) que lhes completem ou ampliem o significado. Exemplos:

SINTAXE

termos regentes	termos regidos	
Amor	**a** Deus.	(*complemento nominal*)
Rico	**em** virtudes.	(*complemento nominal*)
Comprei	joias.	(*objeto direto*)
Gostam	**de** festas.	(*objeto indireto*)
Resido	**em** Santos.	(*adjunto adverbial*)

Como se vê dos exemplos, os termos regidos, as mais das vezes, prendem-se aos regentes por meio das preposições. Por isso, essas palavras desempenham papel relevante no capítulo da regência.

O objeto direto prende-se ao verbo sem o auxílio da preposição. Todavia, em determinados casos, como anteriormente se viu, pode esse termo vir preposicionado.

Conforme já vimos, o objeto indireto e o complemento nominal são regidos de preposição:

Obedeça *ao mestre*. (OI)

Cabe aos pais a assistência *aos filhos*. (CN)

As orações objetivas indiretas normalmente são regidas pela preposição:

Gosto *de* que vivam felizes.

Lembra-te *de* que a vida é breve.

Persuadiu-os *a* que fugissem.

SINTAXE 343

2 OS PRONOMES OBJETIVOS *O(S)*, *A(S)*, *LHE(S)*

- Os pronomes objetivos substituem substantivos da mesma função:

a) Os pronomes *o*, *a*, *os*, *as* usam-se como objetos diretos dos verbos transitivos diretos e dos transitivos diretos e indiretos:

Estimo *aquele colega*.   Estimo-*o*.

Convido *os amigos*.   Convido-*os*.

Deixa *o menino* brincar.   Deixa-*o* brincar.

Obrigou *as filhas* a trabalhar.   Obrigou-*as* a trabalhar.

b) Os pronomes *lhe*, *lhes* formam o objeto indireto dos verbos transitivos indiretos e dos transitivos diretos e indiretos:

Obedece a *teu superior*.   Obedece-*lhe*.

O rei perdoou *ao servo*.   O rei perdoou-*lhe*.

Resistimos *aos invasores*.   Resistimos-*lhes*.

Recomendo prudência *aos jovens*.   Recomendo-*lhes* prudência.

c) Certos verbos transitivos indiretos repelem os pronomes *lhe*, *lhes*, sendo, por isso, construídos com as formas retas pre-posicionadas:

Aspiro *ao título*.   Aspiro *a ele*.

Assistimos *à festa*.   Assistimos *a ela*.

Refiro-me *a João*.   Refiro-me *a ele*.

Aludiram *a teus irmãos*.   Aludiram *a eles*.

Recorri *ao ministro*.   Recorri *a ele*.

- As orações adjetivas são regidas de preposição sempre que esta for reclamada pelo verbo que as constitui:

Eis o cargo *a que aspiro*. (aspirar *a* um cargo)

Eis a sala *em que estávamos*. (estar *em* um lugar)

"Este é o mundo *a que vim*, de pedra e sonho." (Dante Milano)

- As orações completivas nominais são, normalmente, regidas de preposição.

Eu tinha medo *de que a canoa virasse*.

Estava ansioso *por que voltasses*.

REGÊNCIA NOMINAL

Certos substantivos e adjetivos admitem mais de uma regência. A escolha desta ou daquela preposição deve, no entanto, obedecer às exigências da eufonia e adequar-se aos diferentes matizes do pensamento. Exemplos:

- **Amor**

  Tenha amor *a* seus livros.

  Os pais incutiram-lhe o amor *do* estudo.

  Grande era o seu amor *pela* natureza.

- **Ansioso**

  Meus olhos estavam ansiosos *de* novas paisagens.

  Eu estava ansioso *por* vê-la.

  Estávamos ansiosos *para* saber os resultados.

Apresentamos aqui uma pequena relação de substantivos e adjetivos acompanhados de suas preposições:

alheio *a, de*	aversão *a, para, por*
aliado *a, com*	avesso *a*
antipatia *a, contra, por*	constituído *de, por*
apto *a, para*	contente *com, de, em, por*
atencioso *com, para com*	curioso *de, por*

SINTAXE

desgostoso *com, de*

desprezo *a, de, por*

empenho *de, em, por*

fácil *a, de, para*

feliz *com, de, em, por*

fértil *de, em*

imune *a, de*

junto *a, de*

lento *em*

peculiar *a*

próximo *a, de*

situado *a, em, entre*

suspeito *a, de*

união *a, com, entre*

REGÊNCIA VERBAL

1 REGÊNCIA E SIGNIFICAÇÃO DOS VERBOS

Há verbos que admitem mais de uma regência, sem mudar de significação. Exemplos:

Cumpriremos o nosso dever. = *Cumpriremos com* o nosso dever.

José não *tarda a* chegar. = José não *tarda em* chegar.

Esforcei-me por não contrariá-lo. = *Esforcei-me para* não contrariá-lo.

Outros verbos, pelo contrário, assumem outra significação, quando se lhes muda a regência:

Aspirei o aroma das flores. = sorver, absorver

Aspirei ao sacerdócio. = desejar, pretender

Bonifácio *assistiu* ao jogo. = presenciar, ver

O médico *assistiu* o enfermo. = prestar assistência, ajudar

Olhe para ele. = fixar o olhar

Olhe por ele. = cuidar, interessar-se

SINTAXE

2 REGÊNCIA DE ALGUNS VERBOS

Relacionamos aqui alguns verbos com suas regências e significações na língua atual. Antes, porém, julgamos oportuno remeter o estudante ao capítulo que trata da predicação verbal.

- **abdicar**

  Significa *renunciar* (ao poder, a um cargo, título, dignidade), *desistir*. Exemplos:

  D. Pedro I *abdicou* em 1831.

  A beldade *abdicou* o seu título de rainha.

  Não *abdicarei de* meus direitos.

- **agradar**

  No sentido de *causar agrado, contentar, satisfazer,* usa-se, hoje, mais frequentemente, com objeto indireto:

  A canção *agradou ao público.*

  Minha proposta não *lhe agradou.*

- **aspirar**

  1) Transitivo direto na acepção de *sorver, tragar* (ar, perfume, pó):

  Vânia *aspirou* o perfume da flor.

  "*Aspirou* profundamente o ar cálido." (Vilma G. Rosa)

  2) Transitivo indireto (prep. *a*) no sentido de *desejar, pretender*:

  Eles *aspiravam a* altas dignidades.

  Eu *aspirava a* uma posição mais brilhante.

Jaime *aspirava a* ser médico.

"Dizia que era a maior dignidade *a que podia aspirar.*"
(MACHADO DE ASSIS)

▪ assistir

1) Transitivo direto, quando significa *prestar assistência, confortar, ajudar*:

O médico *assistiu o doente.*

"O médico já não *o assistia.*" (AMADEU DE QUEIRÓS)

"Quem *assistia a paciente* eram mulheres do povo."
(POVINA CAVALCÂNTI)

"Ele sofreu sozinho, não *o assisti.*" (C. DRUMMOND DE ANDRADE)

2) Transitivo indireto (com a preposição *a*) no sentido de *presenciar, estar presente a*:

Os alunos *assistiram às* aulas, cansados.

Populares *assistiam à* divertida cena.

Assisti a tudo, revoltado.

"Há um comício feminino, *a que* alguns homens *assistem.*"
(RICARDO RAMOS)

Se o objeto for pronome pessoal, não se usam as formas *lhe, lhes,* mas *a ele(s), a ela(s)*:

"Todos *têm assistido a elas.*" [às corridas de touros]
(REBELO DA SILVA)

"Enfim, mais uma corrida de obstáculos. Vamos *assistir a ela,* curiosos e em dieta de legumes." (C. DRUMMOND DE ANDRADE)

SINTAXE

3) Como transitivo indireto, usa-se também no sentido de *caber, pertencer* (direito ou razão):

Não *lhe assiste* o direito de oprimir os outros.

▪ chamar

1) Transitivo direto:

O rei *o chamou* à sua presença.

Ninguém *o chamou* aqui, seu moço.

O objeto direto pode vir regido da preposição de realce *por*:

Chamei por você.

"*Chamou por* um escravo." (MACHADO DE ASSIS)

2) Construído com objeto seguido de predicativo, admite quatro regências diferentes:

a) *Chamaram-no* charlatão.

b) *Chamaram-lhe* charlatão.

c) *Chamaram-no de* charlatão.

d) *Chamaram-lhe de* charlatão.

"O povo *chamava-o maluco*." (J. LINS DO REGO)

"*A nenhuma chamarás Aldebarã*." (RUBEM BRAGA)

"Há umas granadas de mão, redondas e pequenas, *a que chamam laranjas*." (ANTÔNIO GEDEÃO)

"Justino *chamava-a de mãezinha*." (HERMAN LIMA)

"*Aos nativos* Colombo *chamou de índios*." (MILÔR FERNANDES)

SINTAXE 351

Observação:

✔ As construções *b* e *c* são as mais usadas.

■ **contentar-se**

Constrói-se com objeto indireto (ou oração obj. indireta) regido das preposições *com*, *de* ou *em*:

Contento-me *com* pouco.

Contentou-se *de* responder com um gesto.

Eduardo contentou-se *em* sorrir.

■ **custar**

1) No sentido de *ser custoso*, *difícil*, emprega-se na 3ª pessoa do singular, tendo como sujeito uma oração reduzida de infinitivo, a qual pode vir precedida da preposição expletiva *a*:

Custa-lhe tanto ficar calado?

"*Custa* muito corrigir um erro." (Antônio Houaiss)

"*Custou-me* muito *a* brigar com Sabina." (Machado de Assis)

"*Custa a* crer que uma centena de homens..." (Rui Barbosa)

Observações:

✔ A construção mais lógica é a sem preposição.

✔ Na língua atual, usa-se este verbo em todas as pessoas, com as acepções de *ter dificuldade*, *demorar*, *tardar*: *custo a crer*, *custas a entender*, *ele custou a chegar*, *custamos a acreditar*, *custais a aceitar*, *custam a vir*, *custei a entender*, etc., formas essas ainda não sancionadas por alguns gramáticos, embora já apadrinhadas pelos escritores modernos:

> *"Custei a* acreditar que fosse goiana." (Orígenes Lessa).
>
> "A árvore *custara a* cair." (Coelho Neto).
>
> "*Custas a* vir e, quando vens, não te demoras." (Cecília Meireles).
>
> "Como *custaram a* passar os últimos três meses!" (Josué Montelo).
>
> "A menina *custou a* aparecer." (J. Geraldo Veira).

2) Na acepção de *acarretar trabalhos, causar incômodos,* é transitivo direto e indireto:

A imprudência *custou-lhe lágrimas amargas.*

Isso *nos custou* muitos *aborrecimentos.*

▪ entreter-se

Seu complemento é regido das preposições *a, com* ou *em*:

De noite *entretinha-se a* ouvir música.

As crianças *entretiveram-se com* seus brinquedos.

Às vezes *nos entretínhamos em* recordar o passado.

▪ informar

Apresenta várias regências:

1) Infelizmente não posso *informá-lo* agora.

2) O ministro *informou o povo sobre a* (ou *a respeito da*) situação financeira do país.

3) *Informei-me do* preço das mercadorias.

4) O general *informou-se* minuciosamente *sobre* a posição das tropas inimigas.

5) *Informamos os interessados de* que as inscrições estão abertas.

6) Não *lhe posso informar* se este imóvel está à venda.

7) "Este é um jornal que *informa*." (Aurélio)

▪ obedecer

Constrói-se modernamente com objeto indireto:

Os filhos *obedecem aos* pais.

O filho *obedece-lhes* em tudo.

Os corpos *obedecem* à lei da gravidade.

Obedeça às normas do trânsito.

"Os passeios sempre *obedeciam a* horários."
(Maria de Lourdes Teixeira)

"Os coqueiros eram senhores *a* que os trabalhadores *obedeciam*."
(Ledo Ivo)

Observações:

✔ Embora transitivo indireto, admite a forma passiva:

Os pais *são obedecidos* pelos filhos.

✔ O antônimo *desobedecer* tem o mesmo regime.

✔ Autores modernos constroem o v. *obedecer* também com objeto direto:
"Eu devia *obedecer minha mãe* em tudo." (José J. Veiga)

▪ perdoar

Admite as seguintes regências:

1) Transitivo direto, com objeto direto de coisa:

Deus *perdoe* nossos pecados.

Não é facil *perdoar* ofensas.

Nos clássicos e em escritores modernos aparece, frequentemente, com objeto direto de pessoa:

"O ilustre Persa levemente *o perdoa*." (Camões)

"Deus *o perdoe* e o tenha." (Ricardo Ramos)

"Bruna não *a perdoaria* nunca, se a visse assim."

(Lígia F. Teles)

2) Transitivo indireto, com objeto indireto de pessoa:

Perdoe a seus irmãos.

"Dizei-lhe que *lhe perdoei*." (C. Castelo Branco)

3) Transitivo direto e indireto, com objeto direto de coisa e indireto de pessoa:

Perdoei a dívida a João.

Perdoei-lhe a dívida.

"*Perdoava-lhe* a ingratidão." (Mário Barreto)

Observação:

✔ O verbo *pagar* admite as mesmas regências do verbo *perdoar*: Pagou *a dívida*. Paguei *ao médico*. Paguei-*lhe a dívida*.

▪ preferir

Como transitivo direto e indireto, exige a preposição *a*:

O prisioneiro *preferiu* a morte à escravidão.

Prefiro um inimigo declarado *a* um falso amigo.

"*Prefere* ser escravo *a* combater." (Mário Barreto)

"É o que eu faria, se ela me *preferisse a* você."
(A. Olavo Pereira)

"Tive uma suspeita e *preferi* dizê-la *a* guardá-la."
(Machado de Assis)

Observação:

✔ Este verbo não se constrói com a locução conjuntiva *do que* nem com o advérbio *mais*:

Prefiro trabalhar *a* passar fome. (*correto*)

Prefiro trabalhar *do que* passar fome. (*errado*)

Prefiro a limonada. (*correto*)

Prefiro mais a limonada. (*errado*)

▪ presidir

Pode ser construído, indiferentemente, com objeto direto ou objeto indireto (prep. *a*):

Presidir ao congresso (ou *o* congresso).

O diretor *presidiu à* (ou *a*) reunião.

"Não se sabe ainda quem *presidirá* o país." (Aurélio)

▪ prevenir

Admite as seguintes construções:

A prudência *previne as desgraças*. (evitar)

Preveni meu irmão. (avisar, alertar)

Devo *preveni-lo.*

Quero *preveni-los do* perigo.

"A sua intuição *preveniu-a de* uma ameaça." (F. Namora)

Preveniu o dono contra o ataque dos indígenas.

Previno-a de que você encontrará dificuldades.

Preveniu-se para a luta. (acautelar-se)

Eles *se preveniram contra* assaltos.

▪ proceder

1) É intransitivo no sentido de *ter fundamento:*

   "Esse argumento não *procede.*" (Aulete)

   Não *procedem* as acusações que lhe fazem.

2) Constrói-se com preposição *de,* na acepção de *originar-se, provir, derivar:*

   A língua portuguesa *procede do* latim.

3) Usa-se como trans. indireto, com a preposição *a,* no sentido de *dar início, realizar:*

   Aberta a sessão pelo presidente, o secretário *procedeu* à leitura da ata.

   O inquérito *a* que *se procedeu* nada apurou.

▪ querer

Merecem atenção as seguintes construções:

Ele não *a quis* para esposa. (desejar)

Nós *o queremos* estudioso e educado.

Do filho que muito *lhe quer*. (amar, querer bem)

Os pais *queriam* muito *ao* filho.

A avó *lhe queria* muito.

■ simpatizar

Pede objeto indireto regido da preposição *com*:

Não *simpatizei com* ele nem *com* as suas ideias.

Há pessoas *com* quem não *simpatizamos*.

Todos *simpatizaram com* a ideia.

Observações:

✔ Este verbo não é pronominal. Não se dirá, portanto, "simpatizei-me com ele", mas "simpatizei com ele".

✔ Tem o mesmo regime o antônimo *antipatizar*: "Quando fomos apresentados, não *antipatizei com* ele." (Olavo Bilac)

■ visar

1) É transitivo direto no sentido de:

a) *dirigir a pontaria, apontar arma de fogo contra*:

O atirador *visou* o alvo.

O policial *visou* o assaltante.

b) *pôr o visto em*:

As autoridades *visaram* o passaporte.

O banco *visou* o cheque.

SINTAXE

2) Na acepção de *ter em vista, pretender, objetivar*, rege objeto indireto (preposição *a*):

Esta medida *visa ao* bem da comunidade.

A que *visariam* eles com tanto alarde?

Não devemos *visar* apenas *ao* progresso material.

Entretanto, mesmo nessa última acepção, não é sintaxe condenável dar ao verbo *visar* objeto direto:

As artes *visam* a expressão do belo.

A campanha *visava* extinguir o analfabetismo.

Este era o objetivo que o Governo *visava*.

SINTAXE DE COLOCAÇÃO

A sintaxe de colocação trata da ordem ou disposição dos termos na oração e das orações no período.

Embora não seja arbitrária, a colocação dos termos na frase, em português, é muitas vezes livre, dependendo apenas das circunstâncias em que se realiza o ato da comunicação.

O mesmo período pode, frequentemente, ser organizado de várias maneiras, sem alteração do sentido. Exemplos:

Dois navios, lentos e solenes, cortavam as águas da baía.

Lentos e solenes, dois navios cortavam as águas da baía.

Cortavam as águas da baía dois navios, lentos e solenes.

Na construção da frase, quem fala ou escreve colocará os termos, segundo as circunstâncias, ora na *ordem direta*, ora na *ordem inversa*.

- Na ordem direta, os termos regentes precedem os termos regidos: sujeito + verbo + complementos ou adjuntos. Exemplo:

  "Uma saudade indizível atraía-me para o mar." (A. HERCULANO)

- Na ordem inversa, altera-se a sequência lógica dos termos, dispondo o verbo antes do sujeito, os complementos ou adjuntos antes do verbo, enfim, o termo regido antes do termo regente. Exemplo:

  "E que terríveis negócios planejava esse meu amigo de sempre!" (RUBEM BRAGA)

SINTAXE

Observação:

✔ A ordem direta predomina na linguagem científica; a ordem inversa é mais frequente na poesia e na linguagem afetiva.

São as seguintes as causas que condicionam a colocação das palavras, exigindo ora uma, ora outra ordem:

1) a ênfase e a afetividade;
2) a clareza da expressão;
3) a eufonia (harmonia da frase);
4) o ritmo e o equilíbrio da frase;
5) o contexto, a situação do escritor ou falante.

1 POSPOSIÇÃO DO SUJEITO

Pospõe-se, habitualmente, o sujeito ao verbo nos seguintes casos:

- Em orações adverbiais reduzidas de particípio:

  No dia seguinte, feitos *os preparativos*, partimos.

- Nas orações interrogativas iniciadas pelos advérbios interrogativos:

  Quando aconteceu *o acidente*?

  Onde brincam *as crianças*?

  Donde vinham *aquelas aves*?

  "Como sabem *eles* distinguir a fruta nutritiva da venenosa?"
  (CARLOS DE SÁ MOREIRA)

- Em certas frases exclamativas:

  Como são breves *as horas felizes*!

- Nas orações imperativas:

  Acompanha-a *tu*, guerreiro ilustre!

  "Ouçam *todos* o mal que toca a todos." (CAMÕES)

- Nas orações interferentes:

  Os atletas – avisou *o instrutor* – não devem fumar.

  "Rico, muito rico – pensava *Caúla* – quem possuía um barco como aquele." (ADONIAS FILHO)

- Na voz passiva pronominal:

  Aqui só se vendem *bons produtos*.

- Em orações como as seguintes, em que se realça a ideia expressa pelo predicativo:

  Está certa *a sua resposta*!

  Foi impressionante *o salto do tigre*!

2 ANTECIPAÇÃO DE TERMOS DA ORAÇÃO

Não poucas vezes antecipamos, na frase, um termo que desejamos pôr em evidência. Eis alguns casos mais frequentes:

- A antecipação do sujeito da oração subordinada:

  O mal, parece que se agravou. [= Parece que o mal se agravou.]

  "*O rio*, nem sei se tem nome." (V. COARACI)

  "*Aqueles cavaleiros* vê-se que nos esperam." (A. HERCULANO)

  "*A mocidade*, dizem que não cria ferrugem." (MÁRIO QUINTANA)

SINTAXE

- Antecipação do objeto direto:

  Alimentos, eles encontram na selva.

  "*Animal mais inútil* nunca vossos olhos viram."
  (Raquel de Queirós)

- Antecipação do objeto indireto:

  De música todo o mundo gosta.

  Aos animais só o capim interessa.

  "*A mim* o que me deu foi pena." (Ribeiro Couto)

  "*Da limpeza pública* se encarregam uns elefantes artificiais, que aspiram tudo." (Paulo Mendes Campos)

- Antecipação do predicativo (do sujeito ou do objeto):

  Impossível seria permanecer calado.

  Acho *importantíssimo* o depoimento dele.

  "*Mal-educado* eu sou, mas ingrato não." (Paulo Mendes Campos)

  Dava pena vê-los, tão *magros* estavam!

  "*Bonitos* são (os quadros), mas estão manchados." (Machado de Assis)

  "*Doente*, todo o mundo fica, João." (Marques Rebelo)

- Antecipação do adjunto adverbial:

  Naquele país, ladrão não tem vez.

3 COLOCAÇÃO DOS PRONOMES OBLÍQUOS ÁTONOS

Neste exemplo de José Fonseca Fernandes:

"Despediu-*se* aborrecido do especialista, que, amável, estendia-*lhe* a mão com simpatia."

podemos observar que os pronomes pessoais átonos **se** e **lhe** se incorporam foneticamente ao verbo, formando com este como que uma só palavra.

Conforme sua posição junto ao verbo, os pronomes oblíquos átonos podem ser:

- proclíticos (antepostos ao verbo)

  Isso não **se** faz.

- mesoclíticos (intercalados no verbo)

  Chamar-**me**-iam louco.

- enclíticos (pospostos ao verbo)

  Quero-**lhe** muito bem.

Essas três colocações dos pronomes átonos denominam-se, respectivamente, *próclise*, *mesóclise* e *ênclise*.

Observação:

✔ As normas que vamos dar acerca da colocação pronominal aplicam-se também ao pronome demonstrativo **o**, que pode incorporar-se ao verbo à maneira de um pronome pessoal átono:

Ia dizer-lhe uma palavra áspera, mas não *o* fiz.

4 PRÓCLISE

A próclise será de rigor:

SINTAXE

- Quando antes do verbo houver, na oração, palavras que possam atrair o pronome átono ([1]). Tais palavras são principalmente:

a) as de sentido negativo:

Não *o maltratei*. Nunca *se queixa* nem *se aborrece*.

Ninguém *lhe resiste*. Nada *a perturba*. Nenhum lugar *nos agradou*. Jamais *te importunei*.

Observação:

✔ Se a palavra negativa preceder um infinitivo não flexionado, é possível a ênclise: Calei para não *magoá-lo*.

b) os pronomes relativos:

Há pessoas que *nos querem* bem.

Conheces o homem por quem *te apaixonaste*?

c) as conjunções subordinativas:

Quando *nos viu*, afastou-se. Irei, se *me aprouver*.

Não os quis, embora *lhe servissem*. É justo que *o ampares*. Não iria, ainda que *me convidassem*.

d) certos advérbios:

Sempre *me lembro* dele. Já *se abrem* as portas. Bem *se vê* que não entendes. Aqui *se trabalha*. Deixe a pasta onde *a encontrou*. Mais *se aprende* vendo do que ouvindo.

([1]) Não se trata, é claro, de uma atração de natureza física, mas sim da influência fonética que certas palavras exercem sobre as vizinhas para atender ao ritmo e à entoação da frase.

SINTAXE 365

e) os pronomes indefinidos *tudo, nada, pouco, muito, quem, todos, alguém, algo, nenhum, ninguém, quanto*:

Tudo *se acaba*.
Todos *lhe obedecerão*.
Ignoro de quem *se trata*.
Pouco *se sabe* a respeito desse artista.

f) Nas orações optativas cujo sujeito estiver anteposto ao verbo:

Deus *o guarde*!
Os céus *te favoreçam*!
A terra *lhe seja* leve!

g) Nas orações exclamativas iniciadas por palavras ou expressão exclamativa:

Como *te iludes*! Quanto *nos custa* dizer a verdade!

h) Nas orações interrogativas iniciadas por uma palavra interrogativa:

Quando *me visitas*? Quem *se apresenta*? Por que *vos entristeceis*? Como *se faz* isso?

Na pronúncia do Brasil, as formas pronominais oblíquas não são completamente átonas; são, antes, semitônicas. Assim se explica por que entre nós é predominante a tendência para a próclise:

Ele terá de *se calar*.
É o que eu queria *lhe dizer*.
As pessoas foram *se retirando*.
Me empreste o livro.

5 MESÓCLISE

A intercalação das variações pronominais átonas ocorre somente no futuro do presente e no futuro do pretérito, desde que antes do verbo não haja palavra que exija a próclise. Exemplos:

Realizar-se-á uma grande obra.

Falar-lhe-ei a teu respeito.

Retirar-me-ia só se me expulsassem.

Por este processo, *ter-se-iam obtido* melhores resultados.

"Sua atitude é serena, *poder-se-ia* dizer hierática, quase ritual."
(RAQUEL DE QUEIRÓS)

Havendo palavra atrativa, impõe-se a próclise:

Não *lhe pedirei* nada. Ninguém *se importaria*.

Observações:

✔ Em caso algum se haverá de pospor o pronome átono ao futuro do indicativo: *dir-lhe-ei, dir-lhe-ia, far-se-ia, vender-lhe-ei, chamá-lo-ia*, e nunca: *direi-lhe, diria-lhe, faria-se, venderei-lhe, chamaria-o*.

✔ A mesóclise é colocação da língua culta; não se usa na fala popular nem na conversação informal.

---

6 ÊNCLISE

Os pronomes átonos estarão em ênclise:

- Nos períodos iniciados pelo verbo (que não seja o futuro), pois, na língua culta, não se abre frase com pronome oblíquo:

Afastaram-se rapidamente do local.

"*Diga-me* isto só, murmurou ele." (Machado de Assis)

"*Vendo-a* entrar, Araquém partiu." (José de Alencar)

Observação:

✔ Iniciar a frase com o pronome átono só é lícito na conversação familiar, despreocupada, ou na língua escrita, quando se deseja reproduzir a fala dos personagens: *Me* ponho a correr na praia. "*Nos* atirarmos à água pode nos ser fatal." (Milôr Fernandes)

■ Nas orações reduzidas de gerúndio, quando nelas não houver palavras atrativas:

A sucuri enroscou-se na vítima, *estrangulando-a*.

Observação:

✔ Se o gerúndio vier antecedido da preposição expletiva *em*, ou modificado por um advérbio, usar-se-á a próclise: "Em *se tratando* de um caso urgente, nada o retinha em casa." "Não *o achando* em casa, voltei desanimado." "Custódio era dado ao luxo, pouco *se importando* com os gastos."

■ Nas orações imperativas afirmativas:

"Romano, *escuta-me*!" (Olavo Bilac)

Procure suas colegas e *convide-as*.

- Junto a infinitivo não flexionado, precedido da preposição *a*, em se tratando dos pronomes *o, a, os, as*:

Todos corriam *a ouvi-lo.*

Começou *a maltratá-la.*

Dispôs-se *a servi-los.*

Observação:

✔ Junto a infinitivo flexionado, regido de preposição, é de rigor a próclise:
Repreendi-os por *se queixarem* sem razão.

- Vindo o infinitivo impessoal regido da preposição *para*, quase sempre é indiferente a colocação do pronome oblíquo antes ou depois do verbo, mesmo com a presença do advérbio *não*:
Corri para *defendê-lo.* Corri para *o defender.*
Calei para não *contrariá-lo.* Calei para não *o contrariar.*

7 COLOCAÇÃO DOS PRONOMES ÁTONOS NOS TEMPOS COMPOSTOS

Nos tempos compostos os pronomes átonos se juntam, na língua culta, ao verbo auxiliar e jamais ao particípio, podendo ocorrer, de acordo com as regras já estudadas, a próclise, a ênclise ou a mesóclise:

Os amigos *o tinham prevenido.*

Os presos *tinham-se revoltado.*

Nunca *a tínhamos visto.*

Haviam-no já *declarado* vencedor.

Até lá muitos já *se terão arrependido.*

"*Ter-lhe-ia sido* nociva alguma de minhas prescrições?"

(Gastão Cruls)

■ A colocação do pronome átono junto ao particípio, censurada pela Gramática, é própria da língua portuguesa do Brasil e encontra acolhida nos escritores modernos:

"Tinha *se esquecido* de conferir o bilhete." [*se esquecido*]

(Vivaldo Coaraci)

8 COLOCAÇÃO DOS PRONOMES ÁTONOS NAS LOCUÇÕES VERBAIS

Nas locuções verbais podem os pronomes átonos, conforme as circunstâncias, estar em próclise ou ênclise ora ao verbo auxiliar, ora à forma nominal:

■ Verbo auxiliar + infinitivo:

Devo calar-me, ou *devo-me calar,* ou *devo me calar.*

Não devo calar-me, ou *não me devo calar,* ou *não devo me calar.*

Podes ajudá-lo, ou *não o podes ajudar,* ou *não podes ajudá-lo.*

■ Verbo auxiliar + preposição + infinitivo:

Há de acostumar-se, ou *há de se acostumar.*

Não se há de acostumar, ou *não há de acostumar-se.*

Deixou de visitá-lo, ou *deixou de o visitar.*

Não o deixou de visitar, ou *não deixou de visitá-lo,* ou *não deixou de o visitar.*

- Verbo auxiliar + gerúndio:

Vou-me arrastando, ou *vou me arrastando,* ou *vou arrastando-me.*

Não me vou arrastando, ou *não vou arrastando-me.*

As sombras foram-se dissipando, ou *as sombras se foram dissipando,* ou ainda *as sombras foram dissipando-se.*

V. Sª está me insultando, ou *V. Sª está insultando-me.*

Não o estou criticando, ou *não estou criticando-o.*

"A tarde *ia-se tornando* lindíssima." (CECÍLIA MEIRELES)

"Cada vez mais ela *se ia transformando*." (J. LINS DO REGO)

"Meus olhos *iam se enchendo* de água." (RAQUEL DE QUEIRÓS)

EMPREGO DE ALGUMAS CLASSES DE PALAVRAS

1 NUMERAL

- Para designar os números entre cem e duzentos emprega-se a forma *cento*: *cento* e um reais, *cento* e vinte alunos.

  Cem, forma contracta de *cento*, e como esta invariável, designa o número sucessivo a 99: *cem* anos, *cem* escolas.

- *Ambos*, feminino *ambas*, é número dual e significa *os dois*, *um e outro*:

  Fui com Bruno e Ciro: *ambos* escoteiros.

  Ambas as mãos estavam feridas.

- Na designação dos séculos, reis e papas, usam-se os ordinais de um a dez e os cardinais de onze em diante. Exemplos:

  Século V (*quinto*)   Século XX (*vinte*)

  Pedro II (*segundo*)   Luís XV (*quinze*)

  Pio X (*décimo*)   Pio XII (*doze*)

- Referindo-nos ao primeiro dia do mês, usamos, de preferência, o ordinal: *Era primeiro de maio de 2002*. Na designação dos outros dias do mês, diz-se com o cardinal:

  No dia 23 de julho ou *aos 23 dias de julho*.

- Nas referências às páginas de um livro, usam-se os cardinais:

  Abri o livro na página *22*. (*vinte e dois*)

- Nos endereços das casas de uma vila usam-se exclusivamente os cardinais:

  Casa V (cinco), *Casa XII* (doze), etc.

- Diz-se corretamente:

  Era *meio-dia e meia* (isto é: *12 horas e meia*), e não: *meio-dia e meio*.

  Duas mil e quinhentas cartas, e não: *dois* mil e quinhentas cartas.

- Na linguagem afetiva usam-se certos numerais esvaziados do seu sentido próprio para exprimir número indeterminado, infinidade:

  Durante a visita falou-se de *mil e uma* coisas.

  "A vida tem uma só entrada: a saída é por *cem* portas."
  (Marquês de Maricá)

2 PRONOMES PESSOAIS

- Via de regra, os pronomes pessoais retos empregam-se como sujeitos, e os oblíquos como objetos ou complementos. Exemplo:

  Ele sempre *me* ajuda.

  ↑   ↑

  sujeito   objeto direto

SINTAXE 373

- Contudo, as formas retas *ele(s)*, *ela(s)*, *nós*, *vós*, como vimos, também se usam com função objetiva, mas regidas sempre de preposição. Exemplos:

Pagarei *a ele mesmo*.

Atiraram *contra nós*.

Foi uma cena inédita; os que *a ela* assistiram ficaram impressionados.

- As formas *o*, *a*, *os*, *as* empregam-se como objetos diretos:

Ninguém *o* agrediu.

Se *a* vejo triste, consolo-*a*.

As crianças *os* seguiam.

Os homens *as* admiram.

- As formas átonas *lhe*, *lhes* usam-se como objetos indiretos:

Cedo-*lhe* a vez.

Obedece-*lhes* com alegria.

Não *lhe* pagou a dívida.

Ensinei-*lhes* o caminho.

- Os pronomes *me*, *te*, *se*, *nos*, *vos* são objetos diretos ou indiretos, conforme o verbo for transitivo direto ou indireto:

Objeto direto	**Objeto indireto**
Ele *me* estima.	Ele *me* obedece.
Todos *te* esperam.	Cedo-*te* o lugar.
A criança feriu-*se*.	Dá-*se* ares de importante.
Ele *nos* convidou.	Perdoe-*nos*.
Sigo-*vos*.	Pergunto-*vos*.

- As formas tônicas *mim*, *ti* e *si* são sempre regidas de preposição:

  Ela sentou-se *entre mim* e Lúcio.

  Ele estava *entre* Nair e *mim*.

  Podes viver *sem mim*, não posso viver *sem ti*.

  Ele venceu *por si*. Eles discutiam *entre si*, mas não brigavam.

  O estrondo chegou *até mim*.

3 EU OU MIM?

- Observe-se o uso correto destes pronomes:

  Ele deu o livro *para mim*.

  Ele dera o livro *para eu* guardar. [E não: *para mim* guardar.]

  Não é difícil, *para mim*, ir lá. [= *Para mim* não é difícil ir lá.]

  Fizeram tudo *para eu* ir lá.

  Não vá *sem mim*. Não vá *sem eu* mandar.

  Note bem: emprega-se *eu* quando for sujeito de um verbo no infinitivo.

- Os pronomes reflexivos *si* e *consigo* devem referir-se ao sujeito da oração. Exemplos:

  O *egoísta* só pensa em *si*. [*si* refere-se ao sujeito *egoísta*]

  Marcos levou a filha *consigo*. [*consigo* refere-se ao suj. *Marcos*]

  Eles reservaram os melhores lugares para *si*.

  Você deve é cuidar de *si* e deixar os outros em paz.

O *senhor* guarde o recibo *consigo*.

O *vento* traz *consigo* a tempestade.

Inácio queria aquele importuno bem longe de *si*.

Passam os *vândalos*, deixando após *si* destruição e lágrimas.

São consideradas incorretas frases em que *si* e *consigo* não se referem ao sujeito da oração, como estas:

Eu tenho um recado para *si*, Regina [*eu*: 1ª pessoa; *si*: 2ª pessoa]

Mestre, nós queremos falar *consigo*. [*nós*: 1ª pessoa; *consigo*: 2ª pessoa]

Segundo o padrão culto, as construções corretas são:

Eu tenho um recado para *você*, Regina.

Mestre, nós queremos falar com o *senhor*.

- Em vez de *conosco*, *convosco*, diz-se *com nós*, *com vós*, sempre que esses pronomes vierem acompanhados de palavra determinativa, como *próprios*, *mesmos*, *outros*, *todos*, etc.:

Com *nós outros* isso não acontece. Falei *com vós mesmos*.

O barco virou *com nós três*.

- As sequências pronominais *se o*, *se a*, *se os*, *se as* são errôneas. Não se deve dizer, portanto:

Teu livro é bom, mas não *se o encontra* em parte alguma.

Os erros não *se os cometem* impunemente.

Roupa fica mais limpa quando *se a lava* com sabão.

As aves são livres, não *se as deve prender*.

As construções corretas são:

Teu livro é bom, mas não *se encontra* (ou *não é encontrado*) em parte alguma.

Os erros não *se cometem* impunemente.

Roupa fica mais limpa quando *se lava* (ou *quando lavada*) com sabão.

As aves são livres, não *se deve prendê-las*.

- Os pronomes oblíquos substituem muito elegantemente os possessivos em frases como as seguintes:

O barulho perturba-*me* as ideias. [O barulho perturba as *minhas* ideias.]

A bala feriu-*lhe* o braço. [A bala feriu o *seu* braço.]

O vento *nos* despenteava os cabelos. [O vento despenteava os *nossos* cabelos.]

Ana chamou a criança e lavou-*lhe* os pés.

"O terror *lhes* contorce subitamente as faces."
(ÉRICO VERÍSSIMO)

4 O PRONOME *SE*

O pronome *se* aparece na frase como:

1. Pronome reflexivo, com a função sintática de objeto direto de verbos reflexivos:

Se você está doente, *trate-se*.

2. Pronome reflexivo, com a função de objeto indireto de verbos reflexivos:

Ele *arroga-se* o direito de intervir. [se = *a si*]

Ela *impôs-se* uma dieta severíssima.

O rapaz *dá-se* muita importância. [se = *a si*]

Atribuem-se qualidades que não têm.

3. Pronome reflexivo, com a função de objeto direto de verbos reflexivos recíprocos:

Os dois *amam-se* como irmãos.

"Os dois homens *cumprimentaram-se* friamente."

(Machado de Assis)

4. Pronome reflexivo e objeto indireto de verbos reflexivos recíprocos:

Deram-se provas de profunda amizade.

Avó e neta *queriam-se* muito. [*uma queria muito à outra*]

5. Pronome reflexivo, sujeito de um infinitivo:

O cego deixa-*se* levar pelo guia.

6. Pronome apassivador. Forma a voz passiva pronominal:

Ouviram-se gritos de dor.

Sabe-se que as línguas evoluem.

"Jabuticaba *chupa-se* no pé." (C. Drummond de Andrade)

7. Índice de indeterminação do sujeito:

Aqui *vive-se* em paz. *Trabalhou-se* com prazer.

Detesta-se aos aduladores. *Responde-se* às cartas.

Trata-se de indivíduos aproveitadores.

8. Palavra expletiva ou de realce. Neste caso o pronome *se* transmite à ação verbal ênfase, ou certa espontaneidade:

As moças *sorriram-se*, agradecidas. [As moças sorriram, agradecidas.]

SINTAXE

"Vai-se a primeira pomba despertada..." (Raimundo Correia)

"O auditório *riu-se* ao ouvir tantas afirmações tolas." (Aurélio)

Observação:

✔ No caso em apreço, o pronome *se*, não tendo valor gramatical mas apenas estilístico, não exerce função sintática.

9. Parte integrante de verbos que exprimem sentimentos, mudança de estado, movimento, etc., como *queixar-se, arrepender-se, alegrar-se, converter-se, afastar-se* e outros verbos pronominais.

Observação:

✔ O *se* que se associa a esses verbos não tem função sintática.

5 PRONOMES DEMONSTRATIVOS

■ De modo geral, os demonstrativos *este(s), esta(s), isto* se aplicam às pessoas ou coisas que se acham perto da pessoa que fala ou lhe dizem respeito; ao passo que *esse(s), essa(s), isso* aludem a coisas que ficam próximas da pessoa com quem se fala ou a ela se referem. Exemplos:

Leve *este* livro para você.

Esse relógio é seu, Ricardo?

Esta é a minha opinião.

Não sei onde andas com *essa* cabeça, Antônio!

Isto (que eu tenho) é o que há de melhor.

Isso (que dizes) não me parece certo.

- Usa-se *nisto* adverbialmente, como sinônimo de *nesse momento, nesse entretempo*:

"*Nisto* deu o vento e uma folha caiu." (MONTEIRO LOBATO)

- Não raro os demonstrativos aparecem na frase com finalidade expressiva, para salientar algum termo anterior:

O chefe da rebelião, *esse* tratou de fugir.

Ter sede e não poder beber, *isso* é que é atroz!

"A estrada do mar, larga e oscilante, *essa*, sim, o tentava."
(JORGE AMADO)

- O pronome demonstrativo neutro **o** pode representar um termo ou o conteúdo de uma oração inteira. Exemplos:

Ia dizer-lhe umas palavras duras, mas não *o* fiz.

"*Era uma bela ponte*, ele próprio *o* reconhecia."
(ANÍBAL MACHADO)

Quiseram gratificar-me, *o* que me deixou constrangido.

"*Se lagoa existiu*, pouca coisa *o* indica." (POVINA CAVALCÂNTI)

Diz-se corretamente:

Não sei (*o*) *que* fazer.

Mas:

Tenho muito *que* fazer. [e não: Tenho muito *o que* fazer.]

- Em frases como a seguinte, *este* refere-se à pessoa mencionada em último lugar, *aquele* à mencionada em primeiro lugar:

Fábio e seu amigo Vítor tinham temperamentos opostos: *este* era calmo, *aquele*, agitado e nervoso. [este = Vítor; aquele = Fábio]

■ O pronome demonstrativo *tal* pode ter conotação irônica:

"A senhora foi *a tal* que usou minha cozinha?" (Edy Lima)

6 PRONOMES RELATIVOS

■ O antecedente do pronome relativo **que** pode ser um substantivo ou um pronome. Exemplos:

Há *coisas que* aprendemos tarde.

"Bendito *o que*, na terra, o fogo fez, e o teto." (Olavo Bilac)

[O pronome *que* refere-se ao pronome demonstrativo *o*.]

■ Numa série de orações adjetivas coordenadas, pode ocorrer a elipse do relativo **que**:

"A sala estava cheia de gente que conversava, *ria, fumava*." [*que* ria, *que* fumava] (Lúcio de Mendonça)

■ O relativo **quem** é sempre regido de preposição e na língua moderna se refere exclusivamente a pessoas ou coisas personificadas:

Procurei o diretor, *a quem* expus meu caso.

O funcionário *por quem* fui atendido mostrou-se gentil.

■ **Cujo** (e suas flexões) equivale a **do qual**:

O cavalo é um animal *cujo* pelo é liso. [= o pelo *do qual* é liso]

As abelhas, *cuja* operosidade é proverbial, vivem em colmeias.

Observação:

✔ O substantivo determinado pelo pronome *cujo* não virá precedido de artigo: *cujo pelo* (e não: *cujo o pelo*).

■ O relativo **o qual** (e suas flexões), principalmente quando regido de preposição, pode substituir o pronome **que**:

É um passado extinto e *de que* (ou *do qual*) ninguém se lembra.

Eis o magno problema *por que* (ou *pelo qual*) me bato.

Por amor da clareza, usa-se o *qual* em vez de *que*, quando este vier distanciado do seu antecedente, ensejando falsos sentidos:

Regressando de Ouro Preto, visitei o sítio de minha tia, *o qual* me deixou encantado.

Observação:

✔ O pronome relativo *o qual* aparece, geralmente, em orações adjetivas explicativas:

■ As preposições *ante, após, até, desde, durante, entre, perante, mediante, segundo* (vale dizer, preposições com duas ou mais sílabas), bem como as monossilábicas *sem* e *sob* e todas as locuções prepositivas, constroem-se com o pronome *o qual* e nunca com o pronome relativo *que*. As preposições *contra, para* e *sobre* usam-se, de preferência, com o pronome *o qual*. Exemplos:

Perguntei qual era o tema *sobre o qual* devia falar.

Iniciou-se então o julgamento dos réus, *durante o qual* houve um pequeno tumulto.

"E havia a grande mangueira *sob a qual* um grupo de crianças tranquilamente ouvia as histórias que uma mulher contava." (Cecília Meireles)

"Observava a presença de pequeníssimos corpúsculos, *sem os quais* a água perdia aquelas propriedades fosforescentes."
(Cecília Meireles)

"Havia também um tanque, *em torno do qual* a empregada se agitava." (Leandro Tocantins)

As preposições monossilábicas *a, com, de, em* e *por*, quando iniciam orações adjetivas restritivas, empregam-se, de preferência, com o pronome *que*:

A moça [*a que* me refiro] não é desta cidade.

Não encontrei os livros [*de que* precisava].

O atalho [*por que* passamos] atravessava a mata.

- Como já vimos, os pronomes relativos vêm precedidos da preposição (ou locução prepositiva) quando o verbo da oração adjetiva a reclamar. Exemplos:

Ainda me lembro dos passeios *a que* ele me levava.

São muitas as pessoas *de quem* dependemos.

Observações:

✔ Distinga-se *por que* (= pelo qual) de *porque* (conjunção) e de *por que* (advérbio).

✔ De acordo com o Vocabulário Ortográfico, escreve-se o advérbio interrogativo *por que* em duas palavras: "*Por que* não vens?" "Queria saber *por que* não vens." Contudo, a grafia *porque*, numa só palavra, é mais acertada e coerente e a que melhor se harmoniza com o nosso sistema ortográfico simplificado.

7 ADVÉRBIO

- Os advérbios modificam o verbo, o adjetivo ou outro advérbio, conforme já vimos.

- Os advérbios são, na sua generalidade, invariáveis. Alguns, porém, recebem as flexões de grau:

"Deveria ser *muitíssimo* longe." (MACHADO DE ASSIS)

"Foi vítima dum animalzinho *muitíssimo* menor." (MONTEIRO LOBATO)

Na linguagem familiar usam-se as formas diminutivas de alguns advérbios com a ideia de intensidade, à maneira de superlativos:

Aproximou-se *devagarinho*. Mora ali *pertinho*. Saiu *agorinha* mesmo.

- Numa série de advérbios em *-mente*, em geral só o último toma este sufixo:

Os trovões ecoavam *forte* e *longamente*...

Sentia-me abalado *física* e *espiritualmente*.

Por ênfase, repete-se às vezes o sufixo:

"E (os tesouros) apareceram *fabulosamente, opulentamente, deslumbrantemente*..." (VIRIATO CORREIA)

- Comum é também usar-se o adjetivo no lugar do advérbio em *-mente*:

Falemos *sério*! [= seriamente]

Os dias passavam *rápido*.

"*Súbito* um sorriso iluminou-lhe a face."

(JOSÉ MAURO DE VASCONCELOS)

- Os comparativos sintéticos *melhor* (mais bem) e *pior* (mais mal), *maior* e *menor* (mais pequeno), é óbvio, são invariáveis:

  Vamos indo *melhor*. As coisas andam *pior* do que antes.

  "No próximo caderno vou escrever *menor* e mais depressa."
  (OTO LARA RESENDE)

  Diz-se indiferentemente:

  Salas mais bem iluminadas ou *melhor iluminadas*.

  "Tenho empregados que nunca estudaram e são *mais bem pagos*." (G. RAMOS)

  "Fortaleza é hoje uma das cidades *mais bem sinalizadas* do país." (JORNAL DO BRASIL, 15/10/1972)

  "O desejo do barão não podia ser *melhor satisfeito*." (José de Alencar)

- O advérbio *aqui* assume, por vezes, nas narrativas, sentido temporal (= *neste momento, neste ponto*). Exemplo:

  "*Aqui* uma nuvem escura envolveu-lhe o espírito."
  (ANÍBAL MACHADO)

- O advérbio *não* é expletivo em certas frases exclamativas:

  "Quantas angústias *não* passaram os manos…!" (RUBEM BRAGA)

- Na locução adverbial *a olhos vistos* (= claramente, visivelmente) o particípio permanece invariável:

  Cátia emagrecia *a olhos vistos*.

  "O Brasil então medrava *a olhos vistos*." (CARLOS DE LAET)

EMPREGO DOS MODOS E TEMPOS

Compare os verbos destes exemplos:

João **leu** o livro.   **leu** → fato certo

Se João **lesse** o livro, aprenderia. **lesse** → fato incerto

Leia, João, o livro.   **leia** → fato ordenado ou pedido

A essas diversas modalidades de um fato se realizar damos o nome de **modos**.

Como já vimos, os modos verbais são três: o *indicativo*, o *subjuntivo* e o *imperativo*.

Nota. Incluímos neste capítulo o estudo do particípio e do gerúndio, que são formas nominais do verbo.

1 MODO INDICATIVO

Exprime um fato certo, real, positivo. Excepcionalmente, pode traduzir incerteza, possibilidade. Aparece com mais frequência em orações absolutas, coordenadas e principais.

Vamos estudar o emprego dos tempos do indicativo:

■ **presente**

a) Indica um fato atual (simultâneo ao ato da fala), ou habitual, permanente:

Neste momento *penso* em você, leitor.

A Terra *gira* no espaço.

b) Emprega-se nas narrações, em lugar do pretérito, para tornar mais viva a representação de um fato. É o chamado *presente histórico*.

"Rumor suspeito *quebra* [= quebrou] a doce harmonia da sesta. *Ergue* [= ergueu] a virgem os olhos…; sua vista *perturba-se* [= perturbou-se]. Diante dele *está* [= estava] um guerreiro estranho." (JOSÉ DE ALENCAR)

c) Emprega-se pelo futuro do presente;

Amanhã *vou* a Petrópolis. [vou = irei]

d) Pode também ser usado, em lugar do imperativo, para se dar uma ordem atenuada:

"Ninguém *desce* das redes, fora da hora de acampar para refeições." (*desce* = desça] (EDY LIMA)

▪ pretérito imperfeito

a) Enuncia um fato passado, porém não concluído, um fato que se prolongou:

Enquanto *subia* o morro, ia admirando a paisagem.

b) Traduz um fato habitual, durativo:

Aurélio *vivia* sempre quieto.

Adelaide *gostava* de festas.

▪ pretérito perfeito

Indica um fato completamente realizado, uma ação concluída:

"A América *reagiu* e *combateu*." (LATINO COELHO)

O pretérito perfeito composto traduz um fato passado repetido, ou que se prolonga até o presente:

Tenho-lhe *dado* sempre bons conselhos.

SINTAXE

■ pretérito mais-que-perfeito

a) Exprime um fato passado, anterior a outro igualmente passado:

"Paranhos seguia as mesmas ruas que anos antes, voltando do Sul, *pisara* sozinho e condenado." (MACHADO DE ASSIS)

[O fato expresso pelo verbo *pisara* foi anterior ao de seguir as ruas.]

b) Emprega-se, na língua literária, pelo futuro do pretérito:

Fora injustiça destituí-lo do cargo. [*fora* = seria]

c) Emprega-se, na língua culta, pelo pretérito imperfeito do subjuntivo:

"Levantou-me ao ar como se *fora* uma pluma." [*fora* = fosse] (ANÍBAL MACHADO)

d) Traduz desejo, em frases optativas:

Quisera eu ter a vida que levas!

"*Tomara* que assim fosse!" (CÂNDIDO DE FIGUEIREDO)

Em geral, prefere-se o pretérito mais-que-perfeito composto ao simples:

Naquela manhã eu *tinha acordado* mais cedo.

Quantas vezes *havíamos brincado* juntos, quando crianças!

■ futuro do presente

a) Enuncia um fato que se há de realizar:

Amanhã *viajarei* para a Europa.

Se cultivadas, essas terras *darão* bons frutos.

b) Pode exprimir dúvida, incerteza, probabilidade:

Ele *terá*, quando muito, vinte e sete anos.

Você não *estará* equivocado?

"De sua casinha à Faculdade *serão* dois quilômetros, se tanto."

(Ciro dos Anjos)

c) É usado com força de imperativo:

Não *matarás*. [= Não mates.]

Você *irá* com ele agora. [= Vá com ele agora.]

d) Pode ser substituído, sobretudo na língua coloquial, por locuções constituídas do presente do indicativo dos verbos *ir, ter* ou *haver + infinitivo*:

Olga *vai casar* no mês que vem. [*vai casar* = casará]

Daqui por diante *hei de ter* mais cuidado.

Tenho de sair daqui a pouco.

■ futuro do pretérito

a) Exprime um fato futuro condicionado a outro:

Eu *iria* à festa, se não chovesse.

"*Faria* melhor negócio criando galinhas." (Graciliano Ramos)

b) Exprime um fato futuro situado no passado:

Afirmei, naquela ocasião, que não o *apoiaria*.

Prometeste-me que não me *desobedecerias* mais.

A família decidiu: *viajariam* todos no mês seguinte.

c) Emprega-se pelo presente nas fórmulas de polidez:

Desejaria falar a Vossa Excelência. [*desejaria* = desejo]

Poderia dar-me uma informação?

d) Pode exprimir dúvida, incerteza, probabilidade, ideia aproximada:

Seria verdade o que diziam dele?

Você não *estaria* exagerando?

Ele *teria*, quando muito, seus trinta e cinco anos.

Venera-se, naquela cidade, uma imagem da Virgem que *teria* pertencido a Anchieta.

2 MODO SUBJUNTIVO

Emprega-se o modo subjuntivo para exprimir um fato possível, incerto, hipotético, irreal ou dependente de outro.

O subjuntivo aparece:

- em orações absolutas (períodos simples)

  Deus o *acompanhe*!

  Eles que *se arranjem*!

  "Os passageiros que *chacoalhassem* lá dentro de qualquer jeito!" (Vivaldo Coaraci)

- em orações coordenadas:

  Talvez ela compreendesse [e lhe *perdoasse*.]

- em orações principais

  [Que lhe *dessem* o] que ele queria, porque senão haveria briga na certa.

  ["Talvez não *mereçamos*] imaginar que haverá outros verões."
  (Rubem Braga)

- mais frequentemente, em orações subordinadas

  Temíamos que a ponte *caísse*.

SINTAXE

▪ presente

a) Exprime dúvida, hipótese, possibilidade;

Talvez *seja* essa a intenção dele.

É possível que me *engane*.

Suponhamos que teu plano não *dê* certo.

b) Emprega-se em orações optativas e imprecativas:

"Oxalá *cesse* um dia a miséria do mundo!" (Aurélio)

"Não *encontres* amor nas mulheres." (Gonçalves Dias)

▪ pretérito imperfeito

a) Emprega-se em frases optativas:

"Oxalá *fosse* eterna esta ventura!

Não *sucedesse* a morte à vida,

Parasse o tempo, que nos foge!" (Cabral do Nascimento)

b) Usa-se em orações adverbiais condicionais, causais e outras:

Se *soubesse*, não perguntava.

Como *fosse* acanhado, não interrogava a ninguém.

Por mais que *insistisse*, não foi atendido.

c) Forma orações substantivas e adjetivas:

As chamas impediam que os bombeiros *se aproximassem*.

"Não fui nunca um menino que *morresse* em cima dos livros."

(Povina Cavalcânti)

d) Traduz uma condição, um meio para se conseguir determinado fim ou efeito:

Se estes eram os seus ideais, *trabalhasse* com mais constância.

"*Deixassem*-no com ele e haviam de ver o bicho que dali saía."

(Coelho Neto)

SINTAXE

e) Exprime um fato hipotético, irreal:

"*Aparecesse* o Imperador à frente dos amotinados… e, num segundo, tudo acabaria." (Viriato Correia)

■ pretérito perfeito

Enuncia um fato passado, real ou incerto, provável:

Foi bom que ele *tenha saído* daqui.

Talvez *tenham seguido* por outro caminho.

■ pretérito mais-que-perfeito

Traduz um fato hipotético, ou irreal, anterior a outro igualmente irreal, ou hipotético:

Se *tivessem vindo* ontem, teriam sido atendidos.

Tivessem-no *aconselhado*, e ele hoje seria outro.

Eu supunha que *tivesses ficado* em casa.

Se Cristo não *tivesse resgatado* a Humanidade, quem se salvaria?

■ futuro

a) Emprega-se em orações adverbiais condicionais, temporais, proporcionais e outras:

Se *transpuserem* a fronteira, serão capturados.

Enquanto não a *vir*, não descansarei.

Quanto maior *for* a altura, maior será o tombo.

b) Aparece em orações subordinadas adjetivas:

Só poderão entrar os que *tiverem* ingresso.

3 MODO IMPERATIVO

Emprega-se para exprimir ordem, proibição, pedido, conselho:

"*Emende* a língua, ordenei." (Graciliano Ramos)

"*Lançai* os cavalos para as brenhas, e *atravessemos* o Sália!"
(Alexandre Herculano)

"*Descansa, dorme* em paz. Aldebarã é tua amiga."
(Rubem Braga)

"Não *vá*, não *vá* mais! – pedia, insistindo." (Adonias Filho)

"*Trazei* sempre bem vivo nos vossos corações o amor ao próximo." (Latino Coelho)

Sente-se e *conversemos.*

4 PARTICÍPIO

O particípio, como o infinitivo e o gerúndio, é, por si, vago, impreciso, impessoal. Só no contexto é que se despoja de sua imprecisão, para enunciar, geralmente, fato concluído, ação relacionada com o passado.

Emprega-se o particípio:

- para formar a voz passiva e os tempos compostos da ativa:

    Tínhamos ido ao cinema.

    Leila *foi avisada* pelo irmão.

    Tenho visto por ali muitas misérias.

    Elas *eram aplaudidas* pelos fãs.

- para constituir orações reduzidas adverbiais temporais, causais e outras, já estudadas no capítulo sobre *orações reduzidas*:

    Feitos os preparativos, partiu para uma longa viagem.

    Chegados que fomos ao local, levantamos um abarracamento.

- como simples adjetivo:

Isto aconteceu no mês *passado*, quando elas chegaram à aula *atrasadas*.

O moço estendeu a mão *ferida*, os dedos *ensanguentados*.

5 GERÚNDIO

Vimos que o gerúndio possui a forma simples (*amando, batendo, saindo*) e a composta (*tendo* ou *havendo amado, batido, saído*)

Emprega-se o gerúndio:

- nas conjugações perifrásicas, formando locuções verbais com os verbos *andar, estar, ficar, viver, ir, vir,* etc.:

Andavam caçando. Está chovendo. Ficou chorando.

Vive rindo. Vamos indo devagar. *Vem vindo* de mansinho.

Neste caso pode o gerúndio ser substituído pelo infinitivo regido da preposição *a*:

Os dois não se entendiam, andavam *a brigar*. [= brigando]

"Vivia *a elogiar* incendiários e assassinos." (GRACILIANO RAMOS)

- em orações reduzidas adverbiais, sob a forma simples ou composta:

Cessando a chuva, todos saíram.

Calando-me, atrairei suspeitas.

Nesta terra, *em se plantando*, tudo dá.

Tendo ferido o pé durante uma caçada, o príncipe teve de cancelar a viagem.

- em orações reduzidas adjetivas, sob a forma simples:

  Eram as alunas *saindo* para o recreio. [= que saíam]

  "Eram quatro bandidos *disparando* por todo o lado."
  (Santos Fernando)

- em descrições breves, para sugerir movimentação:

  "Ao longo dos campos verdes, tropeiros *tocando* o gado… O vento e as nuvens *correndo* por cima dos montes claros."
  (Cecília Meireles)

EMPREGO DO INFINITIVO

Veja estes exemplos:

Não é um milagre o fato de **estarmos** vivos?

[**estarmos** → infinitivo pessoal flexionado]

Não é um milagre o fato de você **estar** vivo?

[**estar** → infinitivo pessoal não-flexionado]

Estar vivo é um milagre.

[**estar** → infinitivo impessoal]

Observe:

- O infinitivo pode ser pessoal (quando tem sujeito próprio) ou impessoal (quando não se refere a nenhum sujeito).

- O infinitivo pessoal ora se flexiona (isto ocorre na 2ª pessoal do singular e nas três pessoas do plural), ora não se flexiona (o que se dá na 1ª e na 3ª pessoas do singular).

1 INFINITIVO NÃO-FLEXIONADO

Usa-se o infinitivo não-flexionado nos seguintes casos:

1. Quando é impessoal, isto é, quando exprime um fato de modo geral, sem referi-lo a um sujeito:

SINTAXE

Morrer pela pátria é glorioso.

Importa a todos *colaborar* pela causa do bem.

"*Morrer*, se necessário for; *matar*, nunca." (Cândido Rondon)

2. Se equivaler a um imperativo:

"*Caminhar! caminhar!...* O deserto primeiro, o mar depois..." (Olavo Bilac)

3. Em geral, quando o infinitivo for complemento dos adjetivos *fácil, difícil, bom, duro, digno, capaz, disposto, propenso, ansioso, cansado* e outros:

Não foram capazes de *sair*.

Não faltam ações dignas de *ser* imitadas.

Estavam dispostos a *resistir*.

Flexiona-se, no entanto, o infinitivo da voz reflexiva:

Estão dispostos a *se reconciliarem*.

São incapazes de *se ajudarem*.

4. Quando o infinitivo forma locução verbal, ou, via de regra, quando tem o mesmo sujeito que o verbo da oração principal:

Costumamos levantar cedo.

Devemos, pelas nossas obras, *dar* glória a Deus.

Podemos, depois disso, *ir* ao cinema.

Evita prometer o que não *podes cumprir*.

Não *ousaste* sequer *encarar* teu ofensor!

Tomaram a resolução de *resistir* até o fim.

5. Quando o infinitivo, regido das preposições *a* ou *de*, forma locução com os verbos *estar, começar, entrar, continuar, acabar, tornar* e outros análogos:

| Estás *a brincar*. | Começaram *a rir*. |
| Acabam *de sair*. | Tornamos *a errar*. |

6. Se o infinitivo tiver como sujeito um pronome oblíquo com o qual constitua o objeto dos verbos *deixar, fazer, mandar, ver, ouvir* e *sentir*:

"Não nos deixeis *cair* em tentação."

Faça-os *entrar*.

Mande-as *esperar*.

Vejo-os *sair*.

Ouço-as *falar*.

Senti-os *aproximar-se*.

Observação:

✔ O sujeito do infinitivo sendo um susbstantivo, é facultativa a flexão para verbos ativos e obrigatória ou, pelo menos, recomendável com os verbos reflexivos:

Fiquei à janela, vendo as tropas *desfilar* (ou *desfilarem*).

"Vilares via os anos *passarem* inalteráveis." (Amadeu de Queirós)

"As damas antigamente mandavam os cavaleiros *correr* aventuras."

(Rebelo da Silva)

"Faziam, num átimo, os grãos *saltarem* da espiga." (Ciro dos Anjos)

"Vi os bustos *inclinarem-se* ainda mais." (Machado de Assis)

"Sentia os torrões *se esfarelarem* sob as solas dos sapatos." (G. Ramos)

2 INFINITIVO PESSOAL FLEXIONADO

Ocorre o infinitivo pessoal flexionado nos seguintes casos:

1. Quando o infinitivo tem sujeito próprio, diverso do sujeito da oração principal:

Eu alugaria uma casa para eles *morarem* sozinhos.

As autoridades deram ordens para *serem* presos todos os agitadores.

Permaneci calado, ouvindo os outros *discutirem* os seus problemas.

"Não era raro *sentarem-se* à mesa dezoito ou vinte convivas." (VIVALDO COARACI)

"Afirma não *existirem* tais plantas no país." (SAID ALI)

"Achei notável *usarem* os dois uma prosa fofa." (G. RAMOS)

2. Quando o infinitivo vier regido de preposição, sobretudo se preceder ao verbo da oração principal:

Para saberes teu ofício deves praticá-lo.

"Ficaram todos pasmados *ao verem*-no caminhar." (SAID ALI)

Ao saberem isso, ficarão tristes.

Até encontrarmos a saída, muito teremos que andar.

"Alguns o tinham visto meses atrás, *sem* lhe *guardarem* bem a fisionomia." (ANÍBAL MACHADO)

3. Sendo o verbo passivo, reflexivo ou pronominal:

Viviam juntos sem *se conhecerem*.

"Despediu-se de Filipe dizendo que não convinha *serem visto* juntos." (CLARICE LISPECTOR)

> "Confesso que senti as carnes *arrepiarem-se*." (Coelho Neto)

> "Essas terríveis pequenas não precisam de falar para *se entenderem*." (Ciro dos Anjos)

> "A tentativa de *se aferirem* pesos e medidas." (Ciro dos Anjos)

4. Sempre que for necessário deixar bem claro o agente ou sujeito, ou se quiser pô-lo em evidência:

> Era melhor *teres feito* isto ontem.

> Penso *seres* o mais indicado para o cargo.

> Ele nos acompanhará para não *atrairmos* suspeitas.

> "Estás louco, rapaz! Não *comeres*, tu que estalavas de fome?"
> (Monteiro Lobato)

> "Confessam *deverem*-vos a vida que vivem." (Said Ali)

> "E assim vão se criando, sem jamais *terem* escutado uma palavra de catecismo." (Raquel de Queirós)

> "É preciso *aprendermos* a nos esquecer de nós mesmos."
> (Ciro dos Anjos)

5. Quando vier um tanto afastado do verbo auxiliar ou do seu sujeito:

> "Mas a selva já começa a rarear, e os ginetes a *resfolegarem* com mais violência." (Alexandre Herculano)

> "Quem quisesse poderia ver as filhas de Maria Amélia, com seus vestidinhos de luto, *brincarem* no jardim."
> (J. Geraldo Vieira)

6. Como recurso de expressão, já para assegurar à frase harmonia e equilíbrio, já para transmitir à ação verbal mais vigor e dinamismo:

> "Eu vi as ondas *engolirem*-no." (Aníbal Machado)

"Venho com os olhos a *faiscarem* de cores." (J. Geraldo Vieira)

"Chamam-nos pelo medo de *terem* suas moradias queimadas." (Cecília Meireles)

"Vira muitos dos seus companheiros *caírem* mortos ao seu lado." (João Felício dos Santos)

"Cifras, cifras, sempre cifras a lhe *ferverem* na cabeça…"
(Ciro dos Anjos)

"Vi vários deles *tombarem* de seus cavalos e *serem* arrastados pelo campo." (José J. Veiga)

Com o verbo *parecer*, conforme já vimos no capítulo da concordância verbal, são lícitos dois tipos de construção, podendo-se flexionar no plural ora o verbo auxiliar, ora o infinitivo:

As montanhas **pareciam fugir** à nossa aproximação. [*ou* As montanhas **parecia fugirem** à nossa aproximação.]

"As medidas de segurança postas em execução **parece encontrarem** apoio na descoberta de um vasto plano subversivo que estaria prestes a ser desencadeado." (Jornal do Brasil, 5/11/1970)

EMPREGO DO VERBO HAVER

O verbo *haver* pode ser empregado como pessoal ou impessoal.

A) Emprega-se pessoalmente:

1. como verbo auxiliar

Hei de ter mais atenção.

Os criminosos *haviam fugido* da prisão.

Haveremos de ter saudades desta casa.

2. como verbo pronominal, no sentido de *proceder, portar-se, desincumbir-se, sair-se*

Todos *se houveram* com perfeita dignidade.

O soldado *houve-se* como herói.

Os alunos não *se houveram* bem nas provas do mês.

"Não sabia como *haver-se* com seus empregados."

(Garcia de Paiva)

3. ainda como pronominal, na acepção de *acertar contas* (nas ameaças)

Quem o maltratar, comigo *se haverá*.

4. nas seguintes locuções:

a) *haver por bem* = dignar-se, resolver, considerar bom

O presidente *houve por bem* reconsiderar suas decisão.

"O Doutor Juiz *houve por bem* decretar o fechamento do Asilo." (Oto Lara Resende)

b) *bem haja* = seja feliz, seja abençoado

Bem haja o que luta pela paz.

Bem hajam os que lutam pela liberdade.

B) O verbo *haver* é impessoal – sendo, portanto, usado invariavelmente na 3ª pessoa do singular – quando significa:

1. *existir*

Há pessoas que nos querem bem.

Criaturas infalíveis nunca *as houve*.

Brigavam à toa, sem que *houvesse* motivos sérios.

Se *tivesse havido* mais recursos, a obra já estaria concluída.

"*Havia* rosas em todo o canto." (Graciliano Ramos)

2. *acontecer, suceder*

Houve casos difíceis.

Não *haja* desavenças entre vós.

3. *decorrer, fazer,* com referência ao tempo passado

Há meses que não o vejo.

Haverá nove dias que ele nos visitou.

Havia já duas semanas que não trabalhava.

4. *realizar-se*

Houve festas e jogos.

Se não chovesse, *teria havido* outros espetáculos.

5. *ser possível, existir possibilidades ou motivo* (em frases negativas e seguido de infinitivo)

SINTAXE 403

"Em pontos de ciência *não há transigir*." (Carlos de Laet)

"*Não há contê-lo*, então, no ímpeto." (Euclides da Cunha)

"*Não havia descrer* da sinceridade de ambos."

(Machado de Assis)

- Como impessoal o verbo *haver* forma ainda a locução adverbial de *há muito* (=desde muito tempo, há muito tempo):

  De há muito que esta árvore não dá frutos.

- O verbo *haver* transmite a sua impessoalidade aos verbos que com ele formam locução, os quais, por isso, permanecem invariáveis na 3ª pessoa do singular:

  Vai haver eleições em novembro.

  Começou a haver reclamações.

  Não *pode haver* rasuras no documento.

  Parecia haver mais curiosos do que interessados.

  Deve haver outros implicados no caso.

ESTILÍSTICA

trata do estilo, dos
recursos expressivos
da língua

FIGURAS DE LINGUAGEM

Figuras de linguagem, também chamadas *figuras de estilo*, são recursos especiais de que se vale quem fala ou escreve, para comunicar à expressão mais força e colorido, intensidade e beleza.

Podemos classificá-las em três tipos:

1) Figuras de palavras (ou tropos);

2) Figuras de construção (ou de sintaxe);

3) Figuras de pensamento.

O estudo das figuras de linguagem faz parte da *estilística*.

1 FIGURAS DE PALAVRAS

Comparem-se estes exemplos:

A) O tigre é uma **fera**.　　　[*fera* = animal feroz: sentido próprio, literal, normal]

B) Pedro era uma **fera**.　　　[*fera* = pessoa muito brava: sentido figurado, ocasional]

No exemplo B, a palavra *fera* sofreu um desvio na sua significação própria e diz muito mais do que a expressão vulgar "pessoa brava". Semelhantes desvios de significação a que são submetidas as palavras, quando se deseja atingir um efeito expressivo, denominam-se *figuras de palavras*.

São as seguintes as figuras de palavras:

- **Metáfora**. É o desvio da significação própria de uma palavra, nascido de uma comparação mental ou característica comum entre dois seres ou fatos.

O seguinte exemplo colhido em *Crônicas Escolhidas* de Rubem Braga esclarece a definição:

"O pavão é um *arco-íris* de plumas." Isto é:

O pavão, com sua cauda armada em forma de leque multicolorido, é como um arco-íris de plumas.

Entre os termos *pavão* e *arco-íris* existe uma relação de semelhança, uma característica comum: um semicírculo ou arco multicor.

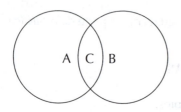

A – pavão
B – arco-íris
C – semicírculo multicor

Outros exemplos de metáforas:

Toda profissão tem seus *espinhos*.

As derrotas e as desilusões são *amargas*.

Murcharam-lhe os entusiasmos da mocidade.

Às vezes as discussões *ferviam*.

Observação:

✔ Não confundir metáfora com a **comparação**. Nesta, os dois termos vêm expressos e unidos por nexos comparativos (*como, tal, qual,* etc.)

Nero foi cruel *como um monstro*. (**comparação**)
Nero foi um monstro. (**metáfora**)

■ **Metonímia**. Consiste em usar uma palavra por outra, com a qual se acha relacionada. Há metonímia quando se emprega:

a) o *efeito* pela *causa*:

Os aviões semeavam a *morte*. [= bombas mortíferas]
[*as bombas* = causa; *a morte* = o efeito]

b) o *autor* pela *obra*:

Nas horas de folga lia *Camões*. [*Camões* = obra de Camões]
Traduzir *Homero* para o português não é fácil.

c) o *instrumento* pela *pessoa* que o utiliza:

Ele é um bom *garfo*. [= comedor]

As *penas* mais brilhantes do país reverenciaram a memória do grande cientista. [= os escritores]

d) o *sinal* pela *coisa significada*:

O *trono* estava abalado. [isto é, o *Império*]
Os partidários da *Coroa* eram poucos. [= governo monárquico]

e) o *lugar* pelos seus *habitantes*:

"A *América* reagiu e combateu." (Latino Coelho)

f) a *parte* pelo *todo*:

Não tinha *teto* onde se abrigasse. [*teto* = casa]

Márcia completou ontem vinte *primaveras*. [*primaveras* = anos]

João trabalha dobrado para alimentar oito *bocas*. [*bocas* = pessoas]

g) a *espécie* ou a *classe* pelo *indivíduo*:

"Andai como filhos da luz", recomenda-nos o *Apóstolo* (para dizer *São Paulo*). [*São Paulo* (indivíduo) foi um dos *apóstolos* (espécie)].

h) o *indivíduo* pela *espécie* ou *classe*:

Os *mecenas* das artes. (protetores)

Os *átilas* das instituições. (destruidores)

O *judas* da classe. (traidor)

i) a *matéria* pelo *objeto*:

Tanger o *bronze* (o sino). O tinir dos *cristais* (copos). Um *níquel* (moeda).

"O *aço* [= a faca] de Zé Grande espelha reflexos dos cristais…" (Haroldo Bruno)

- **Perífrase**. É uma expressão que designa os seres através de algum de seus atributos, ou de um fato que os celebrizou:

Das entranhas da terra jorra o *ouro negro*. [= o petróleo]

O *rei dos animais* foi generoso. [= o leão]

O *Poeta dos Escravos* morreu moço. [= Castro Alves]

Os urbanistas tornarão ainda mais bela a *Cidade Maravilhosa*. [= o Rio de Janeiro]

- **Sinestesia**. É a transferência de percepções da esfera de um sentido para a de outro, do que resulta uma fusão de impressões sensoriais de grande poder sugestivo. Exemplos:

Sua *voz doce e aveludada* era uma carícia em meus ouvidos.

[*voz*: sensação auditiva; *doce*: sensação gustativa; *aveludada*: sensação tátil]

Em seu *olhar gelado* percebi uma ponta de desprezo.

2 FIGURAS DE CONSTRUÇÃO

Compare as duas maneiras de construir esta frase:

a) "Os homens pararam, o medo no coração".

b) Os homens pararam, com o medo no coração.

Nota-se que a primeira frase é mais concisa e elegante.

Desvia-se da norma estritamente gramatical para atingir um fim expressivo ou estilístico. Foi com esse intuito que assim a redigiu Jorge Amado.

A essas construções que se afastam das estruturas regulares ou comuns e que visam transmitir à frase mais concisão, expressividade ou elegância, dá-se o nome de *figuras de construção* ou de *sintaxe*.

São as mais importantes figuras de construção:

- **Elipse**. É a omissão de um termo ou de uma oração que facilmente podemos subentender no contexto. É uma espécie de economia de palavras:

As mãos era pequenas e os dedos, delicados. [elipse do v. *eram*]

Nossa professora estava satisfeita, como, aliás, todas as suas colegas.

[Isto é: como, aliás, *estavam satisfeitas* todas as suas colegas.]

"Por que foi que a criatura se imolou? Um ato de protesto contra o governo?" (Érico Veríssimo)

[Isto é: *Teria sido* um ato de protesto...?]

"Entraram em casa, as armas na mão, os olhos atentos, procurando." (Jorge Amado)

• Pode ocorrer a elipse total ou parcial de uma oração:

Perguntei-lhe quando voltava. Ele disse que não sabia.

[Isto é: Ele disse que não sabia *quando voltava*.]

Eu já tinha visto aquela moça, mas não sabia onde.

[Isto é: mas não sabia onde *a tinha visto*.]

• Podem ser consideradas casos de elipse as chamadas *frases nominais*, organizadas sem verbo. Exemplos:

"Bom rapaz, o verdureiro, cheio de atenções para com os fregueses." (C. Drummond de Andrade)

"Céu baixo, ondas mansas, vento leve." (Adonias Filho)

"Em redor, tudo parado. Estático. No silêncio da madrugada, nem o piar de um pássaro, nem o farfalhar de uma folha."

(Lygia Fagundes Telles)

■ **Pleonasmo**. É o emprego de palavras redundantes, com o fim de reforçar ou enfatizar a expressão. Exemplos:

O seu leito era a *pedra fria, a pedra dura*.

"Foi o que *vi com meus próprios olhos*." (Antônio Calado)

ESTILÍSTICA 411

"*Sorriu* para Holanda um *sorriso* ainda marcado de pavor." (Viana Moog)

"Tenha pena de sua filha, perdoe-lhe pelo *divino* amor *de Deus*." (Camilo Castelo Branco)

Observação:

✔ O pleonasmo, como figura de linguagem, visa a um efeito expressivo e deve obedecer ao bom gosto. São condenáveis, por viciosos, pleonasmos como: *descer para baixo, entrar para dentro, subir para cima,* a ilha *fluvial do rio* Araguaia, a *monocultura exclusiva de uma* planta, etc.

- **Polissíndeto**. É a repetição intencional do conectivo coordenativo (geralmente a conjunção *e*). É particularmente eficaz para sugerir movimentos contínuos ou séries de ações que se sucedem rapidamente:

"Trejeita, *e* canta, *e* ri nervosamente." (Antônio Tomás)

"Vão chegando as burguesinhas pobres, *e* as criadas das burguesinhas ricas, *e* as mulheres do povo, *e* as lavadeiras da redondeza." (Manuel Bandeira)

"Mãe gentil, *mas* cruel, *mas* traiçoeira." (Alberto de Oliveira)

- **Inversão**. Consiste em alterar a ordem normal dos termos ou orações com o fim de lhes dar destaque:

"*Passarinho*, desisti de ter." (Rubem Braga)

"*Justo* ela diz que é, mas eu não acho não." (C. Drummond de Andrade)

"*Por que brigavam no meu interior esses entes de sonho* não sei." (Graciliano Ramos)

Observação:

✔ O termo que desejamos realçar é colocado, em geral, no início da frase.

■ **Onomatopeia**. Consiste no aproveitamento de palavras cuja pronúncia imita o som ou a voz natural dos seres:

"O som, mais longe, *retumba*, morre." (Gonçalves Dias)

"*Tíbios flautins finíssimos gritavam*." (Olavo Bilac)

"*Troe e retroe a trompa*." (Raimundo Correia)

"As *rodas rangem* na *curva* dos *trilhos*." (Manuel Bandeira)

■ **Repetição**. Consiste em reiterar (repetir) palavras ou orações para intensificar ou enfatizar a afirmação ou sugerir insistência, progressão:

"O surdo pede *que repitam, que repitam* a última frase."
(Cecília Meireles)

"E o ronco da águas *crescia, crescia*, vinha pra dentro da casona." (Bernardo Élis)

"O mar foi ficando *escuro, escuro*, até que a última lâmpada se apagou." (Inácio de Loyola Brandão)

3 FIGURAS DE PENSAMENTO

Figuras de pensamento são processos estilísticos que se realizam na esfera do pensamento, no âmbito da frase. Nelas intervêm fortemente a emoção, o sentimento, a paixão.

Eis as principais figuras de pensamento:

ESTILÍSTICA 413

- **Antítese**. Consiste na aproximação de palavras ou expressões de sentido oposto. É um poderoso recurso de estilo. Exemplos:

  Homens de vida *amarga* fazem o *doce* e branco açúcar.

  "Como era possível *beleza* e *horror, vida* e *morte* harmonizarem-se assim no mesmo quadro?" (ÉRICO VERÍSSIMO)

- **Eufemismo**. Consiste em suavizar a expressão de uma ideia molesta, substituindo o termo contundente por palavras ou circunlocuções menos desagradáveis ou mais polidas. Exemplos:

  Fulano *foi desta para melhor*. [= morreu]

  Rômulo contraíra *o mal de lázaro*. [= lepra]

  Na cidade há instituições para *dependentes químicos*. [= drogados]

- **Hipérbole**. É uma afirmação exagerada que visa a um efeito expressivo. Exemplos:

  Chorou *rios* de lágrimas. Estava *morto* de sede. Os cavaleiros não corriam, *voavam*. Estou um *século* à sua espera. Tinha um *mundo* de planos na cabeça. "A geada é um *eterno* pesadelo." (MONTEIRO LOBATO)

- **Ironia**. É a figura pela qual dizemos o contrário do que pensamos, quase sempre com intenção sarcástica. Exemplos:

  Fizeste um *excelente serviço*! [para dizer: um serviço péssimo]

  Vejam os *altos feitos* destes senhores: dilapidar os bens do país e fomentar a corrupção!

  "Um carro começa a buzinar... Talvez seja algum amigo que venha me desejar Feliz Natal. Levanto-me, olho a rua e sorrio: é um caminhão de lixo. *Bonito presente de Natal*!"

  (RUBEM BRAGA)

ESTILÍSTICA

- **Personificação**. É a figura pela qual fazemos os seres inanimados ou irracionais agirem e sentirem como pessoas humanas. É um precioso recurso da expressão poética. Esta figura, chamada também *animização*, empresta vida e ação a seres inanimados. Exemplos:

  As sementes *despertaram, dando um gemido* profundo.

  "Lá fora, no jardim que o *luar acaricia, um repuxo apunhala* a alma da solidão." (Olegário Mariano)

  "*O rio tinha entrado em agonia*, após anos de devastação em suas margens." (Inácio de Loyola Brandão)

- **Reticência**. Consiste em suspender o pensamento, deixando-o meio velado. Exemplos:

  "De todas, porém, a que me cativou logo foi uma... uma... não sei se digo." (Machado de Assis)

  "Quem sabe se o gigante Piaimã, comedor de gente..."

  (Mário de Andrade)

- **Retificação**. Como a palavra diz, consiste em retificar uma afirmação anterior. Exemplos:

  O síndico, *aliás uma síndica* muito gentil, não sabia como resolver o caso.

  "O país andava numa situação política tão complicada quanto a de agora. *Não, minto. Tanto não.*" (Raquel de Queirós)

  "Tirou, *ou antes*, foi-lhe tirado o lenço da mão."

  (Machado de Assis)

4 VÍCIOS DE LINGUAGEM

- **Ambiguidade** – defeito da frase que apresenta duplo sentido. Exemplos:

  Convence, enfim, o pai o filho amado.

  Jacinto, vi a Célia passeando com *sua* irmã.

ESTILÍSTICA 415

- **Barbarismo** – uso de uma palavra errada relativamente à pronúncia, forma ou significação:

pégada, em vez de *pegada*; *carramanchão*, em vez de *caramanchão*; *cidadões*, por *cidadãos*; *proporam*, em lugar de *propuseram*, etc.

Observação:

✔ Ao erro de acentuação tônica chama-se vulgarmente *silabada* (*rúbrica* em vez de *rubrica*).

- **Cacofonia** ou **cacófato** – som desagradável ou palavra de sentido ridículo ou torpe, resultante da sequência de certos vocábulos na frase:

cin*co a cada* um; a bo*ca dela*; mande-*me já* isso; *vai-a* seguindo; *por cada* mil habitantes.

- **Estrangeirismo** – uso de palavras ou construções próprias de línguas estrangeiras. Conforme a proveniência, o estrangeirismo se denomina: *galicismo*, ou *francesismo* (do francês), *anglicismo* (do inglês), *germanismo* (do alemão), *castelhanismo* (do espanhol), *italianismo* (do italiano).

Exemplo de anglicismo condenável:

"O desenvolvimento da nossa Marinha Mercante é um dos pontos fundamentais para o *boom* da exportação."

(Jornal do Brasil, 7/11/1973)

- **Hiato** – sequência antieufônica de vogais:

Andr*eia irá ain*da h*oje ao o*culista.

ESTILÍSTICA

- **Colisão** – sucessão desagradável de consoantes iguais ou idênticas:

  o *rato roeu a roupa*; o que *se sabe sobre o sabre*; via*ja já*; a*qui caem cacos*.

- **Eco** – ocorrência de palavras que têm a mesma terminação (rima na prosa):

  A *flor* tem *odor* e *frescor*.

- **Obscuridade** – sentido obscuro decorrente do emaranhado da frase, de má colocação das palavras, da impropriedade dos termos ou da pontuação defeituosa.

- **Pleonasmo** – redundância, presença de palavras supérfluas na frase:

  entrar para *dentro, sair* para *fora,* a brisa *matinal da manhã.*

Observação:

✔ Trata-se aqui, é claro, do pleonasmo vicioso, não do que se usa como recurso intencional de estilo.

- **Solecismo** – erro de sintaxe (concordância, regência, colocação):

  falta cinco alunos; eu *lhe* estimo; revoltarão-*se*.

- **Preciosismo, rebuscamento** – linguagem afetada, artificial, cheia de sutilezas e vazia de ideias, fuga ao natural, maneirismo.

5 QUALIDADES DA BOA LINGUAGEM

- **Correção**. É a obediência à disciplina gramatical, o respeito das normas linguísticas em vigor. Escrito correto, portanto, é o que está livre dos vícios a que anteriormente nos referimos.

- **Concisão**. Consiste em dizer muito em poucas palavras. A expressão concisa e sóbria evita as digressões inúteis, as palavras supérfluas, a desmedida adjetivação e os períodos extensos e emaranhados.

O vício contrário é a prolixidade.

- **Clareza**. Juntamente com a correção, é qualidade primordial da palavra escrita ou falada. Reflete a limpidez do pensamento e facilita-lhe a pronta percepção.

- **Precisão**. Resulta da escolha acertada do termo próprio, da palavra exata para a ideia que se quer exprimir. A impropriedade dos termos torna a linguagem imprecisa e obscura.

- **Naturalidade**. Sem deixar de ser correta e até mesmo original e colorida, a linguagem revestirá, no entanto, uma forma simples e espontânea, de tal maneira que não se note o esforço da arte e a preocupação do estilo.

Ferem a naturalidade o uso sistemático dos termos difíceis, a frase rebuscada, a expressão empolada e pedante, enfim, tudo o que denota artificialismo e afetação.

- **Originalidade**. É uma qualidade inata ao falante ou escritor, um dom natural, que a arte não dá, mas pode aprimorar. Nasce de uma visão pessoal do mundo e das coisas.

Contrapõem-se-lhe a imitação servil, o estilo postiço e a vulgaridade.

ESTILÍSTICA

- **Harmonia**. É o elemento musical da frase. Seu segredo está na boa escolha e disposição das palavras, de tal maneira que o período se imponha pelo ritmo, equilíbrio e melodia.

  São vícios opostos a cacofonia, o eco, a colisão, enfim, tudo o que torna a frase áspera e malsoante.

- **Colorido e elegância**. São virtudes que dão à obra literária o acabamento ideal e o toque da perfeição. Decorrem do uso criterioso das figuras e dos ornatos de estilo, e exigem imaginação fértil e brilhante e o perfeito domínio da técnica literária.

6 A LÍNGUA E SUAS MODALIDADES

A língua de uma nação apresenta várias modalidades que podem coexistir sem quebra de sua unidade:

- *a língua geral ou comum;*

- *a língua regional;*

- *a língua popular;*

- *a língua culta;*

- *a língua literária;*

- *a língua falada;*

- *a língua escrita.*

- **a língua geral** é a língua-padrão de um país, aceita pela comunidade e imposta pelo uso comum. Sobrepõe-se aos vários falares regionais, de que é uma espécie de denominador comum.

ESTILÍSTICA

- **a língua regional**. A língua geral tende a carregar-se de tonalidades regionais, na fonética e no vocabulário, resultando dali os falares regionais, que chegam a tingir fortemente a expressão cultural e literária em certas áreas geográficas de um país. Quando características muito acentuadas vincam uma língua regional, temos um *dialeto*.

  Antenor Nascentes, no seu livro *O Idioma Nacional*, admite a existência de quatro subdialetos no Brasil: *o nortista, o fluminense, o sertanejo* e *o sulista*.

  O linguajar de uma região, com seus modismos e peculiaridades, é frequentemente retratado pelos escritores regionalistas em suas obras literárias.

- **a língua popular** é a fala espontânea e fluente do povo. Mostra-se quase sempre rebelde à disciplina gramatical e está eivada de expressões da gíria.

- **a língua culta** é usada pelas pessoas instruídas das diferentes profissões e classes sociais. Pauta-se pelos preceitos vigentes da gramática normativa e caracteriza-se pelo apuro da forma e a riqueza lexical. É ensinada nas escolas e serve de veículo às ciências, onde se apresenta com terminologias especiais. Mais artificial do que espontânea, dela se servem os poetas e escritores em suas obras artísticas, sendo então chamada *língua literária*.

- Uma língua pode ser **falada** ou **escrita**, conforme se utilizem signos vocais (expressão oral) ou sinais gráficos (expressão escrita). A primeira é viva e atual, ao passo que a segunda é a representação ou a imagem daquela. A língua falada é mais comunicativa e insinuante, porque as palavras são fortemente subsidiadas pela sonoridade e inflexões da voz, pelo jogo fisionômico e a gesticulação (mímica), recursos estes que a língua escrita desconhece. O discurso de um orador inflamado é muito mais belo e empolgante ouvido do que lido. Por outro lado, a expressão oral é prolixa e evanescente, ao passo que a escrita é sóbria e duradoura.

7 PROSA E POESIA

- **Prosa** é a linguagem objetiva, direta, usual, é o veículo comum do pensamento.

- **Poesia** é a linguagem subjetiva, carregada de emoção, com ritmo melódico constante, bela e indefinível como o mundo interior do poeta.

"O objeto da poesia, como o de todas as belas-artes, é produzir um encanto emotivo, um puro e elevado prazer."

(BUTCHER)

Vazada em linhas descontínuas ou *versos*, que podem ser *metrificados* ou *livres*, a linguagem poética, sob o aspecto auditivo ou melódico, se caracteriza pelo *ritmo*, bem mais acentuado que na prosa, e pela eventual utilização da *rima*.

8 VERSIFICAÇÃO

Versificação é a técnica ou a arte de fazer versos.

Verso é uma linha poética, com número determinado de sílabas e agradável movimento rítmico.

No verso tradicional devemos distinguir: *o metro, o ritmo* e *a rima*.

▪ Metro

Metro é a medida ou extensão da linha poética.

Os poetas de língua portuguesa têm usado, dentro da poética tradicional, doze espécies de versos: de uma até doze sílabas. São relativamente raros os exemplos de versos metrificados que ultrapassam esta medida.

Segundo o número de sílabas, os versos se dizem *monossílabos, dissílabos, trissílabos, tretassílabos, pentassílabos, hexassílabos, heptassílabos, octossílabos, eneassílabos, decassílabos, hendecassílabos* e *dodecassílabos*.

Alguns versos possuem ainda denominações especiais: redondilha menor (o de 5 sílabas), redondilha maior (o de 7 sílabas), heroico (o de 10 sílabas), alexandrino (o de 12 sílabas).

As sílabas métricas, isto é, as sílabas dos versos, nem sempre coincidem com as sílabas gramaticais. A contagem das sílabas métricas faz-se auditivamente e subordina-se aos seguintes princípios:

a) *Quando duas ou mais vogais se encontram no fim de uma palavra e começo de outra, e podem ser pronunciadas numa só emissão de voz, unem-se numa só sílaba métrica. Exemplos:*

```
1   2    3    4 5   6   7    8   9  10
```
"A i|da|de aus|te|ra e | no|bre a | que | che|ga|mos."

(Alberto de Oliveira)

ESTILÍSTICA

1   2   3   4   5   6   7   8   9   10

"A|cha em| lu|gar | da | gló|ria o | lo|do im|pu|ro."

(OLAVO BILAC)

Observações:

✔ Para que tais uniões vocálicas não sejam duras e malsoantes, as vogais (pelo menos a primeira delas) devem ser átonas e não passar de três.

✔ Não se unem vogais tônicas (*vi ó dios: es tá ú mi do,* etc.) nem é aconselhável juntar tônicas com átonas (*a li o ve jo; se rá es po sa,* etc.)

b) *Ditongos crescentes valem, geralmente, uma só sílaba métrica*: de-lí-**cia**, **pie**-do-so, tê-**nue**, per-pé-**tuo**, sá-**bio**, **quie**-to, i-ní-**quo**:

1   2   3 4   5   6   7   8   9 10

"O|pe|rá|**rio**| mo|des|to, a| be|lha| po|bre."

(OLAVO BILAC)

c) *Não se conta(m) a(s) sílaba(s) que se segue(m) ao último acento tônico do verso.* Exemplo:

1   2   3   4   5   6   7   8   9   10

"Quan|do| no| poen|te o| sol| des|do|bra as| **clâ**|mides

1 2   3   4   5   6   7   8   9   10

de| san|gue e| de oi|ro| que| nos| om|bros| **le**|va."

(CABRAL DO NASCIMENTO)

ESTILÍSTICA 423

Observação:

✔ Esta regra só atinge versos *graves* (= os que terminam por palavra paroxítona) e *esdrúxulos* (= os que terminam por palavra proparoxítona). Nos versos *agudos* (= os que terminam por palavra oxítona), contam-se, é óbvio, todas as sílabas:

1   2   3   4   5   6   7   8   9 10
"Dei|xa| cor|rer| a| fon|te| da i|lu|são!"

(CABRAL DO NASCIMENTO)

▪ Processos para a redução do número de sílabas métricas

Para atender às exigências da métrica, os poetas recorrem à:

a) **crase** (fusão de duas vogais iguais numa só):

a alma [*al-ma*]; o ódio [*ó-dio*]; foge e grita [*fo-ge-gri-ta*]

b) **elisão** (supressão da vogal átona final de um vocábulo, quando o seguinte começa por vogal):

Ela estava *só* [*e-les-ta-va-só*]; duma (por *de uma*); como um bravo [*co-mum-bra-vo*]

c) **sinalefa** ou **ditongação** (fusão de uma vogal átona final com a seguinte, formando ditongo):

este amor [*es-tia-mor*], sobre o mar [*so-briu-mar*], aquela imagem [*a-que-lei-ma-gem*], moço infeliz [*mo-çuin-fe-liz*]

▪ Ritmo

O ritmo resulta da regular sucessão de sílabas átonas (= fracas) e de sílabas tônicas (= fortes). É o elemento melódico do verso, tão essencial e indispensável à poesia quanto à música.

ESTILÍSTICA

Os acentos tônicos, ou as sílabas tônicas, devem repetir-se com intervalos regulares, de modo a cadenciar o verso e torná-lo melodioso. Não se distribuem arbitrariamente, mas devem, segundo a espécie do verso, recair em determinadas sílabas, de acordo com os critérios seguintes:

a) Os versos **monossílabos**, muito raros, têm um só acento tônico ou predominante:

"Pingo	"Quem	Ou
d'água,	não	vem
pinga,	tem	mas
bate	seu	
tua		em
mágoa!"	bem	vão?
	que	Quem?"
(D. P. C.)	não	
	vem?	(Cassiano Ricardo)

b) Os versos **dissílabos**, pouco frequentes, têm o acento tônico na 2ª sílaba:

"Um **rai**o	"Ao **tro**te
Ful**gu**ra	Do **bai**o,
No es**pa**ço	Que **do**ce
Es**par**so	Lem**bran**ça
De **luz**."	O **ros**to
(Gonçalves Dias)	Da **mo**ça
	Que **mo**ra
	Na **ser**ra,
	No **ran**cho
	De **pa**lha!" (Ribeiro Couto)

ESTILÍSTICA

c) Os versos **trissílabos** requerem o acento predominante na 3ª sílaba, podendo, no entanto, apresentar um acento secundário na 1ª sílaba:

"Vem a aurora

Pressurosa,

Cor-de-rosa,

Que se cora

De carmim." (Gonçalves Dias)

d) Os versos **tetrassílabos** têm, mais frequentemente, os acentos tônicos na 2ª e 4ª sílabas e, menos vezes, na 1ª e 4ª sílabas ou apenas na 4ª sílaba:

"O sol desponta

Lá no horizonte,

Dourando a fonte,

E o prado e o monte,

E o céu e o mar." (Gonçalves Dias)

e) Os versos **pentassílabos** podem apresentar as seguintes cadências:

"Já dormiram todos. (1ª, 3ª e 5ª sílabas)

Pássaros celestes (1ª e 5ª)

me virão cantar (3ª e 5ª)

do lado do mar." (2ª e 5ª)

(Cecília Meireles)

f) Os versos **hexassílabos** podem ter os acentos obrigatórios na 6ª sílaba juntamente com uma ou duas das quatro primeiras sílabas:

ESTILÍSTICA

> "Ide-vos! Na verdade
> Não quero ser assim.
> A minha liberdade
> Vive dentro de mim." (Cabral do Nascimento)

g) Os **heptassílabos** admitem as seguintes modalidades rítmicas:

> "**Sur**gem **ve**las **mui**to além." (1ª, 3ª, 5ª e 7ª)
> "**To**do o **tem**po me so**be**ja." (1ª, 3ª e 7ª)
> "Vive**ri**a **sem**pre **lá**." (3ª, 5ª e 7ª)
> "De que **tu**do aconte**ce**sse." (3ª e 7ª)
> "**Tu**do o que es**tá** para **trás**." (1ª, 4ª e 7ª)
> "O **tem**po **tu**do me**lho**ra." (2ª, 4ª e 7ª)
> "Ou **foi** ou ja**mais** co**me**ça." (2ª, 5ª e 7ª)
> "Que se pro**lon**ga sem **pres**sa." (4ª e 7ª)

Nota. Os oito versos heptassílabos acima foram colhidos no livro *Cancioneiro*, de Cabral do Nascimento, poeta português.

h) Os **octossílabos** admitem várias combinações rítmicas, com acentuação na 8ª sílaba e em duas ou três das seis primeiras sílabas:

> "**Quan**tas gri**nal**das pelo **céu**!
> Al**guém** de**cer**to **vai** ca**sar**."

> (Alphonsus de Guimaraens)

> "A **lua** **vem**, entre as ra**ma**gens
> Do jar**dim** que **dor**me na **som**bra."

> (Ribeiro Couto)

ESTILÍSTICA 427

i) Os **eneassílabos** podem apresentar os acentos tônicos na 3ª, 6ª e 9ª sílabas ou na 4ª e 9ª, com a possibilidade de acento secundário na 1ª sílaba:

"Falam **deu**ses nos **can**tos do **pia**ga,
Ó guer**rei**ros, meus **can**tos ou**vi**."

(GONÇALVES DIAS)

"Na tênue **cas**ca de verde ar**bus**to
Gravei teu **no**me, depois par**ti**.
Foram-se os **a**nos, foram-se os **me**ses,
Foram-se os **di**as, acho-me a**qui**."

(FAGUNDES VARELA)

j) Os **decassílabos** admitem duas modalidades rítmicas: 6ª e 10ª sílabas (v. heroico) e 4ª, 8ª e 10ª sílabas (v. sáfico):

"Estavas, **lin**da I**nês**, posta em so**sse**go,
de teus anos col**hen**do o doce **fru**to." (CAMÕES)
"Longe de es**té**ril turbi**lhão** da **ru**a." (OLAVO BILAC)

l) Os **hendecassílabos** têm acentuação fixa na 2ª, 5ª, 8ª e 11ª sílabas ou na 5ª e 11ª, ou ainda, se bem muito raramente, na 3ª, 7ª e 11ª:

"Seus **o**lhos tão **ne**gros, tão **be**los, tão **pu**ros." (G. DIAS)
"Nascem as es**tre**las, vivas, em car**du**me." (GUERRA JUNQUEIRO)
"Alvas **pé**talas do **lí**rio de tua **al**ma." (HERMES FONTES)

m) Os **dodecassílabos** ou **alexandrinos** admitem três ritmos diferentes:

- *alexandrino clássico*, com os acentos principais na 6ª e 12ª sílabas:

"Paira, grassa em re**dor**, toda a melanco**li**a
de uma paisagem **mor**ta, igual, deserta, i**men**sa."

(Vicente de Carvalho)

- *alexandrino moderno*, com duas variantes:

a) ritmo quaternário (acentos na 4ª, 8ª e 12ª sílabas):

"**É** o choro **sur**do, entrecor**ta**do, do ba**tu**que,
no bate-**pé** que enche de a**ssom**bro o próprio **chão**."

(Cassiano Ricardo)

b) ritmo ternário (acentos na 3ª, 6ª, 9ª e 12ª sílabas):

"Não me **dei**xas dor**mir**, não me **dei**xas so**nhar**."

(Cabral do Nascimento)

O alexandrino clássico é constituído de dois *hemistíquios* (= meio verso), ou seja, de dois versos de seis sílabas. Obedece às seguintes regras:

- a última palavra do 1º hemistíquio só pode ser oxítona ou paroxítona, nunca proparoxítona:

"E Cipango **verás**, fabulosa e opulenta." (Olavo Bilac)

- se a última palavra do 1º hemistíquio for paroxítona, deve terminar em vogal e embeber-se na primeira sílaba da palavra seguinte, que, para isso, começará por *vogal* ou *h*:

"Palpite a nature**za in**teira, bela e amante."

(Vicente de Carvalho)

■ Rima

Rima é a identidade ou semelhança de som do fim (ou do meio) dos versos. Embora seja elemento secundário e até mesmo dispensável, a rima é aproveitada pelos poetas para comunicar aos versos mais harmonia e encantamento. É um recurso musical que agrada aos ouvidos.

Foneticamente, as rimas podem ser:

a) **perfeitas**: sereno e moreno, neve e leve, etc.

b) **imperfeitas**: Deus e céus, estrela e vela, espirais e Satanás, etc.

■ Versos brancos

Chamam-se *brancos* ou *soltos* os versos sem rima. Entre os poemas compostos em versos brancos, citam-se o *Cântico do Calvário,* de Fagundes Varela, e *Palavras ao Mar,* de Vicente de Carvalho.

■ Estrofe

Estrofe ou *estância* é um grupo de versos de um poema. As estrofes podem ser formadas de versos de medida igual ou diferente. Têm denominações especiais, conforme o número de versos:

– *dístico*: estrofe de dois versos;

– *terceto*: estrofe de três versos;

– *quadra* ou *quarteto*: estrofe de quatro versos;

– *quintilha*: estrofe de cinco versos;

– *sextilha*: estrofe de seis versos;

– *oitava*: estrofe de oito versos;

– *décima*: estrofe de dez versos.

Estribilho é um verso que se repete no fim das estrofes de certas poesias, como o *rondó*, a *balada*, etc. Chama-se também *refrão*.

▪ Verso livre

Verso livre é o que não obedece aos preceitos da versificação tradicional, mormente no que tange à métrica e ao ritmo. Não se subordina a número fixo de sílabas nem à regular distribuição dos acentos tônicos. Seu movimento rítmico é, por isso, menos perceptível que o do verso metrificado. Em compensação, por ser mais espontâneo e livre de artifícios, o verso moderno se presta melhor à expressão dos sentimentos.

O verso livre foi introduzido em nossa literatura pelos poetas modernistas. O seguinte poema nos dá uma ideia do que seja verso livre:

Cântico

O vento verga as árvores, o vento clamoroso da aurora.
Tu vens precedida pelos voos altos,
Pela marcha lenta das nuvens.
Tu vens do mar, comandando as frotas do Descobrimento!

Minh'alma é trêmula da revoada dos Arcanjos.
Eu escancaro amplamente as janelas.
Tu vens montada no claro touro da aurora.
Os clarins de ouro dos teus cabelos cantam na luz!

(Mário Quintana, *Poesias*, p. 166, Editora Globo)

Adjetivos pátrios dos estados brasileiros e de suas capitais

BRASIL	BRASILEIRO	BRASÍLIA	BRASILIENSE
ESTADO	ADJETIVO PÁTRIO	CAPITAL	ADJETIVO PÁTRIO
Acre (AC)	acreano ou acriano	Rio Branco	rio-branquense
Alagoas (AL)	alagoano	Maceió	maceioense
Amapá (AP)	amapaense	Macapá	macapaense
Amazonas (AM)	amazonense	Manaus	manauense, manauara
Bahia (BA)	baiano	Salvador	salvadorense, soteropolitano
Ceará (CE)	cearense	Fortaleza	fortalezense
Espírito Santo (ES)	espírito-santense, capixaba	Vitória	vitoriense
Goiás (GO)	goiano	Goiânia	goianiense
Maranhão (MA)	maranhense	São Luís	são-luisense, ludovicense
Mato Grosso (MT)	mato-grossense	Cuiabá	cuiabano
Mato Grosso do Sul (MS)	mato-grossense--do-sul, sul-mato-grossense	Campo Grande	campo-grandense

ADJETIVOS PÁTRIOS

ESTADO	ADJETIVO PÁTRIO	CAPITAL	ADJETIVO PÁTRIO
Minas Gerais (MG)	mineiro, montanhês	Belo Horizonte	belo-horizontino
Pará (PA)	paraense	Belém	belenense
Paraíba (PB)	paraibano	João Pessoa	pessoense
Paraná (PR)	paranaense	Curitiba	curitibano
Pernambuco (PE)	pernambucano	Recife	recifense
Piauí (PI)	piauiense	Teresina	teresinense
Rio de Janeiro (RJ)	fluminense	Rio de Janeiro	carioca
Rio Grande do Norte (RN)	rio-grandense-do-norte, norte-rio-grandense, potiguar	Natal	natalense
Rio Grande do Sul (RS)	rio-grandense-do-sul, sul-rio-grandense, gaúcho	Porto Alegre	porto-alegrense
Rondônia (RO)	rondoniense, rondoniano	Porto Velho	porto-velhense
Roraima (RR)	roraimense	Boa Vista	boa-vistense
Santa Catarina (SC)	catarinense, barriga-verde	Florianópolis	florianopolitano
São Paulo (SP)	paulista	São Paulo	paulistano
Sergipe (SE)	sergipano	Aracaju	aracajuano, aracajuense
Tocantins (TO)	tocantinense	Palmas	palmense

FORMAS DE TRATAMENTO

1 AUTORIDADES DE ESTADO

	Por Escrito	Pessoalmente	Abrev.
Civis			
Autoridades (presidente da República, senadores, ministros de Estado, embaixadores, cônsules, chefes das Casas Civis e Casas Militares, deputados e prefeitos)	Excelentíssimo Senhor	Vossa Excelência	V. Ex.ª
Vereadores	Senhor Vereador	Vossa Excelência	V. Ex.ª
Reitores de Universidade	Magnífico Reitor	Vossa Magnificência	V. M.
Diretores de Autarquias Federais, Estaduais e Municipais	Senhor Diretor	Vossa Senhoria	V. S.ª

FORMAS DE TRATAMENTO

434

	Por Escrito	Pessoalmente	Abrev.
Judiciárias			
Desembargadores da Justiça, curadores e promotores	Excelentíssimo Senhor	Vossa Excelência	V. Ex.ª
Juízes de Direito	Excelentíssimo Senhor	Meritíssimo Juiz	M. Juiz
Militares			
Oficiais Generais (até coronéis)	Excelentíssimo Senhor	Vossa Excelência	V. Ex.ª
Outras patentes militares	Senhor...	Vossa Senhoria	V. S.ª

2 AUTORIDADES ECLESIÁSTICAS

	Por Escrito	Pessoalmente	Abrev.
Papa	Santíssimo Padre	Vossa Santidade	V. S.
Cardeais	Eminentíssimo Senhor	Vossa Eminência Reverendíssima	V. Em.ª Revm.ª
Arcebispos e Bispos	Reverendíssimo Senhor	Vossa Excelência Reverendíssima	V. Ex.ª Revm.ª
Abades, superiores de conventos, outras autoridades eclesiásticas e sacerdotes em geral	Reverendíssimo Senhor	Vossa Reverendíssima	V. Revm.ª

FORMAS DE TRATAMENTO

3 AUTORIDADES MONÁRQUICAS

	Por Escrito	Pessoalmente	Abrev.
Reis e Imperadores	Sua Majestade Real Sua Majestade Imperial	Vossa Majestade	V. M.
Príncipes	Sua Alteza Imperial Sua Alteza Real Sua Alteza Sereníssima	Vossa Alteza	V. A.

4 OUTROS TÍTULOS

	Por Escrito	Pessoalmente	Abrev.
Dom	Digníssimo Dom	Vossa Senhoria	V. S.ª
Doutor	Senhor Doutor	Doutor	Dr.
Comendador	Senhor Comendador	Comendador	Com.
Professor	Senhor Professor	Professor	Prof.

LISTA DE ABREVIATURAS E SÍMBOLOS

A

a = are(s)

ABI = Associação Brasileira de Imprensa

a.C. = antes de Cristo

AC = Acre (Estado do)

AL = Alagoas (Estado de)

AM = Amazonas (Estado do)

apart. ou ap. = apartamento

AP = Amapá (Estado do)

Au = ouro (lat. *aurum*)

B

BA = Bahia (Estado da)

BR = Brasil

C

CAN = Correio Aéreo Nacional

CE = Ceará (Estado do)

CBF = Confederação Brasileira de Futebol

CEP = Código de Endereçamento Postal

Cia. = companhia

CLT = Consolidação das Leis Trabalhistas

cm = centímetro(s)

CPF = Cadastro de Pessoa Física

D

D. = Dom, Dona

DDD = Discagem Direta a Distância

DF = Distrito Federal

dm = decímetro(s)

DNA = *desoxyribonucleicacid* (= ácido desoxirribonucleico)

DNER = Departamento Nacional de Estradas de Rodagem

Dr. = Doutor

Dr.ª ou Dra. = Doutora

E

ed. = edição

Embraer = Empresa Brasileira de Aeronáutica

ECT = Empresa Brasileira de Correios e Telégrafos

ES = Espírito Santo (Estado do)

etc. = et cetera (e as outras coisas)

EUA = Estados Unidos da América

F

FAB = Força Aérea Brasileira

FGTS = Fundo de Garantia do Tempo de Serviço

ABREVIATURAS E SÍMBOLOS

FIFA = Federação Internacional das Associações de Futebol

FN = Fernando de Noronha

Funai = Fundação Nacional do Índio

G

g = grama(s)

GO = Goiás (Estado de)

H

h = hora(s)

ha = hectare(s)

HP = *horse power* (cavalo-vapor)

I

ib. = *ibidem* (no mesmo lugar)

IBGE = Instituto Brasileiro de Geografia e Estatística

id. = *idem* (o mesmo)

I.N.R.I. = Iesus Nazarenus Rex Iudaeorum (Jesus Nazareno, Rei dos Judeus)

INSS = Instituto Nacional de Seguro Social

Ir. = irmão, irmã

K

kg = quilograma(s)

km = quilômetro(s)

km^2 = quilômetro(s) quadrado(s)

kw = quilowatt(s)

L

l = litro(s)

L. = Leste (ponto cardeal)

lat. = latitude, latim

long. = longitude

Lt.^{da} ou Ltda. = limitada

M

m = metro(s)

m^2 = metro(s) quadrado(s)

m^3 = metro(s) cúbico(s)

MA = Maranhão (Estado do)

MG = Minas Gerais (Estado de)

mg = miligrama(s)

min = minuto(s)

ml = mililitro(s)

mm = milímetro(s)

MS = Mato Grosso do Sul (Estado de)

MT = Mato Grosso (Estado de)

MW = megawatt(s)

N

N. = Norte

N. E. = Nordeste

n.^{o} = número

N. O. = Noroeste

O

O. = Oeste

OEA = Organização dos Estados Americanos

O. K. ou OK = *all correct* (tudo bem)

ONU = Organização das Nações Unidas

op. cit. = *opus citatum* (obra citada)

OTAN ou Otan = Organização do Tratado do Atlântico Norte

ABREVIATURAS E SÍMBOLOS

P

pág. ou p. = página. págs. = páginas
PA = Pará (Estado do)
PB = Paraíba (Estado da)
PE = Pernambuco (Estado de)
Pe. = padre
PI = Piauí (Estado do)
PIS = Programa de Integração Social
PR = Paraná (Estado do)
Prof. = professor
Prof.ª ou Profa. = professora
P. S. = *post scriptum* (depois do escrito)

Q

ql = quilate(s)

R

R. = rua
Rem.ᵗᵉ ou Remte. = remetente
Rev.ᵐᵒ ou Revmo. = Reverendíssimo
RJ = Rio de Janeiro (Estado do)
RN = Rio Grande do Norte (Estado do)
RO = Rondônia (Estado de)
RR = Roraima (Estado de)
RS = Rio Grande do Sul (Estado do)

S

s = segundo(s)
S. = São, Santo(a), Sul
S. A. = Sociedade Anônima
SC = Santa Catarina (Estado de)
SE = Sergipe (Estado de)
séc. = século

Senac = Serviço Nacional de Aprendizagem Comercial

Senai = Serviço Nacional de Aprendizagem Industrial

S. O. = Sudoeste

S.O.S. = *save our souls* (salvai nossas almas: pedido de socorro enviado por navios e aviões)

SP = São Paulo (Estado de)

Sr. = Senhor; Srs. = Senhores

Sr.ª ou Sra. = Senhora; Sr.ᵃˢ = Senhoras

Sr.ᵗᵃ ou Srta. = Senhorita

T

t = tonelada(s)
tel. = telefone, telegrama
TO = Tocantins (Estado do)
TV = televisão

U

Unesco = United Nations Educational Scientific and Cultural Organization (= Organização Educacional, Científica e Cultural das Nações Unidas)

V

v = volt(s)
V. S.ª = Vossa Senhoria
V.S.ᵃˢ = Vossas Senhorias
V. Ex.ª = Vossa Excelência

W

w = watt(s)
W.C. = *water-closet* (banheiro)

EXERCÍCIOS

FONÉTICA

Fonemas

1. Diga quantos fonemas e quantas letras há em cada palavra destacada:

"Não serei o poeta de um **mundo caduco**.

Também não cantarei o mundo futuro.

Estou **preso** à vida e **olho** meus **companheiros**."

(Carlos Drummond de Andrade)

2. Procure no fragmento de Drummond transcrito:

a) dois exemplos de dígrafos;

b) dois exemplos de dígrafos que representam vogais nasais;

c) um exemplo de encontro consonantal;

d) um exemplo em que *em* apareça representando ditongo nasal na fala.

3. Quatro das palavras a seguir possuem o mesmo número de fonemas. Identifique-as:

horrível – sílaba – coqueiro – ferreiro – piscina
planalto – palavra – chuvinha

respostas: pág. 464

EXERCÍCIOS

Sílaba

1. Divida as palavras a seguir em sílabas e localize a sílaba tônica de cada uma:

quaisquer – enfronhado – psicólogo – advogado – fôssemos
exceção – coordenadora – piscina

2. Classifique as palavras do exercício anterior quanto à posição da sílaba tônica.

3. Leia o seguinte trecho, separe as sílabas das palavras destacadas e, depois, classique-as de acordo com a posição da sílaba tônica:

Nos mundos imaginados por esse **escritor**, nascido no **México**, o futuro é sempre **pior** que o presente. O que já é **ruim** hoje tende a piorar. Como **morreu há** vinte anos, não seria de **admirar** que o **chamassem** de visionário.

4. Crie novas palavras apenas substituindo a sílaba tônica por uma átona. Depois construa uma frase com cada nova palavra, deixando clara a diferença de sentido entre elas:

tônico – análise – sabiá – fotógrafo – número

respostas: pág. 464

Pronúncia correta das palavras

Diga se são **falsas** ou **verdadeiras** as seguintes afirmações, que se referem à pronúncia das palavras:

a) Não se recomenda pronunciar o **u** na palavra *questão*.

b) Escreve-se catorze ou quatorze, mas a pronúncia é sempre catorze.

c) Pronuncia-se a vogal **o** aberta nos plurais: ossos, tijolos, olhos, tortos, porcos, novinhos.

EXERCÍCIOS 441

d) O som do x soa como KS em todas as palavras: táxi, máximo, crucifixo, fixar, tóxico, intoxicação.

e) São paroxítonas todas as palavras: gratuito, sótão, ruim, pegada.

respostas: pág. 465

Ortografia

1. Identifique a alternativa em que todas as palavras foram escritas corretamente:

a) honrado, desumano, horizonte, hontem

b) antiaéreo, desonrado, hábil, hospedaria

c) humanidade, humildade, húmido, humano

d) harém, hora, hostil, hovíparo

2. Indique, em cada um dos pares a seguir, qual a palavra corretamente grafada:

a) continue/continui   d) possue/possui

b) cemitério/cimitério   e) indígena/indígina

c) quase/quasi

3. Leia as frases e corrija onde houver erro:

a) Meu braço é muito cumprido.

b) Ao se dirigir à rainha, o presidente não fez o comprimento adequado.

c) Faça uma discrição dessa figura para seus colegas.

d) Meus bisavós vieram da Letônia para cá no início do século. Como imigrantes, tinham poucos direitos assegurados.

e) Ele soava por todos os poros.

EXERCÍCIOS

4. Derive adjetivos dos substantivos usando o sufixo *-oso*:

gosto, gula, medo, teima, nervo, esperança, choro, calor, amor, dor, carinho.

5. Complete usando formas dos verbos entre parênteses:

a) Ontem meu pai ♦ algum dinheiro em sua conta. (pôr)

b) Os soldados ajoelharam-se e ♦ flores sobre a laje. (pôr)

c) Eles ♦ entrar, mas eu não permiti. (querer)

d) Se eu ♦ que você entrasse, teria pedido. (querer)

e) Quem ♦ ser aprovado deve estudar bastante. (querer)

f) Quem ♦ alguma coisa em minha carteira vai se arrepender! (pôr)

respostas: pág. 465

Acentuação gráfica

1. Retiramos os acentos utilizados por Millôr Fernandes no texto abaixo. Veja se você consegue recolocar todos eles:

Ministerio das perguntas cretinas

– Se o diabo se portar bem, vai para o ceu?

– O curso do rio da diploma?

– O Pão de Açucar se lambe?

– Um critico vive numa situaçao critica?

– Na cadeia dos Diarios Associados tem alguem preso?

2. Leia a estrofe de "Construção", de Chico Buarque, e dê a regra que orientou a acentuação das palavras destacadas:

> Subiu a construção como se fosse **máquina**
>
> Ergueu no patamar quatro paredes **sólidas**
>
> Tijolo por tijolo num desenho **mágico**
>
> Seus olhos embotados de cimento e **lágrima**

3. Indique em qual das alternativas a seguir todas as palavras foram acentuadas de acordo com a regra do exercício 2.

a) aquático, gráfico, conteúdo, átona

b) pêssego, análise, gramática, prática

c) caráter, sílaba, cômodo, veículo

4. Destaque dos versos de Vinícius de Morais transcritos a seguir palavras paroxítonas que devem ser acentuadas:

a) "Eu fiquei imovel e no escuro tu vieste."

b) "E seus braços, como imãs, atraem o firmamento"

c) "Irremediavel, muito irremediavel

Tanto quanto esta torre medieval

Cruel, pura, insensivel, inefavel"

d) "Esse imenso, atroz, silencio..."

e) "Escorreu da noite nos labios da aurora..."

5. Faça o mesmo em relação às oxítonas:

a) "Às vezes dos igapos/subia o berro animal/de algum jacare feroz."

b) "Diz que ninguem esqueceu/a gargalhada de louca/que a pobre Lunalva deu."

c) "Tem os olhos cansados de olhar para o alem."

EXERCÍCIOS

d) "Eu sem voce/Não tenho porquê[1]/Porque sem voce/Não sei nem chorar."

respostas: pág. 466

(1) *porquê*: motivo, razão

Notações léxicas

1. Consulte o dicionário e verifique se as palavras abaixo devem ser unidas por hífen ou devem formar um único vocábulo:

mal criado, mal educado, mal feito, mal estar, mal humorado, bem amado, bem aventurado, bem educado, bem estar, bem visto, bem dizer.

2. Escreva frases que deixem bem evidente a diferença de sentido entre os pares de palavras abaixo:

a) pão duro, pão-duro

b) copo de leite, copo-de-leite

c) dia a dia, dia-a-dia

respostas: pág. 466

Sinais de pontuação

1. Escreva as frases colocando as vírgulas necessárias:

a) A doença a perda da esposa a viagem do filho tudo o abatia.

b) Falemos amigos de nossos sonhos e esperanças.

c) Os artistas alegres e realizados recebiam seus merecidos prêmios.

d) Dirigiam-se às crianças ou melhor aos alunos da quinta série.

e) Os alunos do ensino médio partirão hoje; nós amanhã.

EXERCÍCIOS 445

2. Explique por que não se podem usar as vírgulas que aparecem nas frases a seguir:

a) O grande e invencível herói norueguês, deixou-se cair abatido.

b) Os que zombam de ti não conhecem ainda, a força de teu caráter e de tua vontade.

c) As histórias do filme eram tão tristes e sombrias, que arrancaram lágrimas de toda a plateia.

3. Explique a diferença de sentido entre os pares das seguintes frases:

a) Carlos, o professor está doente.

Carlos, o professor, está doente.

b) As meninas andavam pelas ruas tranquilas.

As meninas andavam pelas ruas, tranquilas.

respostas: pág. 466

MORFOLOGIA

Estrutura das palavras

1. Identifique os radicais das seguintes palavras:

a) terra – terrinha – térreo – terreiro

b) descampado – campestre – campesino – acampar

c) cardiologia – cardíaco – cardiologista – taquicardia

d) envelhecimento – velhice – envelhecer – velharia

2. Copie as palavras, desmembrando-as como no exemplo:

martelada
radical: martel- **sufixo nominal:** -ada

a) tristonho

b) certeza

c) receber

d) gostoso

3. Todas os vocábulos derivados de um radical comum são considerados **cognatos**. Dê exemplos de palavras cognatas de:

a) poeira

b) cinza

c) impressão

d) puro

e) doer

respostas: pág. 467

Formação das palavras

1. Pelo processo da **sufixação**, derive **adjetivos** das palavras abaixo. Destaque os sufixos que utilizou:

a) verdade

b) cabelo

c) força

d) riso

e) sede

2. Forme verbos pelo processo de **parassíntese** a partir dos seguintes substantivos e adjetivos:

a) vergonha

EXERCÍCIOS 447

b) tarde

c) raiz

d) farelo

e) magro

3. As palavras em destaque sofreram mudança de categoria gramatical. Dizemos, então, que houve **derivação imprópria**. Aponte essas alterações:

a) O **andar** de meu pai é compassado.

b) Havia nas suas maneiras um **quê** de encantador.

c) Um **não** dito com delicadeza fere menos que um **sim** com aspereza.

d) Procure sempre unir o **útil** ao **agradável**.

4. Dê exemplos de outros vocábulos que contenham os mesmos prefixos destacados:

a) **ante**véspera

b) **bis**neto

c) **des**feito

d) **in**feliz

e) **super**lotado

respostas: pág. 468

Substantivo

1. Dê o significado do substantivo conforme o gênero. Em seguida, escreva orações que deixem clara a diferença de sentido entre o substantivo masculino e o feminino:

a) a cabeça, o cabeça

EXERCÍCIOS

b) o rádio, a rádio

c) o grama, a grama

d) o cinza, a cinza

2. Escreva as frases no plural:

a) Quero um cachorro-quente.

b) Sempre faço pão de ló e pé de moleque para festas.

c) Rasgarei qualquer abaixo-assinado que receber.

d) Você, como Van Gogh, aprecia girassol?

3. Escreva frases empregando substantivos abstratos que correspondam às palavras destacadas. Oriente-se pelo exemplo:

O menino, **feliz**, corria pelos campos.

A **felicidade do** menino contagiava a todos.

a) O **pobre** homem emocionou a todos.

b) **Recordar** a cena me trazia lágrimas aos olhos.

c) **Atualizar** os conhecimentos é uma exigência dos dias de hoje.

d) **Conceder** privilégios parece ser uma característica desse governo.

4. Dê o diminutivo plural dos substantivos:

a) pão

b) chapéu

c) pastel

d) pá

e) cartão

f) mão

5. Informe nas frases o que os aumentativos e diminutivos exprimem (desprezo, troça, carinho ou afetividade):

a) Meu filho, não brinque com essa **gentalha**!

b) Você quer trinta reais por esse **livreco**?

c) **Filhinho**, você não está com frio?

d) Você o acha bonito? Com aquele **narigão** achatado?

respostas: pág. 468

Artigo

1. Qual é a alternativa que não apresenta erro no emprego do artigo?

a) Deu-me muita dó vê-la naquele estado.

b) Você não trouxe o óculos hoje?

c) Ainda não dei a telefonema que você me pediu.

d) Não falarei com as pessoas cujo o nome não conste dessa lista.

e) Adriana usou de um estratagema para se manter na empresa.

f) Luciana não sabia usar a trema.

e) A princesa Diana ganhou uma diadema da rainha.

2. Explique a diferença de sentido que existe entre os pares das seguintes frases:

EXERCÍCIOS

a) Conversei com o médico.

Conversei com um médico.

b) O ônibus passou lotado.

Passou um ônibus lotado.

c) Esse lápis não é meu.

Esse lápis não é o meu.

respostas: pág. 469

Adjetivo

1. Substitua as orações destacadas por adjetivos correspondentes. Faça as modificações necessárias:

a) Meu pai sofre de uma doença **do coração**.

b) Tinham confiança **sem limites** nos filhos.

c) Sua atitude **não tem defesa**.

d) Apresentou argumentos **sem consistência**.

e) Era uma pessoa **sem habilidade para nada**!

f) A história se passa numa mansão **não habitada**.

2. Indique as frases em que houver erro na flexão dos adjetivos compostos:

a) A garota tinha lindos cabelos castanhos-escuros e olhos verde-esmeraldas.

b) Todas as suas calças eram azul-marinhas e suas gravatas, azuis-celestes.

c) Seus uniformes verde-oliva destacavam-se no branco da neve.

EXERCÍCIOS 451

d) A boneca veio com sapatinhos cores-de-rosa e luvas verde-
-malva.

e) Naquela década tão conturbada, o que mais preocupava a
humanidade eram os conflitos russo-americanos.

3. Forme adjetivos com o auxílio do sufixo **-vel**. Oriente-se pelo
exemplo:

lavar – lavável

a) confiar

b) discutir

c) desejar

d) admitir

e) substituir

4. Muitas vezes, encontramos, em rótulos de remédios, adjetivos
eruditos que equivalem a locuções adjetivas, como loção **capi-
lar**, que se destina aos cabelos. A que substantivos se referem os
adjetivos seguintes?

a) auricular

b) herbáceo

c) hepático

d) gástrico

e) lacrimal

f) oftálmico

g) cervical

h) auditivo, ótico

respostas: pág. 470

EXERCÍCIOS

Numeral

1. Como se lêem os numerais em destaque?

a) São Paulo comemorou seu **450º** aniversário com dezenas de atrações.

b) Durante a vacinação em massa, **1.255.352** pessoas foram imunizadas.

c) Esse foi seu **45º** gol no Flamengo.

d) Você sabe se esse conflito ocorreu no século **IX** ou no **XI**?

e) Amanhã comemoramos o **80º** aniversário da empresa.

2. Escreva por extenso os numerais representados por algarismos nas frases abaixo. Faça a concordância necessária:

a) O artigo (9º) do Regimento Interno fala da constituição da mesa diretora, porém a cláusula (1ª) não menciona a presença de representantes.

b) A professora atribuiu três (8), dois (9) e quatro (7) ao grupo.

c) O livro tem (240) páginas.

d) Vamos imediatamente tirar a prova dos (9).

3. Veja se é possível passar os numerais para o feminino plural. Se for, copie a frase fazendo as alterações necessárias:

a) O segundo colocado também será premiado.

b) O primeiro a entrar deu um grito e saiu correndo.

respostas: pág. 471

Pronomes

1. Identifique a que substantivos se referem os pronomes oblíquos usados nas seguintes frases:

a) Sérgio trouxe uma camisa e, com repugnância, **a** entregou ao irmão.

b) "Escrevo perfeitamente ouvindo os grilos. Havia uma orquestra deles, mas eu nem **os** notava." (Graciliano Ramos)

c) "[...] e a velha tinha um ar sabido, nem sequer escondia o sorriso. O melhor seria não deixá-**la** sozinha na saleta, com o armário de louça nova." (Clarice Lispector)

d) "Com tanto choro, o pai acordou lá dentro, e veio, estremunhado, ver de que se tratava. O menino mostrou-**lhe** a tartaruga morta." (Millôr Fernandes)

2. Complete usando o pronome demonstrativo adequado para indicar a posição dos objetos em relação às pessoas do discurso:

a) Traga-me ♦ revista. (*A revista está longe do falante e do ouvinte.*)

b) Onde você comprou ♦ revista? (*A revista está nas mãos do ouvinte.*)

c) ♦ camisa é um presente para você. (*O objeto está nas mãos do falante.*)

3. Complete as frases usando corretamente as formas pronominais **eu** ou **mim**:

a) O cãozinho deitou-se entre ♦ e meu namorado.

b) Eu sempre socorri os que precisavam de ♦.

c) Este exercício é para ♦ fazer em casa?

d) Você está certo de que as rosas são para ♦?

e) Essas rosas são para ♦ entregar à Marta?

f) Não faça nada sem ♦ mandar!

respostas: pág. 471

EXERCÍCIOS

Verbo

1. Complete as frases substituindo o ◆ pelo presente do indicativo ou pelo presente do subjuntivo:

a) Quero que ele ◆ em casa hoje. (ficar)

b) É possível que eu não ◆ para o hotel. (voltar)

c) Não creio que ele ◆ o serviço hoje. (terminar)

d) Sempre que eu lhe ◆, ela ◆ por monossílabos. (telefonar/responder)

e) ◆ que você não ◆ feliz. (pensar/ser)

2. Complete usando pretérito perfeito, imperfeito ou mais-que-perfeito do indicativo dos verbos entre parênteses:

a) ◆ a carteira que ◆ no dia anterior. (encontrar/perder)

b) Sempre me ◆ que ◆ futebol quando jovens. (dizer/jogar)

c) Minha mãe ◆, quando o gás ◆. (cozinhar/acabar)

3. Complete usando o futuro do presente ou o futuro do pretérito do indicativo:

a) Se forem bem tratados, esses canteiros ◆ repletos de flores. (ficar)

b) Prometi a seus pais que não o ◆ sozinho. (deixar)

c) Eu ◆ com meu chefe se ela me pedisse. (falar)

d) O pai decidiu que todos se ◆ para a capital. (mudar)

4. Escreva frases com os seguintes verbos, começando a frase com as palavras "Quando eu...". Depois, identifique os tempos verbais utilizados:

a) fazer

b) trazer

c) ir

d) vir

e) pôr

5. Escreva as frases utilizando os verbos na voz passiva:

a) Um estrangeiro comprou todas as peças de cerâmica.

b) A nova bibliotecária comprou vários livros de História.

c) Os jogadores fizeram muitas promessas aos torcedores do clube.

d) A polícia cercará a praça Manuel Bandeira.

e) Os críticos sempre elogiam obras de vanguarda.

respostas: pág. 472

Advérbio

1. Acrescente advérbios ou expressões adverbiais às frases, de acordo com as circunstâncias indicadas:

a) Os estudantes encontraram forte resistência. (negação, lugar)

b) O secretário entrou no plenário. (tempo, modo)

c) Você foi indelicado. (tempo, intensidade)

d) A festa acabava. (lugar, tempo, modo)

e) As crianças estarão sonolentas. (afirmação, intensidade, tempo)

2. Escreva as frases fazendo as correções necessárias:

a) Sentia-me cansado fisicamente e moralmente.

EXERCÍCIOS

b) Chegou tarde porque mora longíssimo.

c) A garota está menas agitada agora.

d) Minha mãe está meia cansada de trabalhar.

e) Os eleitores estão mais bem informados que nas décadas anteriores.

3. "Sua filha está muito bem agasalhada."

Se na frase acima você retirar o advérbio **bem**, o sentido continua o mesmo? Explique.

respostas: pág. 473

Preposição

1. Identifique as relações que as preposições exprimem em cada frase:

a) O rapaz morreu de pneumonia.

b) Fábio, preste atenção! Não olhe para trás!

c) Você escreve para defender os humildes?

d) Dona Helena feriu-se com aquela faca afiada.

e) Olavo construiu uma casa de tijolos e seu irmão, uma de tábuas.

f) Pedi arroz à provençal. E você?

g) Viajamos de trem durante um dia.

2. Indique os casos em que as preposições aparecem unidas a outras palavras, combinando-se ou formando contrações:

a) Meu irmão sempre envia bilhetes à namorada.

b) Nunca consigo perceber aonde você quer chegar.

EXERCÍCIOS

c) Suas cuecas estão naquela caixa amarela.

d) Você sempre vai ao cinema de seu bairro?

e) Nós também vamos participar desta manifestação de protesto.

3. Indique se, nas frases abaixo, aparecem preposições ou locuções prepositivas:

a) Faremos um estudo a fim de determinar a extensão do problema.

b) Longe dos pais, as crianças eram mais cordatas.

c) Meu irmão dormiu durante todo o percurso.

d) As cartas registradas estão embaixo da pasta azul.

e) Chegamos até aqui lutando contra tudo e contra todos.

respostas: pág. 474

Crase

1. Copie indicando a ocorrência de crase por meio do acento grave:

a) A bebida alcoólica é prejudicial a saúde.

b) É preciso que sejamos úteis a sociedade em que vivemos.

c) O cão é fiel a seu dono.

d) Diga-lhe que estou a sua espera.

e) Chovendo, não iremos a praia.

2. Faça como no exercício anterior.

a) Nada escapava a destreza de sua mãe.

b) Partiremos daqui a sete dias.

c) "Deus te leve a salvo, brioso e altivo barco." (José de Alencar)

EXERCÍCIOS

d) Deu preferência aquele carro.

e) Devemos obediência a nossos pais.

f) A sua agressividade põe tudo a perder.

g) Os xavantes chegaram a era do satélite.

3. Escreva as frases, substituindo os termos destacados pelas palavras que aparecem entre parênteses. Faça as adaptações necessárias:

a) Nunca fui a **Curitiba** (Brasília), mas já fui ao **Paraguai** (Argentina).

b) Referia-se ao **médico** da família (médica).

c) Ao **passo** que estudava, aprendia (medida).

d) As chuvas causam prejuízo aos **agricultores** (lavoura).

e) Assistimos ao **filme** premiado (peça).

4. Copie as frases abaixo, completando-as com **aquele, àquele, aquela, àquela ou àquilo:**

a) Obedeceram ♦ maluco?

b) Referia-se ♦ que todos sabiam ser proibido.

c) Encontrei ♦ menina de quem falávamos ontem.

d) Cheguei ♦ cidadezinha embaixo de chuva.

e) Acostumei-me ♦ vida tranquila.

respostas: pág. 474

Conjunção

1. Observe que tipo de relação há entre as frases. Depois, una-as em um só período, usando as conjunções coordenativas mais adequadas:

EXERCÍCIOS 459

a) Explicou o caminho diversas vezes. Não entendi direito o trajeto.

b) Ande mais depressa. Chegaremos atrasados.

c) Não irei. Não mandarei representantes.

d) Não fale alto. Estamos num hospital.

e) Não veio hoje. Deve estar com algum problema sério.

2. Escreva as frases substituindo a conjunção coordenativa por uma concessiva. Faça as alterações necessárias:

Trabalhei muito **mas** não estou cansada.

Embora tenha trabalhado muito, não estou cansada.

a) Você é muito inteligente, mas precisa estudar mais.

b) Querem ter sucesso, porém não se esforçam.

c) Clara ganhava pouco, mas vestia-se com cuidado.

3. Una as orações numa só frase, utilizando conjunções subordinativas adequadas para expressar as circunstâncias indicadas entre parênteses. Faça as alterações necessárias:

a) Não nos recebeu. Estava em reunião. (causa)

b) Não vou a estádios. Gosto de futebol. (concessão)

c) Conto esses fatos. Ouvi esses fatos assim. (conformidade)

d) Explicou a questão com muitos detalhes. Todos entenderam. (consequência)

e) Falei-lhe com brandura. Queria que ele me ouvisse. (finalidade)

respostas: pág. 475

EXERCÍCIOS

Interjeições

1. Leia as frases abaixo, apontando os estados, sentimentos ou emoções que as interjeições expressam:

   a) Cuidado! O chão está molhado.

   b) Puxa! Não pensei que este lugar fosse tão bonito.

   c) Puxa vida! Você não para um segundo sequer, Celso!

   d) Ufa! Consegui terminar o exercício!

   e) Ué! Seu irmão não veio com você?

2. Escreva orações utilizando as seguintes interjeições para exprimir as emoções ou os estados indicados:

   a) desejo: tomara!

   b) pena: coitado!

   c) espanto: credo!

   d) espanto: nossa!

   e) concordância: claro!

3. Faça o mesmo utilizando locuções interjetivas:

   a) apoio: muito bem!

   b) espanto: xi!

   c) alegria: aleluia!

   d) aborrecimento: puxa vida!

   e) desejo: queira Deus!

respostas: pág. 476

Formas variantes

Informe as formas variantes e onde há erro. No caso de variantes, diga qual a outra forma aceitável; no caso de erro, corrija-o:

a) O garoto *assobiava* e corria pela mata.

b) Edgar é um rapaz *louro*, muito bonito e simpático.

c) Você já leu o livro de José Sarney chamado *Marimbondos de fogo*?

d) Tenho o *previlégio* de conhecê-lo há anos!

e) Você é um *bêbedo*, que não sabe o que diz.

f) Você tem *catorze* ou quinze anos?

g) A palavra *liquidificador* (likidificador) é cognata de *líquido* (líkido).

h) Vou fazer um bazar *beneficiente* em minha casa.

respostas: pág. 476

Significação das palavras

1. Dê antônimos das palavras relacionadas, utilizando os prefixos in-, im-, des-, i-:

moral – parcial – reverente – satisfeito – ativo – responsável
humano – harmonia

2. Formule orações que exemplifiquem a diferença de sentido entre os seguintes pares homônimos:

a) são e são (sadio/verbo ser)

b) para (verbo) e para (preposição)

c) jogo e jogo (substantivo/verbo)

EXERCÍCIOS

d) cela e sela

e) sessão e seção

3. Faça o mesmo em relação aos parônimos:

a) descrição e discrição

b) osso e ouço

c) comprimento e cumprimento

4. Veja se as palavras destacadas foram utilizadas em seu sentido próprio ou em sentido figurado:

a) "O pavão é um **arco-íris** de plumas." (Rubem Braga)

b) Venha ver o **arco-íris**!

c) "Me deixe, sim, meu **grão** de amor." (Marisa Monte/Carlinhos Brown)

d) É necessário incluir **grãos** em uma alimentação balanceada.

respostas: pág. 477

SINTAXE

Análise sintática

1. Aponte os enunciados que são frases, mas não constituem orações:

a) Cuidado!

b) O Equador é banhado pelo Pacífico.

c) Meus pêsames.

d) Muito riso, pouco siso.

e) Tive um pesadelo horrível!

EXERCÍCIOS

2. Diga quantas orações há em cada verso reproduzido:

a) "A razão **dá-se** a quem t**em**." (Noel Rosa)

b) "**Acabou** a hora do trabalho, **começou** o tempo do lazer." (Arnaldo Antunes)

c) "Seu pensador, **vê** se **decifras** para mim,

Eu já **passei** por tanto horror,

Por que é que não **morri**?" (Edvaldo Santana)

d) "O vento **verga** as árvores, o vento clamoroso da aurora." (Mário Quintana)

e) "Toda vez que **toca** o telefone, eu **penso** que **é** você.

Toda noite de insônia, eu **penso** em te **escrever**." (Engenheiros do Hawaí)

3. Divida os períodos em orações, dizendo se se trata de período simples ou composto:

a) As palavras de importação **penetram** na língua graças à influência que as culturas e civilizações **exercem** umas sobre as outras.

b) No decorrer dos séculos, **criaram-se**, no seio da língua, devido ao inventivo povo luso-brasileiro, numerosas palavras que **enriqueceram** nosso vocabulário.

c) **Encontramos**, no vocabulário português, palavras oriundas do inglês, do grego, do alemão, do árabe, do francês, do italiano...

respostas: pág. 477

EXERCÍCIOS

Termos essenciais da oração

1. Em "Ouviram do Ipiranga as margens plácidas/De um povo heroico o brado retumbante...", início do Hino Nacional Brasileiro, o sujeito é:

a) oculto

b) indeterminado

c) as margens plácidas

d) um povo heroico

2. Identifique a(s) alternativa(s) que apresenta(m) oração sem sujeito:

a) Em sua gestão, houve muitos conflitos entre policiais e garimpeiros.

b) Choviam elogios de todos os lados.

c) Existem muitas pessoas feridas ainda sem socorro.

d) Nadavam lado a lado o estoniano e o lituano.

e) Naquela região do país, neva durante o inverno.

3. Classifique os verbos das orações quanto à predicação:

a) As crianças já chegaram.

b) Para a festa traremos doces.

c) Os organizadores ofereceram flores aos visitantes.

d) Depois de uma conversa, lembrei-me de nossas aventuras.

e) Nossos antepassados sempre acreditaram em magia.

respostas: pág. 478

EXERCÍCIOS 465

Termos integrantes da oração

1. Dê a função sintática dos termos destacados:

a) Os garotos procuravam seus **amigos** havia horas.

b) Os jovens sonhavam com uma **profissão** melhor.

c) Carla contou a **história** aos **pais**.

d) "Abri **cavernas** no mar/construí **segredos**/teci com teias de luz/as mais delicadas **roupagens**." (Roseana Murray)

e) A luta contra os **poderosos** consumia todos os seus **momentos**.

2. Dê a função sintática dos pronomes destacados:

a) O diretor elogiou-**as** pela sua aplicação no estudo.

b) Diga-**me** apenas a verdade.

c) **Eu** sempre **o** encontro perto da pracinha.

d) Obedeça-**me** sem reclamar!

e) Não **lhe** devolvi ainda o livro de inglês.

3. Escreva as orações na voz passiva, destacando o agente da passiva:

a) O orvalho umedecia as plantas.

b) A multidão aclamava o general rebelde.

c) Corrigi as provas com o maior cuidado.

respostas: pág. 478

Termos acessórios da oração

Dê a função sintática dos termos destacados:

a) O **imenso** mar **azul** deixava-o deslumbrado.

b) **Naquele instante**, o garoto começou a gritar.

c) O jeito, **companheiros**, é permanecermos unidos.

d) Ande mais **devagar**, Silvana!

e) Clarice Lispector, **eminente romancista**, nasceu em 1925 na Ucrânia.

respostas: pág. 478

Período composto por subordinação

1. Transforme os períodos simples em compostos utilizando pronomes relativos. Oriente-se pelo exemplo:

Estudo em uma escola religiosa. A escola tem muitos alunos.

A escola religiosa em que estudo tem muitos alunos.

a) Seu Pedro mora em minha rua. Seu Pedro é ótimo contador.

b) Temos novos funcionários. Esses funcionários foram aprovados em concurso.

c) Sandra Regina é uma pessoa admirável. Podemos contar sempre com ela.

2. Escreva os períodos substituindo os adjuntos adverbiais por orações subordinadas adverbiais equivalentes:

a) No começo da noite, as aves buscam seus ninhos.

b) Enviaremos o resultado do exame para a realização do inquérito.

EXERCÍCIOS 467

c) Apesar de sua agressividade, Alfredo é um homem honesto.

d) Não terminei o relatório por falta de dados.

respostas: pág. 479

Orações subordinadas reduzidas

1. Escreva as frases, transformando as orações reduzidas em desenvolvidas:

a) Terminada a leitura da peça, o debate começou.

b) É importante serem amigos de todos.

c) Percebendo minha tristeza, calou-se.

2. Transforme as orações subordinadas desenvolvidas em reduzidas:

a) Nossa intenção era que participássemos do congresso.

b) Quando a recepção terminou, todos estavam entusiasmados.

c) Penso que estou preparado para a prova de Inglês.

respostas: pág. 479

Sintaxe de concordância, regência e colocação

1. Identifique os erros de **regência** e **concordância** e, depois, faça a correção necessária:

a) Obedeça o regulamento!

b) Sempre lhe estimei muito.

c) Prefiro morrer do que trair meus ideais.

d) Não me simpatizo com sua prima.

e) Faltou muitos itens em sua lista de compras.

EXERCÍCIOS

2. Corrija onde houver erro de **concordância**:

a) É necessário a tua presença na audiência.

b) Na cidade, haviam poucas atrações turísticas.

c) Hoje sou eu que pago.

d) Vende-se casas e apartamentos.

3. Corrija os erros de colocação **pronominal**:

a) Quero que encontre-o imediatamente.

b) Não quero-lhe mal por isso.

c) Há pessoas que estimam-no demais.

d) Me diga onde poderei encontrar produtos aromatizantes.

e) Nunca levei-o a sério.

respostas: pág. 479

ESTILÍSTICA

Figuras de linguagem

1. Identifique as figuras de linguagem que ocorrem nos versos seguintes:

a) "Fez-se de triste o que se fez de amante

E de sozinho o que se fez contente

Fez-se de amigo próximo o distante" (Vinícius de Morais)

b) "A felicidade é como a bruma que o vento vai levando pelo ar." (Vinícius de Morais)

c) "Meu verso é sangue. Volúpia ardente." (Manuel Bandeira)

EXERCÍCIOS 469

d) "Última flor do Lácio, inculta e bela,

    És, a um tempo, esplendor e sepultura." (Olavo Bilac)

e) "Se às vezes digo que as flores sorriem

    E se eu disser que os rios cantam..." (Fernando Pessoa)

2. Escreva o verso que aparece na alternativa *b* do exercício anterior de forma que passe a apresentar metáfora.

3. Identifique as frases em que ocorrem metonímias:

a) Felizmente você tem um teto onde morar.

b) "De repente, não mais que de repente." (Vinícius de Morais)

c) Aviões semeavam a morte.

d) Ninguém segura a juventude deste país.

respostas: pág. 480

Vícios de linguagem

1. Identifique e corrija os vícios de linguagem que aparecem nas seguintes frases:

a) Existiam dez desempregados por cada mil habitantes.

b) Suba imediatamente lá em cima e traga as pastas do cliente!

c) Acho que da boca dela nunca saíram palavras amáveis.

d) Na última reunião, vocês proporam mudanças no orçamento?

e) No último campeonato faltou mais de dez alunos.

f) Houveram muitos conflitos nesse período da História.

2. Escreva as frases de modo a evitar a ambiguidade:

a) Carlos encontrou o amigo e saiu com sua namorada.

b) Pedro, vi a Ana saindo com sua irmã.   *respostas: pág. 480*

Versificação

Leia o poema antes de responder às questões propostas:

As palavras

As palavras dormem seu sono profundo
como as pedras no seio das montanhas.
Desperta-as e constrói com elas
a tua torre, bela e inabalável,
que até os furacões respeitem,
quando ruge, em redor,
a tormenta implacável.

As palavras dormem nos jardins do sonho,
como sidéricas jazidas
no regaço dos morros.
Desperta-as e faze com elas
não armas mortíferas,
instrumentos de dor,
mas cordas de harpas
que o brando vento vibre
cantando canções de amor.

Domingos Paschoal Cegalla

EXERCÍCIOS

1. Quantas estrofes têm o poema? E quantos versos há em cada estrofe?

2. Procure as rimas do poema.

3. Quantas sílabas métricas há no primeiro verso do poema? Como se chamam versos com esse número de sílabas?

respostas: pág. 481

RESPOSTAS

FONÉTICA

Fonemas

1. 5 letras/4 fonemas; 6 letras/6 fonemas

6 letras/5 fonemas /tãbẽi/

5 letras/5 fonemas; 4 letras/3 fonemas;12 letras/10 fonemas

2. a) olho, companheiro

b) mundo, cantarei

c) preso

d) /tãbẽi/

3. horrível - sílaba - piscina - chuvinha

Sílaba

1. quais-**quer**; en-fro-**nha**-do; psi-**có**-lo-go; ad-vo-**ga**-do; **fôs**-se-mos; ex-ce-**ção**; co-or-de-na-**do**-ra; pis-**ci**-na

2. oxítona; paroxítona; proparoxítona; paroxítona; proparoxítona; oxítona; paroxítona; paroxítona

3. es-cri-**tor** (oxít.); **Mé**-xi-co (prop.); pi-**or** (oxít.); ru-**im** (oxít.), mor-**reu** (oxít.), **há** (monossílabo tônico), ad-mi-**rar** (oxít.); cha-**mas**-sem (parox.)

4. Tonico, analise, sabia, fotografo, numero

Pronúncia correta das palavras

   a) verdadeira

   b) falsa

   c) verdadeira

   d) falsa /MASIMO/

   e) falsa (ru-**im)**

Ortografia

1. b

2. a) continue

   b) cemitério

   c) quase

   d) possui

   e) indígena

3. a) comprido

   b) cumprimento

   c) descrição

   d) –

   e) suava

4. gostoso, guloso, medroso, teimoso, nervoso, esperançoso, choroso, caloroso, amoroso, doloroso, carinhoso

5. a) pôs

   b) puseram

   c) quiseram

   d) quisesse

   e) quiser

   f) puser

Acentuação gráfica

1. ministério, céu, dá, Açúcar, crítico, crítica, Diários, alguém.

2. Todas as proparoxítonas são acentuadas graficamente.

3. b

4. a) imóvel

b) ímãs

c) irremediável, insensível, inefável

d) silêncio

e) lábios

5. a) igapós, jacaré

b) ninguém

c) além

d) você, porquê (somente o primeiro, que significa motivo, causa)

Notações léxicas

1. Malcriado, mal-educado, malfeito, mal-estar, mal-humorado, bem-amado, bem-aventurado, bem-educado, bem-estar, bem--visto, bendizer

2. Resposta pessoal.

Sinais de pontuação

1. a) A doença, a perda da esposa, a viagem do filho, tudo o abatia.

b) Falemos, amigos, de nossos sonhos e esperanças.

c) Os artistas, alegres e realizados, recebiam seus merecidos prêmios.

d) Dirigiam-se às crianças, ou melhor, aos alunos da quinta série.

e) Os alunos do ensino médio partirão hoje; nós, amanhã.

2. a) Não se usa vírgula entre o sujeito e o verbo.

b) Não há vírgula entre o verbo e seus complementos.

c) Não há vírgula antes da oração adverbial consecutiva.

3. a) *Carlos* é o vocativo e *professor*, o sujeito.
   Carlos é o sujeito e *professor*, o aposto.

b) As ruas eram tranquilas.
   As meninas eram tranquilas.

MORFOLOGIA

Estrutura das palavras

1. a) terr-

b) camp-

c) cardi-

d) velh-

2. a) trist- (radical); -onho (sufixo nominal)

b) cert- (radical); -eza (sufixo nominal)

c) receb- (radical); -er (terminação verbal)

d) gost- (radical); - oso (sufixo nominal)

3. a) empoeirado, poeirento

b) cinzento, acinzentado

c) impressionado, impressionante

d) pureza, impuro, depurar

e) doente, adoentado

RESPOSTAS

Formação das palavras

1. a) verdad**eiro**
   b) cabel**udo**
   c) forç**oso**
   d) ris**onho**
   e) sed**ento**

2. a) envergonhar
   b) entardecer
   c) enraizar
   d) esfarelar
   e) emagrecer

3. a) De verbo para substantivo.
   b) De conjunção para substantivo.
   c) De advérbio para substantivo.
   d) De adjetivo para substantivo.

4. a) antebraço, anteontem, antepor
   b) bisavó, bimestre, bimensal
   c) desarrumado, desmascarar, desonesto
   d) incapaz, incômodo, indecente
   e) supermercado, super-homem, superprodução

Substantivo

1. a) parte do corpo/chefe
   b) aparelho/estação, emissora
   c) unidade de peso/relva
   d) cor/resíduos de combustão

RESPOSTAS

2. a) uns cachorros-quentes

b) pães de ló e pés de moleque

c) quaisquer abaixo-assinados

d) girassóis

3. a) a pobreza do homem

b) a recordação da cena

c) a atualização dos conhecimentos

d) a concessão de privilégios

4. a) pãezinhos

b) chapeuzinhos

c) pasteizinhos

d) pazinhas

e) cartõezinhos

f) mãozinhas

5. a) desprezo

b) desprezo

c) carinho, afetividade

d) troça

Artigo

1. a) muito

b) os óculos

c) o telefonema

d) Não se usa artigo diante da palavra cujo.

e) (alternativa correta)

RESPOSTAS

f) o trema

g) um diadema

2. a) um médico conhecido, determinado
um médico qualquer, indeterminado

b) aquele ônibus específico, determinado
um ônibus qualquer, indeterminado

c) não pertence a mim
não é aquele meu lápis

Adjetivo

1. a) cardíaca

b) ilimitada

c) é indefensável

d) inconsistentes

e) inábil

f) inabitada, desabitada

2. a) castanho-escuros/verde-esmeralda

b) azul-marinho/azul-celeste

c) –

d) cor-de-rosa

e) –

3. a) confiável

b) discutível

c) desejável

d) admissível

e) substituível

RESPOSTAS

4. a) orelha

b) ervas

c) fígado

d) estômago

e) lágrima

f) olhos

g) pescoço

h) ouvido

Numeral

1. a) quadringentésimo quinquagésimo

b) um milhão duzentas e cinquenta e cinco mil trezentas e cinquenta e duas pessoas

c) quadragésimo quinto

d) nono/onze

e) octogésimo

2. a) nono/primeira

b) oitos, noves, setes

c) duzentas e quarenta

d) noves

3. a) As segundas colocadas também serão premiadas.

b) As primeiras a entrarem (ou entrar) deram um grito e saíram correndo.

Pronomes

1. a) camisa

b) grilos

c) a velha

d) ao pai

2. a) aquela
b) essa
c) Esta

3. a) mim
b) mim
c) eu
d) mim
e) eu
f) eu

Verbo

1. a) fique
b) volte
c) termine
d) telefono, responde
e) Penso, é

2. a) Encontrei/perdera
b) disseram (ou diziam)/jogavam
c) cozinhava/acabou

3. a) ficarão
b) deixaria
c) Falaria
d) mudariam

4. Futuro do pretérito do subjuntivo:
a) fizer
b) trouxer

c) for

d) vier

e) puser

5. a) Todas as peças de cerâmica foram compradas por um estrangeiro.

b) Vários livros de História foram comprados pela nova bibliotecária.

c) Muitas promessas foram feitas pelos jogadores aos torcedores do clube.

d) A praça Manuel Bandeira será cercada pela polícia.

e) Obras de vanguarda são sempre elogiadas pelos críticos.

Advérbio

1. Sugestões:

a) [...] não encontraram forte resistência em casa.

b) O secretário nunca entrou calmamente [...]

c) Ontem você foi muito indelicado.

d) Ali a festa sempre acabava de repente.

e) Certamente as crianças estarão muito sonolentas depois do jantar.

2. a) física e moralmente (não obrigatória)

b) –

c) menos

d) meio

e) –

3. Não. Como está redigida, tem sentido positivo: adequadamente agasalhada. Se retirarmos o advérbio, o sentido torna-se outro: excessivamente agasalhada.

Preposição

1. a) causa
   b) direção
   c) finalidade
   d) instrumento
   e) material
   f) à moda
   g) meio, tempo

2. a) a+a
   b) a+onde
   c) em+aquela
   d) a+o
   e) de+esta

3. a) locução prepositiva
   b) locução prepositiva
   c) preposição
   d) locução prepositiva
   e) preposição

Crase

1. a) à saúde
   b) à sociedade
   c) –
   d) à sua espera (optativa)
   e) à praia

2. a) à
   b) –

c) –
d) àquele
e) –
f) –
g) à

3. a) a, à
b) à
c) à
d) à
e) à

4. a) àquele
b) àquilo
c) aquela
d) àquela
e) àquela

Conjunção

1. a) porém ou *mas*
b) ou/senão
c) nem
d) pois
e) logo

2. a) Embora você seja muito inteligente, precisa estudar mais.

b) Embora queiram ter sucesso, não se esforçam.

c) Embora Clara ganhasse pouco, vestia-se com cuidado.

3. a) porque estava em reunião.

b) embora goste

c) Conto esses fatos conforme os ouvi.

d) com tantos detalhes que todos entenderam.

e) para que ele me ouvisse

Interjeições

1. a) advertência

b) surpresa, admiração

c) aborrecimento

d) alívio

e) desapontamento

2. Respostas pessoais.

3. Respostas pessoais.

Formas variantes

1. a) variante: assoviava

b) variante: loiro

c) variante: maribondos

d) erro – privilégio

e) variante: bêbado

f) variante: quatorze

g) variantes: liquidificador/líquido (com o *u* sonoro)

h) erro – beneficente

Significação das palavras

1. imoral/amoral, imparcial, irreverente, insatisfeito, inativo, irresponsável, desumano, desarmonia

2. Respostas pessoais.

3. Respostas pessoais.

4. a) figurado

b) próprio

c) figurado

d) próprio

SINTAXE

Análise sintática

1. a), c) e d)

2. a) duas orações

b) duas orações

c) duas orações
uma oração
uma oração

d) uma oração

e) três orações
duas orações

3. a) período composto

b) período composto

c) período simples

RESPOSTAS

Termos essenciais da oração

1. c)

2. a), e)

3. a) intransitivo
   b) transitivo direto
   c) transitivo direto e indireto
   d) transitivo indireto
   e) transitivo indireto

Termos integrantes da oração

1. a) objeto direto
   b) objeto indireto
   c) objeto direto/objeto indireto
   d) objeto direto, objeto direto, objeto direto
   e) complemento nominal/objeto direto

2. a) objeto direto
   b) objeto indireto
   c) sujeito/objeto direto
   d) objeto indireto
   e) objeto indireto

3. a) As plantas eram umedecidas **pelo orvalho**.
   b) O general rebelde era aclamado **pela multidão**.
   c) As provas foram corrigidas **por mim** com o maior cuidado.

Termos acessórios da oração

1. a) adjunto adnominal, adjunto adnominal

b) adjunto adverbial

c) vocativo

d) adjunto adverbial

e) aposto

Período composto por subordinação

1. a) Seu Pedro, que mora em minha rua, é ótimo contador.

b) Temos novos funcionários, que foram aprovados em concurso.

c) Sandra Regina é uma pessoa admirável, com quem sempre podemos contar.

2. a) Quando anoitece, [...].

b) [...] para que o inquérito se realize.

c) Embora seja agressivo, [...].

d) [...] porque me faltaram dados.

Orações subordinadas reduzidas

1. a) Depois que terminou a leitura da peça [...].

b) [...] que sejam amigos de todos.

c) Quando percebeu minha tristeza [...].

2. a) [...] participar do congresso.

b) Terminada a recepção, [...].

c) Penso estar preparado para a prova de Inglês.

Sintaxe de concordância, regência e colocação

1. a) Obedeça ao regulamento

b) o estimei

c) Prefiro morrer a trair

RESPOSTAS

d) Não simpatizo com sua prima.

e) Faltaram muitos itens.

2. a) necessária

b) havia

c) –

d) Vendem-se

3. a) que o encontre

b) lhe quero

c) que o estimam

d) Diga-me

e) Nunca o levei

ESTILÍSTICA

Figuras de linguagem

1. a) antítese

b) comparação

c) metáfora

d) antítese

e) personificação

2. A felicidade é bruma que o vento vai levando pelo ar.

3. a, c, d

Vícios de linguagem

1. a) cacófato: para cada ou em cada

b) pleonasmo: suba e traga as partes...

c) cacófato: sua boca

d) barbarismo: propuseram

e) solecismo: faltaram

f) solecismo: houve

2. a) Carlos e a namorada encontraram o amigo e saíram com ele.
Carlos encontrou o amigo e a namorada e saiu com eles.

b) Pedro, Ana e a irmã saíram./Pedro, sua irmã e Ana saíram.

Versificação

1. Uma estrofe de sete e outra de nove versos.

2. inabalável/implacável; dor/amor.

3. Onze sílabas – eneassílabo.

Este livro foi produzido em 2008 pela Companhia Editora Nacional.
A tipologia empregada foi a Optima